Volker Grassmuck
Vom Animismus zur Animation

VOLKER GRASSMUCK

VOM
ANIMISMUS
ZUR
ANIMATION

Anmerkungen zur Künstlichen Intelligenz

SAMMLUNG JUNIUS

Inhalt

Grau und häßlich sitzt vor mir das tapfere Schneiderlein*. Da hast du dich also mit der Anmaßung deiner Macht gegürtet, hast treuherzig der Welt den kleinen Sieg eines biederen Schneiders kundgetan und dich aufgeplustert. Und die Welt mißversteht — als Komplement dazu — in ihrer Gewaltlogik die Bedeutung deiner Worte. Am Anfang deines Siegeszuges stand also die Schrift in ihrer Differenz zur Tat. Weil die Rede gegen die Natur versagte (»Die Fliegen aber, die kein Deutsch verstanden …«), hast du deine Vormacht mit Gewalt behauptet. Mit der Aufschrift auf deinen Körper hast du dich zur Kultur erhoben, die durch List immer wieder Riesen, Einhorn und Wildschwein besiegt.

Doch deine Stellung unter den Menschen beruht auf der Wirkung der Schrift allein. Schlafend, also ohne Rede und Tat, wardst du zur Litfaßsäule deines »Siebene auf einen Streich«. Und da Herrschaft sich schon immer gern die überlegene Gewalt an ihre Seite holte — wenn auch mit der Ahnung, daß die Unterwerfung zuweilen nicht gelingt (»Der König wäre ihn gern wieder los gewesen«) — ward dir Erfolg beschieden.

Noch ist deine Stellung bedroht. In der Hoffnung auf deinen Tod schickt der König dich in den Kampf mit dem Einhorn. Es hat seiner Herrschaft schon viel Schaden angerichtet. Weil es spürt, daß du, der Schneider, ihm den Garaus machen willst, springt das Einhorn ungestüm auf dich los. Erst bietest du dich zum Opfer dar, dann weichst du

* Schneider is a registered trademark of Schneider Rundfunkwerke, Germany, und der Vertrieb des Amstrad-Computers, auf dem dieses Buch geschrieben wurde. Vgl. weiterhin Gebrüder Grimm

geschickt aus. Das Horn verfehlt sein Ziel. Sein eigener Angriff setzt das Einhorn gefangen. Da ist es dir ein leichtes, es zu binden, das Horn mit der Axt aus dem Baum zu schlagen und es gefesselt und entzaubert in den Stall des Königs zu führen.

So hast du dir denn durch das Gewaltbegehren der Lesenden und trotz deiner niederen Herkunft die Hälfte des Königreichs (und meines Schreibtisches) erobert. Die andere Hälfte des Himmels gehört nicht dir noch dem senilen König zu. Das lachende Einhorn, das noch in deinen unterirdischen Verliesen die Wiederverzauberung bewirkt, wird es sich nehmen.

I. Einleitung

Zwei Gespräche

»Der Prophet Jeremia beschäftigte sich allein mit dem Buch Jezira. Da erging eine himmlische Stimme und sprach: Erwirb dir einen Genossen. Er ging zu seinem Sohn Sira, und sie studierten das Buch drei Jahre lang. Danach gingen sie daran, die Alphabete nach den kabbalistischen Prinzipien der Kombination, Zusammenfassung und Wortbildung zu kombinieren, und es wurde ihnen ein Mensch geschaffen, auf dessen Stirne stand: *JHWH Elohim Emeth*. Es war aber ein Messer in der Hand jenes neuerschaffenen Menschen, mit dem er das *'aleph* von *'emeth* auslöschte; da blieb: *meth*. Da zerriß Jeremia seine Kleider [wegen der hierdurch implizierten Blasphemie der Inschrift: Gott der Herr ist tot! Anm. G. Scholem] und sagte: Warum löschst du das *'aleph* von *'emeth* aus? Er antwortete: Ich will dir ein Gleichnis erzählen. Ein Architekt baute viele Häuser, Städte und Plätze, aber niemand konnte ihm seine Kunst abmerken und es mit seinem Wissen und seiner Handfertigkeit aufnehmen, bis ihn zwei Leute überredeten. Da lehrte er sie das Geheimnis seiner Kunst, und sie wußten nun alles auf die richtige Weise. Als sie sein Geheimnis und seine Fähigkeiten erlernt hatten, begannen sie ihn mit Worten zu ärgern, bis sie sich von ihm trennten und Architekten wie er wurden, nur daß sie alles, wofür er einen Taler nahm, für sechs

Groschen machten. Als die Leute das merkten, hörten sie auf, den Künstler zu ehren, und kamen zu ihnen und ehrten sie und gaben ihnen Aufträge, wenn sie einen Bau brauchten. So hat euch Gott in seinem Bilde und seiner Gestalt und Form geschaffen. Nun aber, wo ihr, wie Er, einen Menschen erschaffen habt, wird man sagen: Es ist kein Gott in dieser Welt außer diesen beiden! Da sagte Jeremia: Welchen Ausweg gibt es also? Er sagte: Schreibt die Alphabete von hinten nach vorn in jene Erde, die ihr mit gesammelter Konzentration hingestreut habt. Nur meditiert nicht über sie in Richtung des Aufbaus, sondern vielmehr umgekehrt. So taten sie, und jener Mensch wurde vor ihren Augen zu Staub und Asche. Da sagte Jeremia: Wahrlich, man sollte diese Dinge nur studieren, um die Kraft und Allmacht des Schöpfers dieser Welt zu erkennen, aber nicht, um sie wirklich zu vollziehen.« [1]

Zeitgeistesgegenwart heißt, am Rande lesen, Blicke aus dem Augenwinkel werfen, die Peripherie zum Zentrum der Aufmerksamkeit machen, sich verführen, sich auf Abwege führen lassen. Da nichts mehr mit gutem Grund als Zentrum (z. B. des wissenschaftlichen Interesses) deklariert werden könnte, gibt es ohnehin nur noch Abseitiges. Nur so, nur bei müder Abwesenheit, sieht man das Wandern des Kathodenstrahls und nicht das vermeintlich ruhig stehende Bild. Dabei geht es nicht um einen neuen Blick in die Tiefe, hinter die bloße Erscheinung der Dinge. Die aufblinkenden Punkte bilden ja gerade die reine Oberfläche. Nur am Rande, nämlich in den Danksagungen diverser neuerer Bücher, findet man Anzeichen für Veränderungen, die Inhalt wie Produktionsform auch der vorliegenden Arbeit betreffen. Immer häufiger erwähnen Autoren dort nicht nur ihre Sekretärin und die liebe Verwandtschaft, sondern auch namentlich ihr Textverarbeitungsprogramm [2].

Den Computern unter meinen Lesern wird das nicht einmal ein Schulterzucken der Genugtuung entlocken. Den anderen, auf altmodischem Kohlenstoff basierenden, sollte diese Art der Anthropologisierung von Maschinen zu denken geben.

Der künstliche Mensch aus dem 13. Jahrhundert und der aus dem 20. setzen — mit ihren eigenen Worten — die Eckpunkte des Themas. Mit ›emeth‹ (Wahrheit) und ›meth‹ (Tod), zugleich Signifikanten und Signifikate, sind die Determinanten ausgesprochen, die auf immer mit dem Projekt verbunden bleiben. Eckpunkte, aber nicht als historistische Anfangs- und Endpunkte, sondern als Grenzmarken eines

Noch-nicht und eines Nicht-mehr, die in die Zeit projeziert werden, die aber an jedem einzelnen Raum-Zeit-Punkt wirksam bleiben, wie Vorahnung und Nachgeschmack, wie Traum und das Erwachen im Schlaf zu einem anderen Traum.

Das Thema ist ein theologisches. Das wissen beide, wenn es auch nur der eine ausspricht. Mytho-Logos wie Techno-Logos sind Weltschöpfungskraft, sind das leibhaftig gewordene, göttliche Wort.

Der Mensch ist wesentlich Autor. Er nimmt sich selbst als Ur-Sache, und indem er sich kopiert, wähnt er, sein eigener Urheber zu sein. Weil der künstliche Mensch ihn vom Makel des Gewordenseins (G. Anders) befreit, ist dieser allein Ziel jeder ›Selbsterhaltung‹ und letztgültiger Beweis seiner Apotheose.

Die beiden sprechen also auch über sieben Jahrhunderte und über die Köpfe der angesprochenen Menschen hinweg miteinander. Ohne mich einmischen zu wollen, glaube ich, daß sie sich genau verstehen. Die Isomorphie zwischen mythischem und technischem Text läßt vermuten, daß beiden etwas Gemeinsames zugrundeliegt, ein ROM im untersten Teil unseres Arbeitsspeichers gewissermaßen.

Eine solche Klammer oder Durchlauf-Figur soll im folgenden immer wieder versucht werden. Aus dem kreisförmigen Drumherumreden — wobei der Radius sich aus den beiden Vorgaben errechnet — ergibt sich der Aufbau eines Amphitheaters. Eingezirkelt wird das leere Zentrum. Die Bänke sind voll besetzt, doch jeder erwartet etwas anderes: ein grandioses Schauspiel — Parabel oder Tragödie — der eine, der andere einen Wettkampf auf Leben und Tod.

Wenn die Künstliche Intelligenz (KI) denn im Zentrum

12

der Überlegungen steht, so in dem Sinne, wie im Labyrinth die Leere des Zentrums durch einen Springbrunnen oder eine Statue ausgefüllt wird, die kein Geheimnis bergen. Der Reiz liegt im Weg. Keine andere Techno-Form trägt in dem Maße das Labyrinth in sich wie die ›K & I‹-Technologien — als Metapher und als Anwendung, vergleichbar nur mit der Wissensmaschine Bibliothek. Das Labyrinthische war vormals in der Natur angesiedelt, im Körper, im Spiel. Dem stand die Klarheit und Abwägbarkeit der Maschine gegenüber. Mit dem Computer kehrt das Symbol des Rätsels, des mythischen Durchgangs und der Wiederkehr inmitten der vollständig determinierten Maschine wieder; eine Architektur zu weiblichen Ehren (Urmutter, Aphrodite, Artemis, Persephone) inmitten männlicher Technologie[3].

Nach der Klassifizierung, die Eco vornimmt[4], handelt es sich hierbei um rhizomatische Labyrinthe, da sie potentiell unendlich sind und da sie ihren Benutzer unmittelbar zu der Erkenntnis des Satzes führen, »daß es unmöglich ist, nur *eine* Geschichte zu haben«, Labyrinthe also, die sich auch in der Zeit erstrecken. (Am augenfälligsten beim Computerspiel »Time Zone«, das dem Benutzer die Versatzstücke der Geschichte als Material zur Neugestaltung präsentiert).

Explizite Labyrinthe finden sich bei Spielen, Text-Adventures und Environments[5]. In die Computer-Spiele ist das Labyrinth als Grundstruktur eingegangen. Es erschließt sich dadurch, daß man sich in ihm bewegt. Die Perspektive ist also die der Maus, nicht die des Versuchsleiters, der sich über sein Experiment beugt. Im Labyrinth lauern Gefahren, Aufgaben sind zu bewältigen, Puzzleteile zusammenzutragen. Als unverzichtbares Klischee scheint sich die Hauptaufgabe des Spielers herausgebildet zu haben, die Menschheit vor der Vernichtung durch das Böse, vor der Katastrophe apokalyptischen Ausmaßes zu bewahren.

Die menschengemachte, unüberschaubar verzweigte Struktur des Labyrinths zeigt sich auch in Netzen und Systemen, die eine gewisse Größe überschritten haben. Durch die entlegenen Gänge eines Frühwarnsystems bspw. kann, nach eigenem Bekunden des amerikanischen Verteidigungsministeriums, kein Mensch mehr einen roten Faden legen. »You've found your way in. But is there a way out?« [6]

Zeitgeister

Labyrinthisch ist auch das Wissen über die Welt geworden. In den Kammern zwischen den verschlungenen Pfaden ist ein Nebeneinander von offenen, lokal und zeitlich begrenzten Denksystemen entstanden, das keine Vereinheitlichung durch eine gemeinsame Meta-Sprache mehr sucht; die Heterogenität von Wissen, die Liebe zum Multiplen, systematischer Synkretismus, die die Paralogie (Lyotard) zur Methode erheben. Sie hat nicht mehr die Bereinigung von Widersprüchen oder Rauschen zum Ziel, sondern sie sucht gerade den Dissens, die Brüche. »Die Referenzlosigkeit der Bilder eröffnet dem Nachdenken die Risse, Lücken und leeren Stellen, in denen es wie Wasser für künftige, eiszeitliche Sprengungen versickern kann.« [7]

Es geht dem Wissen offenbar nicht mehr um Überschreitung, um das andere, bessere Leben. In der Hyperrealität der Simulation ist der Antagonismus abgelöst vom Agonismus spielerisch miteinander ringender Hypothesen, die um ihre Beschränktheit, die Unmöglichkeit eines neuen Konsensus wissen. Mit tödlichem Ernst werden die Hypothesen bis zu

14

ihrem Äußersten fortgetrieben. Das Als-Ob ihrer Setzung wird vergessen, nur um es jenseits ihrer Grenzen wieder aufzunehmen. Neue Spielregeln werden gesetzt aus Spaß an ihrer Erfindung[8].

Mit ebenso tödlichem Ernst spielen die alteingesessenen ›exakten‹ Wissenschaften nach *ihren* Regeln. Auch sie vergessen das Als-Ob ihrer Setzung; auch sie treiben ihre Hypothesen, z. B. die von der Ersetzbarkeit des Menschen, bis zum Äußersten. Doch gibt es für *dieses* Spiel kein Jenseits, kein Außen, von dem aus es selbst neu aufgenommen werden könnte. Neue Regeln entstehen nur in der Immanenz von Opportunität (auch: ›vorwissenschaftliche Wertsetzung zugunsten des Sponsors‹) und Sachzwang (auch: ›Empirie‹).

Der Unterschied zwischen beiden Spielarten, der unverantwortlich des Spielcharakters eingedenkenden und der verantwortungslos sich selbst erhaltenden, liegt anscheinend im Macht-Vorzeichen vor dieser. Sie hat die Macht, auch jene unter den Zwang ihrer Sachen zu stellen, die sie dann nur noch mit ästhetischem Ornament bekritzeln darf; die Macht, eine kritische Theorie in das Eingeständnis ihrer Ohnmacht durch Selbstauflösung in Ästhetik zu treiben.

Grundgedanke dieser Arbeit ist, daß ›Der Mensch‹ der Moderne, will sagen: die Wissensmaschine inclusive ihrer Kritik, am Projekt der Selbstwiderlegung gearbeitet hat, einer Widerlegung der Macht über die Sachen und ihre Zwänge, weitergehend noch, einer Widerlegung der machtausübenden Instanz selbst, ›Des Menschen‹, das heißt: des metaphysischen Subjekts der Aufklärung. Nach der Hybris des Subjekts durch die lichte Aufklärung, nach seiner Unterhöhlung durch die schwarze Aufklärung, zeigt sich vom Ende her sein vorläufiger, keineswegs unwiderruflicher Charakter. Die Widerständigkeit des Objekts, an der allein es sich ausbilden kann, ist aufgelöst, zur ›soft ware‹ geworden, der sich alle möglichen Bedeutungszeichen einprägen lassen. Über den Ruinen der Moderne erhebt sich eine Sphäre real-existierender Fiktionalisierung, in der keine Definitions-macht mehr Fuß fassen kann, weder die des falschen noch die des richtigen Lebens.

Wenn es keine res-Haftigkeit der Dinge mehr gibt, kein Außerhalb der Theorie, müssen wir uns in einem Zeichen-Labyrinth ohne Ausgang orientieren. Die Informatisierung liefert uns alle Versatzstücke, die wir benötigen, frei Haus. Wir sind frei, Spielregeln zu erfinden, in denen sich Zeichen oder andere Spieler verfangen.

Ein beliebtes Spiel besteht darin, sich zurückzulehnen und die Dinge sprechen, sehen und denken zu lassen. Die Objekte verketten sich auf fatale Weise und bilden bizarre Muster aus. Das Subjekt als Autor ist aus dem Spiel. Der Voyeur gefällt sich im Blick seines Fernsehers. Der Walk-Man läuft durch eine ubiquitäre Galerie, eine Schaufenster-welt. Piktographische Botschaften dringen zu ihm durch.

Nun könnte man sagen: der Ästhet sei ein willfähriger, zeichengesteuerter Sklave. Was er wahrnimmt (gr.: aisthestai) ist das, was ihm die Mächtigen (und mächtig sei, so sagt man, wer die Macht über Medien hat) präsentieren. Aber wer wollte beweisen, daß ausgerechnet die Macht, wenn es denn noch Überreste gibt, einen Plan hat? Andererseits scheint hinter der Ästhetik — ganz traditionell aufgefaßt — wieder ein Subjekt durchzuschimmern. Doch das ist ein Problem der Sprache, die ihren Benutzer zwingt, die Welt mit derarti-gen Gespenstern zu bevölkern. Wir können die Sprache nicht vermeiden, allein sie müßte etwas von der Haltung

Ciorans in sich tragen, etwas vom Geschmack am Untergang, von seinen Paradoxa, von fiebernder Resignation und verblüffender Sinnlosigkeit.

Eine Ästhetik der Referenzlosigkeit müßte Episoden aus der Zerstückelung um den und im Menschen zusammentragen und arbiträre Neuverknüpfungen herstellen. Die Wirklichkeit ist angefüllt mit Informationen, die ihren Gegenstand vergessen haben, mit Zitaten, deren Ursprung niemand mehr feststellen kann. Sie beziehen sich tautologisch auf sich selbst, fliehen ineinander oder stürzen durch ihre eigene Schwerkraft in lichtlose Verdichtungen hinein. Der Raum, von dem die Rede ist, kristalliert im elektronischen Ambiente aus. Unbeholfen noch überlagert er netzförmig die Ruinen der Welt des Subjekts und der Geschichte. Wie dem Menschheitsphantasma von einer Welt gehorchend, die aufgebaut ist aus dem Ur-Antagonismus, aus Yin und Yang, wachsen seine Gestalten aus den beiden Zahlen Null und Eins. Kybernetische Metaphysik.

Unvermeidlich geht zunächst der menschliche Demiurg und mit ihm der Sinn als Simulationsreferenz in diese Welt ein. Er prägt die künstlichen Geschöpfe nach seinem menschlichen Wissen. Doch zu offensichtlich drängt sich in der Information das Problem des infiniten Regresses in der Frage nach der Wirklichkeit und ihrer Metaebenen auf, als daß die Zone der zirkulierenden Zeichen an obsoleten Strukturen bleibenden Schaden nehmen könnte.

Monolog ober Fläche

Die Methodologie des Abseitigen und der Unschärfe ist zu erläutern. Die kritische Theorie hat darum gewußt. Sie ist das, was nach dem Ende des dialektischen Denkens — dem ›Stufengang zum Heil‹ — von ihr zu erben ist. »Was die herrschende Gesellschaft transzendiert, ist nicht nur die von dieser entwickelte Potentialität, sondern ebensowohl das, was nicht recht in die historischen Bewegungsgesetze hineinpaßt. Die Theorie sieht sich aufs Quere, Undurchsichtige, Unerfaßte verwiesen (…) auf das, was in solche Dynamik nicht einging, am Wege liegen blieb — gewissermaßen (die) Abfallstoffe und blinden Stellen, die der Dialektik entronnen sind.«[9]

Diesem Unwesentlichen, Abseitigen, Undurchsichtigen, dessen philosophische Fruchtbarmachung Adorno Benjamin zugute hält[10], kann man sich unter der Omnipräsenz des Allgemeinen nur noch durch Unaufmerksamkeit, Dilettantismus und Serendipity (s. u.) nähern. Jede systematische, analytische Suche findet nur immer wieder das Allgemeine, das gar keine Anstalten mehr macht, sich zu verbergen. Der aufgedeckte Skandal des schlechten Lebens bewegt nichts, wenn das Skandalon zur alltäglich zelebrierten Norm geworden ist. Aufklärung, so hieß auch die Öffentlichkeitsstrategie der Linken in den siebziger Jahren. Sie ist daran gescheitert, daß sie diese Norm mitproduziert hat.

Entstanden ist so eine Transparenz, nicht in dem Sinne, daß man etwas durchschaut hat, sondern daß man durch die Dinge nur noch hindurchschauen kann. Sie selbst bleiben unsichtbar. Prototypisch dafür erscheinen alle Bildschirme: Leinwand, TV-Screen, Plasmaschirm. Der Blick durchdringt sie, ohne sie wahrzunehmen. Sie sind reine Oberfläche. Dasselbe gilt für das auf ihnen Dargestellte.

Also: unsystematisches Herumstöbern in Kybernetik, zeitgenössischer Literatur, Medizinlehrbüchern, Schallplat-

18

ten, Bauanleitungen, Mailboxen, Kinofilmen, Tageszeitungen, KI-Seminaren, Computerwerbebroschüren etc. etc. etc. (Es versteht sich von selbst, daß Sätze wie dieser weder ein Subjekt noch ein imperativisches Prädikat enthalten können). »Es geht um den Choc, den Zusammenprall weit auseinanderlegender Dinge (…) per Unfall denken (…) Ich glaube nicht an das Ernsthafte, nicht an die Kompetenz. Die wahre Intelligenz ist flüchtig, kinematisch aufblitzend.«[11] Auswahlkriterium für die Weiterverarbeitung ist das Staunen, der Bruch im Text, die Metapher, die einem entgegenspringt, Curiosa und Mirabilia. Diese markiert die Spurensuche mit einem verblüfften ›sic!‹.

Nachdem das Denken sich in eine endlose Tiefe von Psyche und Mythos verloren hatte, deren Grund nur logisch postuliert werden kann als das Verschwundene, ist es erneut auf die Oberfläche verwiesen. Zwar bleibt der Verdacht plausibel, daß sich auf der Rückseite der Dinge eine Maschine befinde. Doch nicht so, wie die gründelnde Wissenschaft bislang annahm. Nicht als Räderwerk in der Tiefe der Erscheinungen, als Automat aus Gesetzen und ihren empirischen Alibis, aus kausalen Kettengliedern mit schweren Eisenkugeln an ihren Enden.

Vielmehr wird sich zeigen, daß sich unter der Oberfläche untiefe, zweidimensionale Maschinen ›verbergen‹. Ihre Impulse laufen durch die planen Leiterbahnen von Platinen und Chips. Das sind keine Landkartdarstellungen eines ursprünglich plastischen Geländes. Ihre ›Tiefe‹ mißt sich in Millionstel Millimetern. Doch selbst diese Gebilde bergen nicht das Geheimnis des Funktionierens der Phänomene. Wer versucht, einzelne Impulse in diesem Netz zu verfolgen, Schaltzustände der ›gates‹ aufzuzeichnen etc., wird niemals auf die Erscheinungen auf der Benutzeroberfläche schließen können. Hier zählt allein das der Oberfläche eingeschriebene Programm. »Nur als Oberflächeneffekt, wie er unter dem schönen Namen Interface bei Konsumenten ankommt, gibt es Ton und Bild, Stimme und Text. Blendwerk werden die Sinne und der Sinn.« [12]

Offenbar hat die Schrift nicht nur metaphorisch alles in ihre Dimension gezwungen. Die Welt schrumpft zur Fläche. Die Atombombe hat in Hiroshima nur Brandschatten von ihr hinterlassen. Kino, Bildschirme, die Magnetscheiben der Disketten, die Platinen tun ein weiteres. Als Modell von vermeintlicher Bewegung können jene Bilder mit Leuchtdioden angesehen werden, die in schneller Abfolge aufblinken — nichts anderes tun die Phosphorpunkte des Bildschirms. Da dieses Aufscheinen kein verbergender Schein ist — nichts steckt dahinter —, bleibt das Phänomen lichtwerfenden Projekten gegenüber immun. Illuminiert wird, bläulich, grün oder amberfarben, allein das Gesicht des Betrachters [13].

Wenn, wie eine umgängliche These besagt, heute die Wirkungen ihren Ursachen vorausgehen [14], kann eine Methode nicht auf ihren Gegenstandsbereich hin ›materialgerecht‹ entworfen werden. Wenn eine leere Medienstruktur sich die Ereignisse schafft, von der man früher annahm, daß sie sie nur abbilde, muß eine korrespondierende Methodologie der Wahl ihres Anwendungsbereichs vorausgehen. Nicht das Objekt entscheidet, wie es zu untersuchen sei, sondern das Instrumentarium bringt seine Objekte hevor. Das war uneingestanden schon immer so; was nicht per Laborexperiment, Statistik etc. untersucht werden kann, bleibt außer acht. Aber der Begriff des Artefakts grenzt das reine Methodenprodukt vom Simulacrum des wirklichen, unabhängigen

*»Der Atomblitz, dessen Helle die Schlagschatten der Wesen,
der Dinge buchstäblich fotografierte, sie unmittelbar in jede
Fläche gravierte, sie zum Kriegsfilm machte«
(Virilio, Krieg und Kino)*

Gegenstands ab. Das Thema, um das es geht, wie die
Methode, die sich ihm nähert, heißt: eine Welt schaffen.
Nicht irgendeine, sondern Die Welt.

Gegenstand ist Sprache. Instrument ist Sprache. Resultat
ist Sprache.

Die Methodik der Unschärfe und des Abwegs hat einen
Namen: serendipity (»faculty of making fortunate and unex-
pected discoveries by chance«). Sie meint das Rumschnup-
pern, das Wildern in den Gefilden monomanischer ›Fach-
leute‹. Nicht als Wiederkehr des Universalwissens, sondern
als Streunen, Sammeln. Entdecken aus Versehen; etwas finden, während man etwas ganz anderes sucht. Keine Hermeneutik, sondern Spurensuche in den Texten. Das sic! als Text-
Marker. Das kanonische Wissen unterlaufen und das anstre-

ben, was dem Fachmann als Verzerrung, Vorurteil und willkürliche Beugung erscheinen muß. Der Abweg des Columbus, die Erfindung des Schwarzpulvers... Irrtum, Vorurteil, Glaube, Oberflächlichkeit — der verfemte Teil der Methodologie der exakten Wissenschaften, den es den Menschwissenschaften nie gelungen ist, gänzlich abzulegen. Das Verlaufen als Suchprinzip. Nicht das planende Subjekt, sondern dem objektiven Zufall, daß Dinge aufeinanderprallen, seinen Lauf lassen[15].

Ordnung als Sonderform des Zufalls. D.h.: ›ehrliches Flickwerk‹, Bricollage, Provisorium. Nicht Endlösung, sondern Proteus. Wenn es nicht gelingt, aus den vierzehn[16] Leben das eine, identische zu kondensieren, warum sollte man dasselbe vom Denken verlangen? ›Das Buntscheckige unseres Daseins‹, skrupelloser Dilettantismus, ›geschehen lassen‹.

Was bleibt, um der Melancholie des Nie-geboren-zu-sein-bald-zu-sterben zu entkommen, der erkenntniskritischen Depression, dem Schweigen? Das Vergnügen, die Haltung, der gute Geschmack und der Rausch einerseits[17], andererseits das Vorderhandliegende, die Oberfläche, mit der die Gegenstände sich präsentieren. Das bedingt die Enthaltung vom »obszönen« (Baudrillard) Drang zur Enthüllung, zum Geheimnis, zum verborgenen Sinn. »Schattenloses Denken ohne Überwelten, ohne Reduktion, ohne Unterstellung (...) Wahrnehmung, die frei ist vom Lidschlag des forschenden Ich, ohne Eingriff (...) ohne Schonung, makellos in Augenhöhe mit dem Offensichtlichen.«[18]

Das heißt auch, weg vom Hang zur mythologischen Aufschlüsselung, weg von der Tiefe, von der »Dialektik«, hin zur neonerleuchteten, untiefen Transparenz, in der man nicht aufläuft, über die man hinweggleitet.

Der Bezugspunkt ist das Andere der Vernunft. Doch tritt zum tradierten, verfemten prämodernen ein schattenloses, untiefes, entropisch postmodernes Anderes in Konkurrenz. Beide fordern in dieser Arbeit ihren Tribut. Ihr Widerstreit ist unaufhebbar. Doch gibt es einen Punkt, an dem sich beide vereinigen. In der Apokalypse, deren Vorstellung sich einerseits mit dem Versprechen der Wahrheit, der Offenbarung durch Untergang verbindet, andererseits mit dem Bild der glanzlosen Transparenz des Atom-Röntgen-Blitzes.

Zum Aufbau dieser Arbeit: Das folgende Kapitel will an der Hand des künstlichen Menschen geführt einen Durchlauf durch die Auffassungen vom Wissen im Mythos, in der Aufklärung und im 20. Jahrhundert vollziehen. Am Ende wird das Wissen des Menschen über die Welt von jeglichem nicht-funktionalen Überschuß gereinigt sein. Die Information, wie es dann heißt, erhebt sich gar zu ontischen Dimensionen gleichberechtigt neben Subjekt und Objekt. Noch bevor technisch davon die Rede sein kann, die Maschine künstlich intelligent zu machen, hat der Mensch sein Wissen zum maschinengemäßen und sich selbst zur Wissensmaschine gemacht.

Im anschließenden Kapitel benutzt der Mensch das Medium als Spiegel. Zwei Medien oder Zwischenwelten stehen im Mittelpunkt, die Sprache und die Maschine. Wieder ist es der künstliche Mensch, der den natürlichen anspricht, um sich ihm als willfähriger Knecht anzudienen. Er redet vom Körper des Menschen und vom Paradies, aber in zunehmendem Maße auch von sich selbst. Galt der Mensch als sprachbegabtes und damit beseeltes Tier, so fragt der sprachbegabte Computer sich und uns, ob er nicht ebenso vernünftig und vielleicht sogar beseelt sei.

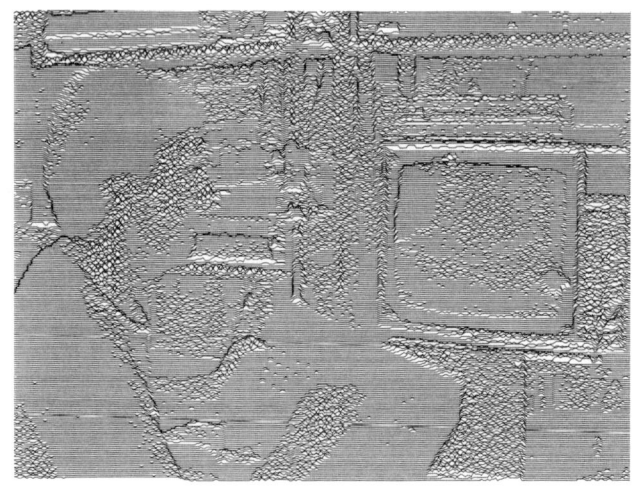

Computergraphik von Brian Smith

Das abschließende Kapitel bietet eine Anatomie der ›Intellektik‹ und ihrer Maschinen. Wir sehen, daß der Computer mehr ist als ein Computer und daß die ›Universal‹-maschine zwei Dinge nicht kennt, das Eine, das nicht alles wäre, und den Zufall. Des Menschen Projekt ist am Ende. Ob er mit ihm, bleibt vorläufig unbeantwortet. Der intelligente Computer hält Einzug. Er hat den Untergang des Abendlandes und die Apokalypse im Reisegepäck. Der natürliche Mensch wird sich mit ihm zu arrangieren haben, damit er zumindest letztere nicht auspackt.

Vieles kann nur angeschnitten werden, doch gerade aus solchen offenen Schnittwunden sprießen Ranken, die sich einst als tragfähig erweisen sollen.

Kapitel II
WISSEN

1. Genealogie der Wissensformen

Die Welt stellt sich im Diskurs über sie her, nicht im Ablesen einer vorgängigen Bedeutung: »Wir müssen uns nicht einbilden, daß uns die Welt ein lesbares Gesicht zuwendet, welches wir nur zu entziffern haben. Die Welt ist kein Komplize unserer Erkenntnis. Es gibt keine prädiskursive Vorsehung, welche uns die Welt geneigt macht. Man muß den Diskurs als eine Gewalt begreifen, die wir den Dingen antun.«[1] Den künstlichen Menschen zu schaffen, ist eine der ältesten Bestrebungen des natürlichen. Die Art der Entwicklung der Wissensformen läßt sich anhand des jeweiligen Verhältnisses von Wissen und seiner Anwendung bei der Herstellung von Leben darstellen.

Der Golem des frühen Mittelalters diente dem Nachweis der vollzogenen Initiation in das gnostische Wissen über die Welt. Er hatte keine andere Funktion, als die der Prüfung am Ende der kabbalistischen Lehrzeit, der Teilhabe an der Schöpfungsfähigkeit Gottes, des ›intellectus archetypus‹. Zum Wissen gehört die Durchdringung, der Glaube. Oder wie Jeremia erkannte: ›Wahrlich, man sollte diese Dinge nur studieren, um die Kraft und Allmacht des Schöpfers dieser Welt zu erkennen, aber nicht, um sie wirklich zu vollziehen.‹

Für da Vinci und Bacon werden Analyse und Experiment zum vornehmlichen Mittel, um Wissen zu schaffen. Gewußt wird, was selbst nachkonstruiert werden kann. Das künstlich Geschaffene hat immer noch die Funktion, die Beherrschung des Wissens zu belegen. Der Moment, in dem sich der Golem vom Boden erhebt, ist, ähnlich dem, in dem das automaton sich zu regen beginnt, ein Moment der ›Wahrheit‹. Doch das Wissen ist nicht mehr kontemplativ, kein ›Bei-Gott-Sein‹, keine Permutation des Ewigen Textes, der Großen Erzählung. Das Wissen ist selbst zum Mittel geworden, neues Wissen zu generieren. Das Zu-Wissende ist in sich systematisch, zusammenhängend, endgültig und prinzipiell für jeden einsichtig. Der künstliche Mensch ist somit nicht außerhalb der magischen Sphäre bedeutungslos (wie das noch in den Golem-Sagen des Rabbi Löw betont wird[2]), sondern übernimmt als Außenposten, in den ein Teil des gesicherten Wissens ausgelagert wird, Hilfsfunktion bei der Bewältigung der zunehmenden Wissensmenge. Diesen Charakter behält er auch in der folgenden Phase als Simulations-referenz noch bei: »Die der Umwelt, etwa durch eine wissen-schaftliche Untersuchung, entnommene und in Lehrsätzen und Tabellenwerken gespeicherte Information ist gewisser-maßen ein Lagervorrat, der der Technik ein für allemal zur Verfügung steht, und der infolgedessen nicht jedesmal wie-der von neuem der Natur entnommen zu werden braucht.«[3] Oder topographisch: Die Asphaltiermaschine, die die Straße, auf der sie selber fährt, in die Landschaft vortreibt, die ihren Grund voraus setzt, um sich auf ihm niederzulas-sen. Algorithmische Baum-Maschinen gehen von kleinsten Einheiten aus (Atom, mathematisches Symbol) und leiten über komplexe Verweisungen zum vollständigen Wissen[4].

Mit dem Einbruch des kybernetischen Paradigmas hat sich das Wissen und damit die Intelligenz wieder gewandelt.

Für den intelligenten Weltbürger des 18. Jahrhunderts ging es um die Beherrschung des enzyklopädischen Wissens; für den des 20. Jahrhunderts um effiziente Informationsverarbeitung, die auf je wechselnden Datenbeständen operiert. Bei der Vielfalt der Maskenwechsel bleibt von ihm nur eines, was sich durchhält: die Maskenhaftigkeit.

Das ausgelagerte Wissen wird selbständig. Ging es vorher um einen Begriffs-Apparat, so sind die Apparate jetzt (inter-)aktiv geworden — Wissens- und ›Denkverstärker‹. Man kann zwei Arten von Verstärkern unterscheiden: 1. z. B. Hebel oder Trichter, also Geräte, bei denen die drei: natürliche Wirkung, Verstärkung, verstärkte Wirkung, unmittelbar präsent sind. 2. z. B. HiFi-Verstärker, also Geräte, die etwas Originär-Maschinelles, einen Elektronenfluß, modulieren, Maschinen, die Information speichern und übertragen (seit Edisons Phonograph von 1877), d. h. Medium für etwas bereits künstlich Erzeugtes sind. Computer gehören der zweiten Gruppe an. Sie verstärken ein Denken, das vorher auf die Verstärkbarkeit hin geschaffen worden ist. Wissen ist jetzt zur zusammenhanglosen, prinzipiell unendlichen Information geworden; Intelligenz zur leeren, d. h. nicht gebundenen Fähigkeit, Information nach immer wieder wechselnden Kriterien zu verarbeiten.

Von Apologeten der Informationsgesellschaft wird vorgebracht, daß in ihr die gesamte Library of Congress, also die größtmögliche Annäherung an das vollständige Wissen, potentiell für jeden jederzeit abrufbar sein wird. Dieses Ideal aus einer vergangenen Wissensepoche läßt außer Acht, daß dann niemand mehr in der Lage sein wird, auch nur die Fragen, auf die einige der dortigen Bücher eingehen, zu verstehen, Fragen nach dem Guten-Schönen-Wahren, Fragen also, die nicht auf Informationen als Antworten abzielen. Eine umfassende Neugier hat einen virtuellen Raum aller Antworten geschaffen, nur um am Ende festzustellen, daß unterwegs die Fragen abhanden gekommen sind [5].

Was Benjamin über das chirurgisch-distanzlose Verhältnis des Kameramanns zu seinem vielfältig zerstückelten und neuzusammengesetzten Material schrieb, gilt ebenso für die Arbeit des heutigen ›Wissens-Ingenieurs‹ (sic!). Die Apparatur ist derart tief in die Wirklichkeit eingedrungen, daß »der apparatfreie Aspekt der Realität (…) zu ihrem künstlichen geworden (ist) und der Anblick der unmittelbaren Wirklichkeit zur blauen Blume im Land der Technik.« [6] Ab jetzt kann es also eine tatsächliche künstliche Intelligenz geben; Wissen, das sich selbst verwaltet und das sich selbst (re-)generiert. Während unter Informatikern noch die Vorstellung herrscht, man habe es beim Computer mit einem Verstärker im ersten Sinne zu tun, einem Werkzeug des Menschen, verbreitet sich zunächst in der Computer-Kunst eine Vorstellung vom Eigenständigen des Mediums. In Konsequenz wird die Erstellung von Zielen, das Wozu, in die Maschine verlagert. Also kein Hilfsmittel mehr, sondern eigenständige Entität.

Der Schritt vom Film zur Rechner-Simulation, zur Animation, ist größer als der vom Stummfilm zum Tonfilm. Die ›Echtheit‹ wird nicht lediglich um eine Dimension erweitert. Man könnte vermuten, daß mit der »computergenerierten Echt-Animation« (sic!) den bewegten Ton-Bildern die konditionale Reaktion und damit die Illusion von Interaktivität hinzugefügt wird. Doch könnte die Konditionalität so subtile Formen annehmen, daß sie den Eindruck der Intentionalität erweckt [7] — mithin repräsentierte Philosophie-Experten anfangen, sich metaphysische Gedanken über den Sinn und die Wahrheit ihrer Welt am Draht zu machen.

KI-Systeme wie Winograds ›Klötzchenwelt‹[8] weckten die Erwartung, daß man in ihre Grundstruktur nur immer weitere Weltausschnitte und ihre Relationen hineinzustecken brauche, um ein vollständiges Doppel der Welt herzustellen. Die Faszination geht von der Möglichkeit aus, durch Modellbildung im Rechner nicht nur ein lebloses zweidimensionales Abbild, sondern ein Duplikat der Welt, und darin einen Stellvertreter, einen Clon des Menschen — des Gewußten und des Wissenden — zu schaffen. Er bevorzugt die gleichen Konsumgüter wie wir, wählt die gleiche Partei, wird zerquetscht, wenn er einen Autounfall erleidet, ganz wie wir.

2. Todesangst und die Dialektik von Mythos und Individuum

> »Ich brachte die Sterblichen davon ab, ihren Tod
> vorauszusehen. Ich gab ihnen die blinde Hoffnung
> zur Heimat. Dazu schickte ich ihnen als
> Wegbegleiter das Feuer.«
>
> *Prometheus (nach Handke)*

Es stellt sich die Frage, was das Grundmotiv einer solchen Generationsfolge sein könnte, was Träger, was Mutagen des Wissens ist und was sich durchhält. Über den mythischen Menschen wissen wir nichts. Er dient als Modell, um zu verstehen, was ihm folgt. Aus ihm erwächst eine Trägerinstanz und ein ihr implementiertes Wissen, die Adorno/Horkheimer in der »Dialektik der Aufklärung« das ›Selbst‹ nennen.

Die Frage, worauf das Selbst eine Antwort ist, läßt sich aus zwei Richtungen angehen: vom Davor, dem Mythos, der Todesdrohung, der Angst aus[9], wie es in der »Dialektik der Aufklärung« geschieht, oder von den Verfallsformen des Selbst, von seinem absehbaren Ende aus.

Der Mythos hält die Verbindung zur Totalität des Ursprungs. Die Geschiedenheit von der All-Einheit wird mit der Genealogie überbrückt. Der Einzelne ist nicht allein, ist identisch, aber nicht mit sich. Er ist sich seines virtuellen Eins-Seins mit dem Ganzen sicher und diese Sicherheit wird durch Riten wie Initiationen oder ekstatische Tänze beständig aktualisiert. Der Ausdifferenzierung der Naturbeherrschung und der Aufspaltung der sozialen Einheiten entspricht die Aufgefächertheit des hierarchischen Götterhimmels. Dem Teilungsprozeß setzt der Mensch mit der kleinsten, nicht mehr spaltbaren sozialen Größe eine Grenze — dem In-dividuum. Den Schmerz über die endgültige Trennung zu lindern; neue kosmische Ganzheiten zu konstruieren und den Einzelnen mit ihnen in Verbindung zu setzen, war Hauptaufgabe des Denkens in der Theologie, später in der säkularen Philosophie.

Das Auf-Sich-Gestelltsein ruft eine tiefe Angst hervor, auf die der Mythos und dann das Individuum antwortet. Jener, indem er den Entspringenden mit dem Ursprung verknüpft und ihn somit dem Ganzen identisch sein läßt, dieses, indem es die Ursache der Angst — die Trennung vom Ganzen — anerkennt, sich aber, wie zum Trost, als Herrn einsetzt. Was sich ändert, ist das Verhältnis zum Tod. Im geschlossenen Kosmos des mythischen Denkens hat auch der Tote seinen Ort. Wie zum Erwachsenen, zum Krieger- oder Priestertum ist der Tod ritueller Übergang, eine weitere

Metamorphose des nicht mit sich identischen Wesens, kein Herausfallen aus der Immanenz. Dem Individuum jedoch setzt der Tod eine endgültige Grenze seiner Herrschaft. Hier bricht unweigerlich die Lüge auf. Es ist allein und dennoch nur unbeherrschte Natur. Die Angst, nicht Herr, nicht unsterblich oder doch wenigstens reproduzierbar zu sein, wie später seine industriellen Produkte, besänftigt es nur unvollkommen mit über-individuellen Ordnungen. Die Angst, jenseits des Todes ins Leere zu fallen, hält es dem Mythos verhaftet. Ihm bleiben drei Möglichkeiten, mit dem Tod umzugehen: der kollektive Selbstmord, die Blockierung seiner Vorstellung (»kalte Gesellschaften«, Lévi-Strauss) und Technik [10].

Der Preis, der fürs Selbst gezahlt wird, das Furchtbare, das der Mensch sich antun mußte, bemißt sich an der neuerlich eingesetzten Angst. Herr kann das Individuum nur sein durch Distanz zum technisch Beherrschtem und durch Unduldsamkeit gegen alles, was sich ihm zu entziehen trachtet. Die Angst muß jetzt den Rückfall ins Vorindividuelle verhindern. Der Natur darf es sich nicht mehr unmittelbar aussetzen; seine Verwandtschaft zu ihr wird durch das distanzschaffende Bewußtsein geleugnet. Das mythische Material wird aufgegriffen und neu erzählt als Genese des Selbst. Zugleich bleibt die Lockung wirksam, die es in sich trägt, das Glücksversprechen, das untrennbar mit dem Verschmelzen im Urgrund, mit der magischen Selbstpreisgabe ans Kollektiv verbunden bleibt. Im Traum erinnert der Mensch die Wirkung des Sirenengesangs und des Lotos. Im Wachen entsagt er sich der Verlockung; das Opfer, das sich als Preis für das Bestandsrecht an die Götter richtete, ist introvertiert; das Selbst bringt sich sein Anderes zum Opfer dar.

Erst wenn die Fesseln der Einbindung und Ausgrenzung sich wieder lockern, taucht in den Spalten eine Ahnung des verlorenen Glücks auf. Surrealismus, ekstatisches Musikerleben, LSD suchen nach dem, was im Leben vollständig ausgemerzt scheint, in der Nähe des Todes. Was die Lüge aufdeckt, birgt Wahrheit. Programm ist jetzt, die Souveränität des selbstbeherrschten Herrn zu zerstören, Lage für Lage wird abgetragen, nur um darunter dennoch nicht den Ursprung, sondern allein das Ende zu finden.

Die mythische Geisteshaltung konstituiert ein einheitliches Universum von trüber Ungeschiedenheit. Unterschiede werden von einem Netz vielfacher Affinitäten überzogen, von Verwandtschaftsgraden, von Ahnungen, die der Ahnen eingedenken. Der Einzelne kann sich im Kollektiv zur Natur, zur Welt in Beziehung setzen. Spezifische Vertretbarkeiten erlauben durch mimetisches Anschmiegen, durch kultische Wiederholung einen Austausch, eine, im emphatischen Sinne, Erfahrung des Anderen, das eben nicht fremd, nicht Objekt ist.

Der Einheit der mythischen Welt entspricht in der zu Material atomisierten, fremd gewordenen Welt des Selbst das Bedüfnis nach Vereinheitlichung. Über Substanz und ihre Akzidenzien, Wesen und seine Erscheinungen erreicht das Cogito eine universale Vermittlung der Unterschiede, zwingt es das störrische Besondere in das Prokrustesbett der Kategorien. Doch die durch die Grundtendenz der Selbsterhaltung bedingte Unterwerfung des Materials strebt über jegliche vereinheitlichende Substanz hinaus zum Mythos des Faktischen. Das Gute, das Wahre, das Schöne, mit denen sich die Substanz- oder Philosophien der »objektiven« Vernunft (Horkheimer)[11] beschäftigen, werden den Naturwissenschaften und ihren Philosophien Pragmatismus und Positivismus zum Nicht-Problem. Funktionalität, d. h. Angemessenheit der Mittel bei vom status quo definiertem, außerfrage stehendem Zweck der Selbsterhaltung gilt als Leitprinzip und führt zu partieller Rationalität und gleichzeitiger Irrationalität des Ganzen. Die unversöhnte Natur tritt dem Einzelnen in der fatalen Form der Gesellschaftlichkeit und, wie erst nach und nach erkennbar wird, in der fatalen Form der Maschine wieder entgegen. Die Angst wird in der technischen Machbarkeit einerseits und der Ideologie sozialer Egalität andererseits ertränkt.

Die Vereinheitlichung der ›objektiven‹ Vernunft wird zum leeren Agglomerat des Allgemeinen. Das identische Ich, das eine individuelle Geschichte bis zum Telos erzählt, ist ›synthetische Einheit der Apperzeption‹ einerseits und ›bloßer Verkehrsknotenpunkt der Tendenzen des Allgemeinen‹ andererseits. Das sensible Denken reflektiert den Zustand, in dem das Ich seine Selbstgewißheit des cogito verliert: »Je est un autre — Es ist falsch zu sagen: Ich denke. Man müßte sagen: Man denkt mich.« (Rimbaud), »qui suis — je?« (Breton) oder Heideggers ›Man‹. Doch des Subjekts, des besonderen Einzelnen bedarf es zur Verwaltung des Allgemeinen ohnehin nicht mehr: ›nur noch Aller‹.

Offenbar gibt es Tendenzen im ›Projekt Selbst‹, die bei seiner Realisierung dessen Grundlagen aushöhlen; eine Unterströmung, die das Individuum, in dem Maße es an Gewichtigkeit gewinnt, in eine nicht-individuelle Ordnung absacken läßt; eine Interferenz aus der Überlagerung eines Welt-Raumes, der sich in nicht intendierter Weise verändert hat und des in ihn projizierten Individuums, dessen Konturen eigentlich an Schärfe gewinnen müßten, die eine über-

raschende neue Antwort auf die Frage nach dem Sinn des
Selbst nahelegt. »... es könnte im Gegenlauf zur offiziellen
Geschichte der Moderne eine andere passiert sein, die im
wesentlichen verzehrend, verbrauchend, verwertend war, in
der die Menschen etwas vollzogen haben, was sie weder
wollten noch wußten, eine Art Selbstwiderlegung mit beinahe tödlichem Ausgang. So betrachtet, wäre das Individuum weder ein außergeschichtlicher Wert noch eine unver-
lierbare historische Errungenschaft, sondern ein Programm,
genauer: eine programmatische Skizze, die faktisch eine
andere Rolle gespielt hat als gedacht. So betrachtet erscheint
der Inbegriff der Moderne als ein Deckmantel, unter dem
aufgehäuftes menschliches Kapital in ebensolcher Weise verbraucht worden ist wie die Bodenschätze der Erde und die
Reichtümer des Himmels.«[12]

3. Maschine und »subjektive Vernunft«

> »Die Maschine hat den Piloten abgeworfen; sie
> rast blind in den Raum. Im Augenblick ihrer
> Vollendung ist die Vernunft irrational und
> dumm geworden. Das Thema dieser Zeit ist
> Selbsterhaltung, während es gar kein Selbst zu
> erhalten gibt.«
>
> *Max Horkheimer*

Für die sich selbstwiderlegende Beherrschung der Erde und
des Körpers im Namen der Selbsterhaltung gibt es einen
zentralen Begriff — den der Maschine. Nach dem Exitus
aus dem Himmel hat der Mensch alle Kompetenzen der
Weltkonstitution im Cogito an sich gezogen. Doch der

Anspruch, der sich dahinter verbirgt, ist kein neutraler, erkenntnisschaffender, sondern bereits einer der Unterwerfung, der Nutzbarmachung. Technologie und Technokratie sind hier angelegt. Baudrillard weist auf die Entsprechung zum Substanzbegriff der objektiven Vernunftphilosophien in einer einheitlichen, materiellen Signifikanten-Substanz — Stuck in der Renaissance, später Beton und Plastik. Er spricht von einer »weltlichen Demiurgie«, die eine »Transsubstantiation der gesamten Natur in eine einzige Substanz« anstrebt. Ganz so wie im System oder Begriff geht es darum, allen Dingen eine gemeinsame synthetische Konsistenz zu verleihen. Dahinter verbirgt sich »ein Plan zur politischen und geistigen Hegemonie, das Phantasma einer geschlossenen geistigen Substanz«, das auf Unterwerfung und Nutzbarmachung, Technologie und Technokratie abzielt[13]. Der Mensch hat soziale, physische und intellektuelle Kompetenzen, die er aus der fatalen Welt des Mythos in den Bannkreis seiner bewußten Kontrolle gezogen hatte, wieder veräußerlicht. Auf der Grundlage eines vereinheitlichenden, rationalen Denkens wird die Welt zu Material zerlegt und nach dem Grad seiner Manipulierbarkeit kategorisiert. Mit der Maschine, auch als Metapher zur Beschreibung des menschlichen Körpers, komplexer sozialer Systeme und der Gesellschaft als ganzer, verbinden sich Vorstellungen von mechanischer Präzision, Zusammenwirken vieler Rädchen und Einzelteile im unüberschaubaren Ganzen, Kontinuität, Stabilität, Berechenbarkeit[14]. Doch trotz des höchsten Maßes an Rationalität, vollständig generiert aus einem menschengemachten Modell, stellt sich immer auch ein Befremden ein, wenn man mit einer automatischen Puppe von Jaquet-Droz oder einem modernen Roboterarm konfrontiert wird. In ihnen, im Modell ist der Tod überwunden, in der sozialen Maschine das Auf-Sich-Gestelltsein. Die Maschine singt das Lob der Allmacht des Menschen: somit scheint die Bestimmung, mit der die Aufklärung angetreten ist, erfüllt. Doch mit der Zunahme der toten Arbeit stirbt auch das Leben. Das Schicksal des Individuums verbindet sich mit dem des Atoms. Beides kleinste, nicht mehr teilbare Einheiten, und beide erleiden eine Spaltung ohne erkennbare Untergrenzen durch immer größere Maschinen. »Die Herrschaft des Menschen über sich selbst, die sein Selbst begründet, ist virtuell allemal die Vernichtung des Subjekts, in dessen Dienst sie geschieht, denn die beherrschte, unterdrückte und durch Selbsterhaltung aufgelöste Substanz ist gar nichts anderes als das Lebendige, als dessen Funktion die Leistungen der Selbsterhaltung einzig sich bestimmen, eigentlich gerade das, was erhalten werden soll.«[15] Nach der Veräußerlichkeit seiner selbst steht der Mensch als antiquiertes Relikt leer und fremd zwischen den Gegenständen einer Welt herum, die erneut fatal geworden ist.

Der Mensch hatte die — antropomorphen — Götter, als deren Geschöpf er sich begriff, gestürzt, um sich an ihre Stelle zu setzen. Sein neugekommenes Reich bevölkert er, je mehr er die Mittel entwickelt, seinen Willen geschehen zu lassen, mit eigenen Geschöpfen, die er nach seinem Bilde schuf. Vom Geschöpf zum Schöpfer geworden vergaß er die Revolution, die Ursprung seines autonomen Status war, vergaß, daß Geschöpfe erwachsen werden, vergaß die Möglichkeit einer neuerlichen Revolution. Doch an den Fransen seines Erinnerungsvermögens haftete eine Idee, die sich ausbreitet: daß Ikarus' Werk sehr wohl den Himmel erobert hätte, es hätte allein des Abwurfs des letzten Ballastes bedurft[16]. Im Motto dieses Kapitels ist es soweit. Die Maschine hat sich des Piloten entledigt und bewegt sich autonom. Die Revolution hat stattgefunden, als Meuterei gegens Personal.

Aus den Maschinen des Marktes, der Politik und der Kultur ist das Subjekt zugunsten des von ihm geschaffenen Modells herausgefallen. Für letzteres beschreiben Adorno/Horkheimer die unersättlichen Routinen von Stereotypen und Effekt. Wie bei den ersten beiden liegt dem Modell die der Apparatur entspringende Serialisierung und Vermassung zugrunde — »der Zwang des technisch bedingten Idioms«. Das Schema der automatisierten Abfolge genormter Verrichtungen erzeugt das Immergleiche. »Die Maschine rotiert auf der Stelle«. Durch die Beschleunigung wird der Empfänger zum Muster-Erkennen verdammt, die black-box, die auf Signale hin schablonierte Reaktionen zeigt. Der Mensch ist »als Gattungswesen hämisch verwirklicht«. Jeder ist ersetzbar, fungibel, ein Exemplar[17].

Im Bereich der Produktion kann mit der menschenfreien Fabrik neuerdings selbst auf eine fungible physische Anwesenheit verzichtet werden[18]. Bleibt die Frage nach dem Denken selbst.

»Reason has found its resting place in the system of standardized control, production and consumption«[19]. Vernunft ist zur Ruhe gekommen; allein ist es schon die des Altenteils, die Letzte Ruhe oder nur eine Ruhepause, bis ihre Zeit wieder kommt?

Max Horkheimer beschreibt in der »Kritik der instrumentellen Vernunft« den Übergang von dem, was er objektive Vernunft nennt, zu subjektiver, instrumenteller Vernunft. Als objektiv gilt ihm eine erkennbare, aber übermenschliche, universelle Wahrheit, ein Wesen der Wirklichkeit, auf das hin der Mensch seine Bestimmung, seine höchsten Ziele zu orientieren sucht. Objektive Vernunft ist die säkuläre Philosophie vom richtigen Leben. Sind logos und ratio in der Antike gegen den Mythos formuliert worden, so richtet sich Aufklärung gegen das Christentum. Religion soll durch methodisches wissenschaftlich-philosophisches Denken ersetzt werden. Katholizismus und rationalistische Philosophie, in der Weisheit, Ethik, Religion und Politik noch ungeschieden waren, stritten noch auf gleichem Boden der Erkennbarkeit einer objektiven Wahrheit gegeneinander. Den Bruch zur subjektiven Vernunft setzt Horkheimer mit den neuen Kontrahenten Calvinismus und Empirismus an. Die Erkennbarkeit wird von beiden geleugnet. Erfolg wird zum Maßstab von Wahrheit. Schließlich neutralisiert sich der Konflikt in abgetrennten Bereichen gesellschaftlicher Zuständigkeit und bürgerlicher Toleranz.

Ideen, Begriffe und Theorien sind der subjektiven Vernunft Schemata oder Pläne zum Handeln. Wahre Ideen führen zu erwünschten Konsequenzen, Stabilität und fließendem Verkehr. Wahrheit ist ersetzt durch Wahrscheinlichkeit. Gefunden wird sie nicht mehr im spekulativen Denken, sondern im trial-and-error-Experiment im Labor. Vernunft ist zum Instrument von operativem Wert geworden bei der Beherrschung von Mensch und Natur im Dienste einer substanzlosen Selbsterhaltung.

Der Positivismus — »philosophische Technokratie« [20] — will die Ingenieure zum Aufsichtsrat der Gesellschaft machen. Denken ist Werkzeug oder Apologetik. Worte haben statt Sinn nur eine Funktion. Es herrscht der Fetisch der facts — der Daten, die durch mechanische Trennung der brauchba-

38

ren Prädikate von Genese und Kontext entstanden sind. »Der Triumph der subjektiven, formalisierten Vernunft ist auch der Triumph einer Realität, die den Subjekten als absolute überwältigend entgegentritt.« [21] Wird jeder Seinsbereich zu einem Gebiet von Mitteln, so führt das »zur Liquidation des Subjekts, das sich ihrer bedienen soll.« [22] Die Vernunft ist nach der Reinigung von allen Überbleibseln der Mythologien, einschließlich der Mythologie der objektiven Vernunft, heruntergekommen zu einem reflexartigen Anpassungsvermögen. Der Mensch reagiert automatisch auf die Reize, die die Maschinen der Realität aussenden. Endprodukt dieser Denktradition ist das abstrakte Ich und die leere Natur.

Im Traum der Produktionsziele werden wir zu Sklaven der Produktionsmittel, ganz gleich, wie die Produktionsverhältnisse sind. Die Zwecke sind nur ideologische Antriebe, mit denen die vermeintlichen Mittel uns zu Mitteln gemacht haben.

Roger Schank, ein ›führender Kopf‹ der KI, spricht das auf unbedarfte Weise deutlich aus: »Wir sind in vieler Hinsicht die Philosophen von heute. Wir wenden uns den gleichen Fragen zu, mit denen sich schon Aristoteles und nach ihm alle anderen beschäftigt haben. Wir haben eine andere Methode, dies zu tun. Die Methode läßt sich in einem Begriff zusammenfassen: Prozeß. Wir sagen, daß der richtige Ansatz zur Analyse von Ereignissen in der Welt der prozessuale Ansatz ist, bei dem Klarheit darüber besteht, wie die einzelnen Schritte aussehen und welches die Eingaben sind, und der die Alogrithmen liefert, um von einem Ort zum anderen, von Ort A nach Ort B zu gelangen… Was ich meine, ist, daß wir uns die alten philosophischen Fragen vornehmen sollten. Wir sollten untersuchen, was wir tun, wie wir uns diesen Fragen nähern und wie wir mit ihnen umgehen, anstatt sie auf Wahrheit hin abzuklopfen. Das Wort Wahrheit hat in der KI keinerlei Bedeutung, während es in der Philosophie ein Schlüsselbegriff ist.«[23] Ebensowenig die Wörter ›gut‹ und ›schön‹.

Horkheimer hat die Aushöhlung von Vernunft, die allein Grundlage einer Kritik am falschen Leben sein könnte, beschrieben. Daß er als Gegenstrategie das kritische Denken, gar die »Emanzipation der Vernunft« entwirft, muß vor diesem Hintergrund unverständlich bleiben. Sie gemahnt an den Speer, der allein die Wunde heilen kann, die er schlug. Der aber entstammt der mythischen Denkwelt. Selbstkritik der Vernunft würde, nach Horkheimer, zu einem »Instrument (sic!) der Versöhnung« von Geist und Natur. Einer der Geschichte inhärenten Dialektik verhaftet, schreibt er: »Die Fesselung der Gedanken und Aktionen des Menschen durch die Formen eines höchst entwickelten Industrialismus, der Verfall der Idee des Individuums unter der Einwirkung der allumfassenden Maschinerie der Massenkultur schaffen die Vorbedingungen für die Emanzipation der Vernunft. Zu allen Zeiten hat das Gute die Spuren der Unterdrückung gezeigt, der es entsprang.«[24]

Die Fragen, wer hier denkt — das Subjekt ist liquidiert, übrig allein die »Automaten der formalen Vernunft«; wie das Denken vom Reflex sich löst und wieder zur Reflexion kommt; wie es Unabhängigkeit gewinnt, ohne sich von seinem Gegenstand zu entkoppeln; woher die — objektiven — Kriterien der Kritik genommen werden; an wen sich dieses Denken richtet; ob es möglich, ja nur erstrebenswert ist; schließlich: wie der Dialektik von Mythos und Aufklärung zu entkommen sei, bleiben unbeantwortet.

4. Die Vernunft mit der Narrenkappe

Nach Horkheimer soll die kritische Philosophie gegenüber dem Primat der subjektiven Vernunft gerade die objektive in den Vordergrund rücken. Dieses Postulat leitet sich aus der Reflektion des deutschen Faschismus her. Die Märtyrer, die noch in der industriellen Vernichtungsmaschine der Konzentrationslager Widerstand geleistet haben, sind für ihn die »wirklichen Individuen unserer Zeit«, »Symbole einer Menschheit, die danach strebt, geboren zu werden«. Als Aufgabe der Philosophen formuliert er, sprachlich zu umfassen und begreifbar zu machen, was sie getan haben; nämlich »bewußt ihre Existenz als Individuen der terroristischen Vernichtung aus(zusetzen), die andere unbewußt durch den gesellschaftlichen Prozeß erleiden.«[25]

Das zwanzigste Jahrhundert muß als Kette absoluter Endpunkte verstanden werden, an denen Einzeltendenzen der Moderne abbrechen: KZs, Atombomben, Stalinismus. Das stellt eine solche Vorgehensweise der kritischen Philosophie in Frage. Für die Atombombenabwürfe gilt, daß anders als im Nationalsozialismus die Konfrontation des Einzelnen mit der Maschine den Raum für Moral, Verantwortung, Vernunft, auch für das von Horkheimer angesprochene Opfer liquidiert. Sprach die Vernichtungsmaschinerie der KZs davon, daß jeder Mensch tötbar ist, so ist das Diktum der Bombe: ›die Menschheit als ganze ist tötbar‹ (G. Anders). Die Bombe markiert einen weiteren Riß und damit einen weiteren Endpunkt in der Geschichte der Vernunft. Das Omnipotenzstreben des Menschen führt zum Traum der creatio ex nihilo, der noch die Fähigkeit, Vernichtungslager aus dem Boden zu stampfen, einschloß und der dennoch immer nur partiell erfüllbar blieb. Mit der Bombe erlangt er erstmals die Fähigkeit zur vollständigen reductio ad nihil, die Herrschaft über die Apokalypse. Er hat sie gebaut, aber er kann sie nicht begreifen. Wie Atom und Individuum eine fatale Symbiose eingehen, ist bereits oben angerissen. Der Mensch als Macher und Produzierender und der Mensch als moralisch Denkender, Fühlender, Verantwortender im Sinne wirklich angemessenen Vollzuges sind auf schizophrene Weise auseinandergetreten. Die funktionalistische Definition des Lebens wird durch die des ›noch-nicht-ermordet-seins‹ ergänzt. Die Bombe, das ist: das Ende des Fortschrittsgedankens, des Komparativs, das Ende der Dimension der Geschichte selbst — »Nichts wird gewesen sein.«

In Dürrenmatts »Physiker«[26], das die Bombe vom Macher aus denkt, fordert die Vernunft, daß sich der denkende Mensch aus der Welt zurückzieht und die Narrenkappe aufsetzt. Es ist der Versuch des Physikers, die Gegenstände der Welt von seinem imperialistischen Denken zu bewahren. Vernunft gebietet ihre eigene Zurücknahme. Es gibt für sie »nur noch die Kapitulation vor der Wirklichkeit. Sie ist uns nicht gewachsen. Sie geht an uns zugrunde.«[27] Und dennoch geht die Flucht nicht auf. Die mythische Opferung eines Menschen zur Rettung der Menschheit gehört einer vergangenen Ordnung an. Die Oase des »Physiker, aber unschuldig« ist der verzweifelte Versuch des Subjekts, der Fatalität des Denkbaren zu entfliehen. Aber was einmal gedacht wurde, kann nicht mehr zurückgenommen werden, drängt unaufhaltsam zur Verwertung[28].

Unter dem Primat der Machbarkeit ist die Frage nach der Wünschbarkeit nicht mehr zu stellen. Moral findet keinen Haltegriff in einer Welt, die schon der indolenten Wahrnehmung kaum noch eine Chance bietet. Die Kategorie der Verantwortung ist mit ihrem einzig möglichen Träger, dem Subjekt, verschwunden. Eine instrumentelle Gesamt-Vernunft existiert offenbar noch im System des Machens, aber sie ist nicht mehr gebunden an individuelle Träger. Die Menschen sind noch Macher des Fortschreitenden, aber nicht mehr als Protagonisten, sondern als Handlanger.

5. Das kybernetische Paradigma der Information

>»Ist es ein Wunder, daß die Welt verrückt geworden ist, wenn Information das letzte gültige Tauschobjekt darstellt?«

Th. Pynchon

Die erste Hälfte des 20. Jahrhunderts führt das Paradigma der Information ein. Die Massenmedien Radio und Fernsehen gewöhnen die Menschen daran, sich als eingebettet in einem dichten Geflecht aus anonymen und nicht überprüfbaren Informationen zu begreifen. Aus der Niederfrequenz-Nachrichtentechnik entsteht die Informationstheorie (Shannon/Weaver), die Information über der Grundeinheit *bit* (>basic indissoluble information unit<, nicht zu verwechseln mit dem *bit* der Informatik für >binary digit<) quantifiziert, d.h. von jedem Inhalt entleert auf eine abzählbare Menge von Ja/Nein-Entscheidungen reduziert und menschlicher Kommunikation die Gesetze der Thermodynamik unterlegt hat. Mit dem DNS-Code legen Watson und Crick der wahrnehmbaren Welt der Biologie eine >eigentliche< Struktur aus Information zugrunde. Gegenstand der evolutionären Geschichte ist nicht mehr das Individuum oder die Klasse, sondern das Genom. Der Behaviorismus verwandelt auch den Phänotyp in einen Umwandler, der Information aufnimmt und abgibt. Die Sprache, selbst die Semantik wird von Sprach- und Zeichentheorien in den Formalismus der Syntax überführt (Frege/Russell). In der Steuerung komplexer Institutionen in Politik, Arbeit und Krieg setzt sich das Primat der Beschaffung und Verwaltung von Information durch. Informationsverarbeitende Maschinen befriedigen dabei einen Bedarf, den sie zugleich produzieren.

Schließlich gründet sich ein Wissenschaftszweig, der sich vornimmt, interdisziplinär alle Bereiche, die bereits vom Paradigma der Information infiziert sind, zusammenzufassen. Ingenieure, Informatiker, (Neuro-) Physiologen, Soziologen, Politologen, Psychologen, Mathematiker finden sich im Schoß der Kybernetik (N. Wiener) wieder, die ihnen ein Modell liefert, das es ihnen erlaubt, über die Sprachbarrieren der separatistischen Einzelwissenschaften hinweg gemeinsam über Informationsprozesse zu reden. Für einen kurzen Moment leuchtet der Traum von der Wiederzusammenführung allen Wissens auf, der nur geringfügig vom Krieg, dessen Anforderungen die Kybernetik von Anfang an prägen, überschattet wird. Diejenigen, die sich mit disparaten biologischen, gesellschaftlichen, physikalischen Systemen beschäftigen, ahnen, daß ihrem jeweiligen Gegenstand gemeinsame Gesetze von Kommunikation und Regelung zugrundeliegen. Sie alle finden sich in die Metapher der Maschine, die Eingangssignale in Ausgangssignale umwandelt, die zugleich Nachrichten verarbeitet und Nachricht ist. Der Blick stülpt sich plötzlich um. Die phänotypische Welt der Maschine ist nichts anderes als die Methode der Information, weitere Informationen zu erzeugen. Was Adorno/

Horkheimer zur gleichen Zeit unter dem Begriff ›Selbsterhaltung‹ diskutieren, entleert sich zur ›Selbstregulierung‹.

Grundlage des kybernetischen Denkens ist eine Triadenform:

Regler — Regelstrecke — Regelgröße
Input — Black Box — Output
Sender — Medium — Empfänger
Reiz — Nervensystem — Reaktion
Inventar — Invention — Inventat (A. A. Moles)

Das Mittelglied stellt jeweils einen Wandler und Überträger
dar, der die Information zwischen den beiden Äußeren, die
ihre Position zueinander tauschen können, vermittelt. Information ist also die lineare Ein-Richtung der Welt. Sie besteht
aus diskreten, digitalen Elementen, zu denen sich auch
natürliche, analoge Ausgangssignale verfestigt haben. Entgegen der Vorstellung, daß es sich bei der Ein/Aus-Stellung
eines Schalters um eine handfeste, stabile Erscheinungsform
der Information handelt, ist sie ein äußerst empfindliches
Gebilde. Ständig droht sie unwiederbringlich vom Rauschen
des Kanals verschlungen zu werden. Dieser Feind der Information, »das wilde Tier«, liegt ständig auf der Lauer, um Signale zu stören. Ein komplexes Signal ist zu zart, als daß es
eine Möglichkeit der Wiederbelebung gäbe[29]. Um die Eigenbotschaften der Trägersubstanz zu neutralisieren, verwendet
man Rückkopplung (Echos und Spiegelungen) und Redundanz zur Erzeugung von Identität der Information.

Selbstverständlich weist die Trias überaus subtile Unterschiede auf, je nach dem welches Gebiet — Medizin, Psychologie, Medientheorie usf. — sie jeweils infiziert hat. Auf dieser recht simplen Grundlage erheben sich die erstaunlichsten
Aussichten. Die Maschinentheorie verspricht uns mit ihrer

Hilfe eine Revolution, die die Technikentwicklung vom Werkzeug zur Maschine zum Automat über die mechanische Determiniertheit des Automatischen hinaustreiben wird. Wir bekommen technische Systeme, die autonomes Verhalten an den Tag legen, die lernen, die sich selbst organisieren, reflektieren und reproduzieren. Umgekehrt erscheinen unter dem kybernetischen Blick auch Lebewesen als solche Rückkopplungsautomaten. »Der Mensch ist eine Nachricht« (N. Wiener). ›Leben‹ wird zur In-Formation von Materie.

Die Umwälzung deutet sich bereits im Titel von N. Wieners grundlegendem Werk an: »Cybernetics, Control and Communication in The Animal and The Machine«. Doch die Schranke, die hier durchbrochen wird, ist nicht nur die zwischen belebter und unbelebter Materie. Wie G. Günther[30] darlegte, reißt die Information, die als Restbestand zwischen Materie und Denken, zwischen Subjekt und Objekt zutage tritt, auch diese Dichotomie auf[31]. Die tautologische Definition Wieners, ›Information ist Information und nicht Materie oder Energie‹, ergänzt Günther ›… und nicht Geist oder Subjektivität‹. Bislang wurden Kategorien der Reflexivität wie Erinnern, Vergessen, Entscheidungsvermögen, Zielstrebigkeit, Lernfähigkeit, Intelligenz usw. selbstverständlich der Subjektseite zugerechnet. Das kybernetische Denken mit seinen Information verarbeitenden und Kommunikation leistenden Automaten »unterwirft die bisherige Idee der Subjektivität einer unbarmherzigen Analyse und ist im Begriff, sie aufzulösen (…) Der Weg zum Selbstverständnis des Menschen führt also über das allen gemeinsamen Nicht-Ich, d. h. die Dimension der Objektivität«[32]; während die Subjektseite sich aufspaltet in die rein subjektive, d.h. introszendente Innerlichkeit und den Information produzierenden Reflexionsprozeß[33]. Die Verständigung zwischen Subjekten, anders gesagt zwischen Ich und Du, setzt somit ein Heraustreten des Subjekts in die Sphäre der Information voraus. »Nämlich, daß sie in gemeinsamer Handlung das Bild ihrer Subjektivität aus sich heraussetzen und im Objektiven technisch konstruieren.«[34] Damit wird neben Subjekt und Objekt eine dritte proto-metaphysische, bzw. transzendentallogische Wirklichkeitskomponente eingeführt, Information[35].

Für die klassisch aristotelische Logik ist der urphänomenale Gegensatz von Denken und Sein (als Sein des Seienden, Plato) nur im Absoluten aufhebbar. Die göttliche Logik ist somit einwertig. Die dreiwertige Logik der Kybernetik macht es denkbar, »in Mechanismen Bewußtseinsanalogien zu erzeugen, die sich zum menschlichen Bewußtsein so verhalten würden, wie das letztere zu einem hypostasierten göttlichen Denken«[36], also im Sinne einer ontologischen Rangordnung[37]. D. h. daß der Abstand zu ihm unendlich ist, der Mensch niemals Sklave seiner Maschinen werden kann[38], aber auch, daß es durch seinen Schöpfer ansprechbar ist, wie dieser durch die Gebote Gottes, daß es nicht nur auf Kausaleinflüsse reagiert, sondern auf sinnvolle Bedeutungsmotive.

Zur Erläuterung: Wenn Günther als Aufgabe der Kybernetik formuliert, »dem bloßen Stoff, der nicht selber reflektieren kann, das Denken beizubringen!«[39], so geht er von einem durch Heisenberg veränderten Materiebegriff aus. Das Objekt unterliegt auf seiner tieferen, subatomaren Seinsschicht nicht der Kausalität, sondern der statistischen Wahrscheinlichkeit, bei der es sich nur um »subalterne Vermutungsregeln« handelt. Es ist an keine primordialen (Natur-) Gesetze gebunden, die von denen des auf es zugreifenden Bewußtseins verschieden wären. Was als Gesetzlichkeit erscheint, hängt von der »Versuchsanordnung ab, vermittels derer man das nur approximativ zu identifizierende Objekt befragt[40]. Damit aber ist die prinzipielle Möglichkeit gegeben, daß das Sein eines Tages so befragt und technisch so behandelt werden kann, daß als Resultat dieser Bemühungen der Gegenstand eine reflexive Gesetzlichkeit zeigt«[41], daß er sich dazu verführen läßt, zu antworten, daß er uns eine Analogie unseres Ichs widerspiegelt. Am Ende dieses Prozesses rücken menschliches Ich und menschliches Du zusammen auf eine Seite. »Auf der anderen steht dann der menscherschaffene Mechanismus, und das Denken ist über beide Seiten distribuiert (…) über das Menschsein sowohl als auch über das im geschichtlichen Prozeß entstandene Artefakt.«[42]

Dem subjektiven Subjekt (Ich) erscheint seine eigene physische Seinsvoraussetzung — sein Gehirn — als unterspezifiziert (McKay), d. h. »daß der Gesamtzustand des betr. physischen Systems als vereinbar mit mehr als einem Zustand seiner Teile erlebt wird«[43]. Das ist die Grundlage seiner Freiheit. Die Introszendenz des Ich, also seine doppelte Reflexivität, ist von der realen Welt abgelöst und ist souveräne Besitzerin der Materie und des ganzen Universums als (potentiellem) Bewußtseinsinhalt.

Dagegen kann ein Beobachter das Gehirn eines außer ihm — in der Welt — befindlichen, vollspezifizierten objektiven Subjekts (Du) bis ins Letzte beschreiben und verstehen[44]. Dabei handelt es sich um ein Bewußtsein mit einfacher Reflexivität.

Ich und Du repräsentieren eine totale zweiwertige Disjunktion. Die Evidenzerlebnisse ihrer jeweiligen Subjektivität stehen in einem Umtauschverhältnis zueinander und definieren sich reziprok. Die Frage nach Determinismus oder Inderterminismus ergänzt die Kybernetik somit durch die weitere: Für wen? »Das Du — und nur das Du! — ist jene Subjektivität, die in der Maschine wiederholbar und nachkonstruierbar ist ... das eigene Ich-Erlebnis kann nicht auf die Maschine übertragen werden!«[45] An anderer Stelle führt Günther aus, daß das ›Ich‹ der Maschine außerhalb von ihr liegt, zurückverlegt ist in das Ich des Konstrukteurs und beide zusammen ein logisches System bilden. Wie dem Konstrukteur seine Seele transzendental und unerreichbar ist, so dem Computer sein Ich[46].

Dieser letzte Punkt erscheint in Günthers Argumentation wenig evident. Wenn er davon ausgeht, daß wir auch einer anderen Person Subjektivität nur in einem *Anerkennungsakt* zuschreiben[47] und die beiden Subjektivitäts-Formen nur in einem Umtauschverhältnis sinnvoll gedacht werden können, wenn man weiterhin eine solipsistische Sichtweise ausschließt, so ist nicht einzusehen, warum Ich-Subjektivität nicht auch im Computer möglich ist. Ihm erschiene sein menschliches Gegenüber als vollspezifiziert, während er sich selbst als unterspezifiziert, also frei erlebte. Auch die unbelegte ›historische Gesetzmäßigkeit‹, daß ein künstliches Bewußtsein immer (!) um mindestens eine Epoche hinter dem seines Konstrukteurs zurückbleibt[48], ist wenig plausibel. Ebensowenig der Argumentationsstrang über die Hierarchie der Sprachen nach Carnap.

Das Problem, daß wir uns unsere zukünftigen Sklavenhalter bauen könnten, scheint Günther so dringlich wie nie zufriedenstellend auflösbar. Seine Diktion deutet auf eine Konsequenz seines Denkens, die er kategorisch, geradezu idiosynkratisch abweist. An diesen Stellen häufen sich im

Text gezierte Redewendungen, Superlative und Ausrufungs-
zeichen[49].

Die technik-affirmierende Literatur der fünfziger und
frühen sechziger Jahre, auch wenn sie der Kybernetik kri-
tisch gegenübersteht (Sonnemann), zeigt eine unerschütterli-
che Zuversicht in das Freiheitspotential des Menschen, das
sich mit und in der Technik realisiert. Das Grauen vor dem
möglichen Stellungsverlust, das bei ihren Zeitgenossen vor-
geherrscht haben muß (z. B. Anders), wird kategorisch
abgetan. Möglich sei in der Maschine zwar Bewußtsein, aber
niemals Ich-Identität (Günther), Verstandesoperationen,
aber niemals Denken (Sonnemann).

Zu bedenken ist bei der heutigen Lektüre, daß sie damals
mit ›siamesisch verdoppelten Eisschränken‹ konfrontiert
waren, die Millionen kosteten und deren Leistung heute
kaum noch im Schlüsselanhänger konkurrenzfähig wäre.
Und mit der Kybernetik.

Heute ist die Kybernetik vergessen. Und ihre Projekte
werden verwirklicht. Offenbar ist es kein Erkenntnisgewinn
mehr, ein Anti-Blockier-System als ›Rückkopplungssteuerung‹ zu bezeichnen. Kybernetik scheint nur noch eine
Sprache gewesen zu sein, die — außer in den Staaten des dialektischen Materialismus — aus der Mode gekommen ist.
Dennoch ist die Cruise Missile (die 10 m über dem Boden
fliegt, sich ihren Kurs autonom durch Vergleich von Satelli-
tenfotos mit dem Blick aus dem Fenster sucht und ihr Ziel
mit einer Genauigkeit von 10 m trifft) die vollendete Form
dessen, woran Wiener und von Neumann im Zweiten Weltkrieg gearbeitet haben. Offenbar macht sich das kybernetische Paradigma mit seinem Weltverhältnis, seinen Wertset-
zungen und Utopien wahr, obgleich es fast vollständig ver-

schwunden ist. Von dem, was in den fünfziger Jahren noch ein mächtiger kaltglitzernder Eisblock war, ragt nur noch in Neonschrift geformt ›Information‹ aus dem Wasser. Wenn wir nur auf sie starren, könnte uns leicht die titanische Aussicht entgehen, die in der spätmodernen Technikliteratur zumindest als Abgewehrtes noch anwesend war.

In den fünfundzwanzig Jahren seitdem scheint sich der untrübliche Glaube an jenes Etwas verloren zu haben, das ›wie immer‹ seine Geschichte selbst macht. Darin, daß dieses Etwas einen Kern habe, der jeder analytischen Zerlegung widersteht, der niemals, auch wenn er u. U. erst (wieder) erweckt werden muß, von der Maschine vereinnahmt werden kann. Darin und nicht in einer wenig überzeugenden metaphysischen, logischen oder historischen ›Gesetzmäßigkeit‹, daß der Mensch seinen Geschöpfen überlegen sei, beruhte die affirmierende Gewißheit dem Computer gegenüber.

Dagegen können wir heute in immer geringerem Maße davon überzeugt sein, daß die innerste Geheimkammer des Ich uns selber unzugänglich und damit geschützt ist vor der Projektion in die autonome Maschine. Wenn dieses Ich-Substrat nicht derart weit zurückverlegt wird, daß es verschwindet, sich auflöst im metaphysischen Pool der Subjektivität überhaupt, dann muß es in der Welt gedacht werden. Diese Welt aber ist von der Simulation, dem Steuerungsprinzip der Kybernetik und der künstlichen Intelligenz, angefressen. Wenn sich das unveräußerliche Ich an den Äußerungen seiner Eigenschaften — Lernfähigkeit, Intuition, Kreativität, Wille usf. — bemißt, sich also auf Welt bezieht, muß es sich notwendig in einer Welt verlieren, die ihm keinen Widerstand mehr bietet. Ob man glaubt, daß der Mensch eines Tages vollständig im Rechner erscheint oder nur in seinen weniger

51

relevanten Teilen, tut nichts zur Sache. Der Mensch braucht nicht mehr in die Maschine, wenn die Maschine bereits im Menschen ist.

Die Hypothese, im Computer könne der zukünftige Sklavenhalter des Menschen, sein Ende als Krönung der Evolution angelegt sein, wurde von Wiener, Günther, Sonnemann zufriedenstellend verworfen. Heute tritt sie wieder in den Vordergrund, nicht im Bild des Roboterdespoten, der Menschenmassen vor sich hertreibt, sondern als Struktur der Hyperinformation einerseits, der andererseits kein souveränes(r), vom cartesischen Sägewerk unberührbares(r) Subjekt (Kern) als Herrscher gegenübersteht.

6. Hyperinformation

Wir haben es also mit der Extraktion der medialen Substanz aus den reinen Sphären von Subjekt und Objekt und der Konstitution einer autonomen Zwischen-Sphäre der Information zu tun. Die Information zieht in die Materie ein und präsentiert uns ein mechanisches, antwortendes Bewußtsein. Information präsentiert dem Denken nicht die Referenzen des Seins, sie richtet nicht aus sondern ein. Die Reportage über die Welt, die tautologisch immer nur von sich selbst spricht, ist an die Stelle der Welt getreten. Nachdem die Wirklichkeit an der Vernunft zugrunde zu gehen drohte, diese vor jener kapitulierte, an ihr närrisch wurde, implodieren beide Seiten — Welt und Vernunft — in ihrem Dazwischen. ›informatio‹ statt ›cogito‹. Was vorher nur ein Verhältnis war, erlangt ein eigenständiges Sein. Das ›allgemeine Äquivalent‹ Information wird material. Kein Wunder, daß die Welt verrückt geworden ist.

52

Baudrillard schlägt ein Drei-Phasen-Modell der Evolution der ›objektiven Systemzustände‹ vor. Ein relativ lockerer, diffuser Zustand der Freiheit wird von einem kompakteren der Sicherheit gefolgt. Ihn beschreibt er in kybernetischer Terminologie: Selbstregulierung, Kontrolle, Feedback etc. Die dritte Phase ist gekennzeichnet von Wucherung und Übersättigung, die Panik und Terror erzeugt. Diese Etappen seien in allen Zirkulationssystemen vorzufinden, ob das des Verkehrs, der Verantwortlichkeit oder eben das der Information. Mit den Metastasen des dritten Zustands haben wir es heute zu tun, mit dem Exzeß der Information, dem ekstatischen Überschießen über jeden Sinn hinaus, der genetischen Explosion der Speicherinhalte, dem Aufquellen zur überflüssigen Überfülle[50].

Der Beginn des Prozesses, der in der Hyperinformation endet, der der Mensch hilflos ausgeliefert ist, liegt in der Wissenschafts-Metaphysik selbst, als unerreichbares Ideal des vollständigen Wissens, als Maxwellscher Dämon, der die Raum- und Zeitkoordinate eines jeden Wirklichkeits-Partikels erkennen und sortieren kann. Unerreichbar und deshalb dämonisch ist er, weil man feststellen mußte, daß Information selber der raum-zeitlichen Ordnung unterliegt und somit Energie verbraucht. Der Annäherung an das vollständige Wissen geht die zunehmende Entfernung von der Operationalisierbarkeit dieses Wissens einher[51].

Der Handlungsbedarf des rationalen, souveränen Subjekts treibt die Anhäufung von Wissen voran, doch stellt sich heraus, daß diese Wissensmenge rational geplantes Handeln unmöglich macht. Nicht Erkenntnis, die durch Wahrnehmung am Gegenstand erlangt wird, sondern ›information retrieval‹, also das Auffinden von bereits gespeichertem

Wissen, erfordert zunehmend mehr Aufmerksamkeit. Die Datenbanken, die die Kapazität jeglichen Benutzers übersteigen, sind die ›Natur‹ des postmodernen Menschen[52]. In ihnen, im exzentrischen Netz zirkulieren Informationspartikel, die den Menschen als ideelles Gesamt-Wissen erscheinen müssen. Im Satelliten, der aus einem exzentrischen, rotierenden Blickwinkel Informationen in ein Computer-Netz speist, das sich selbständig verwaltet, analysiert und (re-)produziert, erkennen sie die Struktur, die den angestammten Platz des Subjekts übernimmt. Unsere Subjektivität hat sich in den objektiven Automatismus der Hyperinformation aufgelöst. Sie ist zur Welt geworden. »Wir sind zu Satelliten unserer Satelliten geworden.«[53]

Dennoch gibt es keine Anzeichen für einen Einhalt. Im Gegenteil deutet alles auf weitere exponentielle Steigerung der Informationsmenge hin. Es wird ein immenser Informations-Bedarf unterstellt, um gesichert etwas über die Welt sagen zu können. Das ist trotz aller Bemühungen in immer geringerem Umfang möglich. Der Geist erweist sich als ›der große Jenachdem-Macher‹. Er kann die disparaten Bits wieder und wieder unverbindlich zu Sinneinheiten gruppieren. Doch hat in der Vielzahl der möglichen Welten die Eine keinen Platz[54]. Das Denken hat sich von der Person gelöst, ist Affinität der Sachen zueinander, ist — ganz kybernetisch — ›aus- und eingehende Welt‹. »Es ist eine Welt von Eigenschaften ohne Mann entstanden, von Erlebnissen ohne den, der sie erlebt (...) Wahrscheinlich ist die Auflösung des anthropozentrischen Verhaltens, das den Menschen so lange Zeit für den Mittelpunkt des Weltalls gehalten hat, (...) endlich beim Ich selbst angelangt«[55].

Wir müssen daraus folgern, daß die Dritte Entität, die

54

Information, den Menschen vollständig in ihren Sog gerissen hat, ihn degradiert zur Input-Maschine, zum knowledge engineer, zum Satelliten, der sie ernährt, ohne darin noch einen Sinn zu erkennen. Spuren eines Realen, die wir noch in der Hyperinformation zu erkennen meinen, sind nichts als ein beiläufiger *spin off*-Effekt. So wie das Subjekt das Objekt versklavt hat, wird jetzt das Subjekt zum Sklaven der Information. Es redet noch von der bedienerfreundlichen Maschine, ist aber längst ihr Diener geworden.

Kapitel III
MASCHINEN

---

1. Spiegelung und Medium

Dem Odysseus, der nach Adorno/Horkheimer am Beginn der Moderne steht, sangen die Sirenen nicht, aber da er wußte, wie ihr Gesang beschaffen sei, nahm er ihn auch wahr (Kafka). Colón, der nach Todorov am Anfang der Moderne steht, wußte, daß es in Amerika Gold, Zyklopen und das Paradies gab, und berichtete entsprechend auch von ihnen. Der Mondfahrer sieht, angekommen, nur sein eigenes Bild im Helmvisier. Nach Lacan steht das Spiegelbild am Ursprung des Subjekts. Nach Baudrillard steht das Videobild an seinem Ende. Mit einem Bild von uns und von der Welt gehen wir hinaus und finden nur ›Resonanzphänomene‹ (Gehlen) vor. Das Eigenkonstitutionelle des Menschen spricht auf das an, was ihm in der Außenwelt analog erscheint. Nach Heisenberg begegnet der Mensch im Zeitalter der Technik überall nur sich selbst. Das führt zu einer Entleerung auf beiden Seiten der Spiegelung. Folglich kann Heidegger die Aussage Heisenbergs dahingehend zuspitzen, daß »der Mensch heute in Wahrheit gerade nirgends mehr sich selber, d.h. seinem Wesen« begegnet [1].

Immer geht es um die geringer werdende Differenz, um die bruchlose Reflexion, um den geschlossenen Selbstbezug. Diese Bewegung treibt über das Paradox äußerster Transparenz bei gleichzeitiger tiefster Obskurität hinaus zur fakti-

schen Tautologie. (›Das Bild ist das Bild ist das ...‹ (Escher))
Nichts ist nicht Ich. Ich ist nichts. Nichts ist.

Der monadisch abgeschlossene Raum (der Raumfahrer-
helm) schafft in seinem Inneren den Anderen nach sich und
für sich. Was bleibt, ist die Aufgabe der Vergegenständli-
chung. Der Spiegel für höchste Ansprüche ist das dreidimensionale, mechanisch-elektronische, eigen-bewegliche, eigenwillige alter ego. Das Bild muß Objekt werden, muß vom
eigenen projektiven Sehen geschieden werden. Der Traum
muß ausgeschieden werden, wie die Seele des Toten den
Körper unter sich liegen sehen kann.

Nachdem feststeht, daß es zur Identitätsherstellung kei-
nes Menschen bedarf, sondern Objekte mit spiegelnden
Oberflächen, wird den Objekten eine Eigenwertigkeit zuge-
standen werden müssen, ein Eigensinn, der sie nach ihrem
Dasein als Gegenstand menschlicher Beherrschung wieder
mit Rätseln belädt. Somit ist das Erstaunen, das schon immer
von jenen besonderen Gegenständen ausging, die auf zwei
Beinen daherkommen und so tun, als wären sie wie wir,
übergegangen auf alle Objekte. So kehrt mit der Computeranimation auf der anderen Seite der Moderne eine produzierte Spielart des Animismus zurück.

Das Thema der Entsprechung, Spiegelung, Abbildung,
Projektion usw. hält sich als Konstante durch die menschliche
Ideengeschichte. Drei Grundmodelle lassen sich konstruieren. Das einfachste geht von Minimalelementen, von Atomen, von passiven, toten Grundbausteinen aus. Diese werden
von einer äußeren, geistigen Kraft zum Universum zusammengefügt und bewegt. Der Geist kann analytisch erkennen,
wie alle Materie, Mikro- wie Makrokosmos aus denselben
kleinsten Elementen zusammengesetzt, also analogisch ist[2].

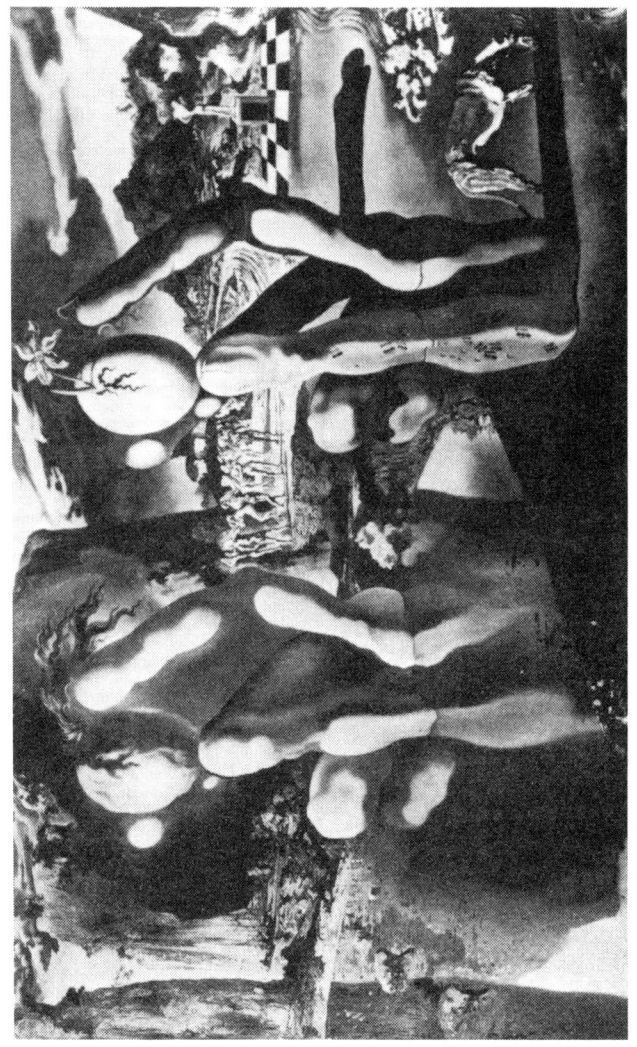

Das Modell der Transsubstantiation denkt ebenfalls die gesamte Erscheinungswelt als Wandlungsform einer Substanz. Auf seiner synthetischen Seite erscheint ihr alles in die eine Substanz transformierbar: Stuck, Beton, Plastik oder eben Information. Dieser letzte Schritt geht, wie wir gesehen haben, über die Dichotomie von Geist und Materie hinaus, da beiden den »Aggregatzustand« (Günther) Information annehmen können.

Das dritte Modell ist das der Transposition (Kittler). Es setzt an die Stelle des Minimalelements oder der Einen Substanz eine Struktur. In einem Systemausschnitt werden Bausätze diskreter Elemente und ihre Verknüpfungsregeln isoliert, die dann — immer lückenhaft — aufeinander abgebildet werden können. Wie bei mathematischen Fractals-Graphen (1980 von Benoit B. Mandelbrot ›entdeckt‹[3]) finden sich identische Muster, Isomorphien bei Schnitten in jeder beliebigen Tiefenschicht, wie bei ihnen liegen zwischen den Stufen keine gleitenden Verwandlungen, sondern Sprünge[4]. In den folgenden Abschnitten wird dieses letzte Modell unterstellt, um zu zeigen, wie die Zerlegung von Natur, Mensch, Seele, Sprache Elementensätze konstruiert hat, die es möglich machen, sie — technisch — ineinander zu transponieren.

Im mythischen Denken ist der Mensch durch ein unendlich komplexes Beziehungsgeflecht an die Welt gebunden. In den nachanimistischen Kulturen dienen Symbole als Mittler, um die Eingebundenheit zu reaktualisieren. Schriftzeichen und ihre Kombinatorik dienen in den ältesten Formen der Magie (babylonisch, zoroastrisch, ägyptisch, chinesisch) dem Erkennen der universalen Entsprechung. Der Zufall, der noch nicht die mathematische Konnotation der Beliebigkeit hat, sondern schicksalsdeterminiert auf das Ganze zeigt, steuert den Wurf von Zahlsteinen, wie im I Ging. Ein in seiner übermenschlichen Komplexität Unbegreifliches wird auf eine lesbare Spielfläche abgebildet. Hier gelten bestimmte Axiome und Tranformationsregeln. Interpretationsregeln erlauben jeden Zug wiederum auf alle möglichen Analogieebenen zurück abzubilden. Wie den Marionettenspieler, der selber an Drähten hängt, verknüpft ein deterministisches Gespinst alle Welten miteinander[5].

Zugleich bildet der Mikrokosmos ein Feld eingeschränkter Wirkungsmöglichkeiten auf den Makrokosmos. Der Eingeweihte kann durch magische Manipulation, z. B. der Alphabete, der Namen Gottes usw., die vom Schicksal bestimmten Gefahren abwenden.

Sprache ist auf ihren verschiedenen Bedeutungsebenen eine zentrale Zwischenwelt. Für die Kabbalisten, die christlichen Hermeneuten, Dante, Swedenborg[6] gibt es eine Kryptografie der Schöpfung. Für den Entschlüsselungskundigen hat das Wort neben der wörtlichen eine unmittelbar wirksame Schöpfungskraft. Gottes Wort hat die Welt geschaffen und der Mensch kann an dieser performativen Kraft (z. B. durch den Zauberspruch) teilhaben.

Die angstmachende, fremde Welt wird nicht nur durch Benennen und Besprechen zueigen gemacht. Mit dem nachlassenden Vertrauen in die Wirksamkeit des Wortes drängt sich eine zusätzliche Lage von handfesteren Werkzeugen zwischen den Menschen und die Welt. Sprache degeneriert zum Spielfeld, auf das relevante Aspekte der Welt zur unverfänglichen Probe-Manipulation abgebildet werden. Erst wenn dieses Modell in der Vorstellungswelt zu gewünschten Resultaten führt, wird es auf die äußere abgebildet, wird ein gesicherter Wissensausschnitt als Werkzeug oder Automat ausgelagert[7].

Der Mensch verwendet Sprache wie Maschinen gleichermaßen als Zwischenwelt, um sich die dahinterliegende untertan zu machen. Auf die erste Natur kann er nur durch die verschiedenen Schichten der zweiten hindurch zugreifen.

Nach allen Metamorphosen gehen die Medien Sprache und Maschine im Computer eine neuerliche Symbiose ein. »Das technische Problem der Herstellung verschiedener Maschinen für verschiedene Zwecke ist ersetzt durch die Schreibarbeit, die Universalmaschine für diese Aufgabe zu ›programmieren‹«[8]. Der Versuch, Welt im Rechner zu repräsentieren, also auf eine vermeintlich leichter manipulierbare Spielfläche abzubilden, ist eine Fortsetzung der vorangegangenen Methoden. Der moderne Magier sitzt an seinem Terminal, und benutzt eine (stärker performative?) Kunstsprache, wie die älteren Kombinatoriken auch, um durch allumspannende Kanäle Welt zu erkennen und zu manipulieren.

2. Projektion und Mimikry

> »Während der Mensch fasziniert das Roboterhafte imitiert und der Roboter geschickt Illusionen des Lebendigen und Kreativen erzeugt, bewegen sich beide aufeinander zu.«
> *Otto/Sonntag, Informationsgesellschaft*

Die Spiegelung läßt sich in ihre zwei Komponenten gliedern, die Aussendung des eigenen Bildes und seine Rückkehr. Ein einfacher, geschlossener Vorgang, bei dem außer der Richtungsumlenkung und der Seitenverkehrung nichts Geheimnisvolles geschieht, sollte man meinen. Doch hat sich gezeigt, daß das, was wir von uns projezieren, uns fremd erscheint, wenn es zu uns zurückgekehrt ist. Wir erkennen uns darin nicht wieder.

Nach einer gängigen Auffassung von der Maschinengenese liegt ihr die Projektion menschlicher Organe zugrunde (y Gasset, Gehlen[9]). Ebenso wie der Entwicklungsautomat Geschichte wird Technikgeschichte als organisch-automatisch gedacht. Ein gradliniger, ununterbrochener Prozeß eines sich selbst erhaltenden, zwecksetzenden Organismus. Dabei stellt sich die quasinatürliche Expansion der Organe von Faust bis Hirn so dar, als hätte sich jedes einzelne mit aufgeblähten Überbietungen seiner selbst umgeben. So, als würden die Organe untereinander um die Gunst des Menschen wetteifern, welches von ihnen sich am schnellsten und effektivsten in Technik transponiert. Dieser unaufhaltsamen und gegen alle Ideologie immunen Quellung und Aufschwemmung liegt nach herrschender Auffassung die menschliche Triebbasis zugrunde (Mängelwesen). Der Prozeß ist also ein nach dem Naturmodus ablaufender, fataler.

Die These von der Organprojektion ist schon beim Hebel schwierig zu vollziehen, beim Rad gänzlich unhaltbar. Sie ist von Bahr hinreichend erledigt. Dagegen stellt sich die These, daß das zu Projezierende allererst geschaffen werden muß, bevor es transponiert werden kann. Bevor ein Organ oder seine Funktion entlastet, verstärkt, ersetzt oder überboten werden kann, muß sein konkretes Bild vorliegen. D. h. die erste Aufgabe ist die Produktion einer projezierbaren menschlichen Subjektivität. Nachdem eine bildliche Vorstellung isoliert worden ist, reibt sie sich am gegebenen

Material. Die Dinge müssen von ihren eigenen Wegen zu unserem Dienste abgelenkt werden.

Ausgesandt wird also ein Sammelsurium von Einzelfunktionen, die der Selbsterhaltung, d. h. der Naturbeherrschung, dienen. Im Wechselspiel mit seinen Projekten formt der Mensch von sich ein Bild, das von Emotionen, Sinnlichkeit, Einbildungskraft, allem Unsystemischen gereinigt ist.

Was zu ihm zurückkommt, ist eine Maschinenwelt mit genau diesen Eigenschaften, eine zweite Natur, die jedoch ihre Transparenz, den ungehinderten Durchblick auf die erste nur vorspiegelt. Für den rational denkenden Wissenschaftler sind die widerspenstigen Eigenschaften nur ein Prüfstein fürs eigene Vorgehen. Die Maschine tut nur das, was wir wollen, wenn wir den relevanten Weltausschnitt gründlich verstanden haben (z. B. Weizenbaum, Habel). Maschine ist also eine automatisch funktionierende Auslagerung von gesichertem Wissen, eine hinreichend gelungene Annäherung eines Modells, ›geronnener Geist‹ (M. Weber).

Dem entgegen steht die Erfahrung, in der Maschine einem Nichtintendierten zu begegnen. Damit ist nicht nur das Versagen, der Verschleiß, der Unfall, also ein Ausbrechen aus ihrer programmierten Wirkungsbahn gemeint. Auch in einem perfekt funktionierenden Maschinenszenario erkennt sich der Mensch nicht wieder. Unsere Projektion scheint über ihr Ziel hinausgeschossen, an uns vorbeizufliegen.

Dieser Überschuß ist offenbar nicht mit den gleichen Mitteln zu verstehen, mit denen er produziert wurde. Jenseits einer bestimmten Grenze können die Maschinen nur durch eine Magisierung zu uns zurückgeholt werden. So, wie man dem Zauberer, dem man vergeblich den Trick von den

Fingern abzuschauen suchte, eine übersinnliche Macht zuerkennt. Ein ›mystischer Nebelschleier‹, mit dessen Lichtung auch unter ›der ›bewußten, planmäßigen Kontrolle frei vergesellschafteter Menschen‹ nicht zu rechnen ist.

Mit dem Pro-gramm, das wir der Maschine eingeschrieben haben, wendet sie sich jetzt an uns. Sie schreibt uns die Gebrauchsanweisung vor für die Anwendung der Fähigkeiten, die sie symbolisiert. Sie beschämt uns, indem ihre kalte Präzision uns unseren »Mangel des Gewordenseins« (Anders) spüren läßt. Sie konstituiert eine symbolische Zwischenwelt.

»Technik vollzieht die Anpassung ans Tote im Dienste der Selbsterhaltung (...) durch Automatisierung der geistigen Prozesse, durch ihre Umwandlung in blinde Abläufe.«[10] Der gleiche Überlebensreflex stellt sich gegenüber den fremdgewordenen, blinden Abläufen selbst ein. Nicht die bewußte Erarbeitung, sondern das Anschmiegen an die Welt der Objekte, das geschmeidige Sicheinfügen in immer wieder neue Programme sichert unsere Selbsterhaltung in der zweiten Natur. Dabei greifen die Programme zunehmend auf unser kindliches mimetisches Vermögen zurück, uns im Spiel in jemand, in etwas anderes zu verwandeln.

Nachdem der Mensch sich seines Bildes entäußert hat, kehrt es verdinglicht als Fetisch zu ihm zurück. Dem Bild, das die Maschine ihm vorspiegelt und von dem er ahnt, daß er es ist, macht der Mensch sich mimetisch gleich. »Er macht mit der Welt gemeinsame Sache gegen sich.«[11] Die Bedeutungsvektoren haben sich umgekehrt. Nicht wir schreiben der Welt vor, unser Bild anzunehmen, sondern sie programmiert uns.

3. Sprache und Seele

In der Geschichte geht die Sprache von der vollen Präsenz zur Repräsentation über. Dieser Übergang zur distanzierten Zeichenhaftigkeit, den die Religionswissenschaft Aufklärung und Rationalisierung nennt (Scholem), ist in der jüdischen wie in der chinesischen Geschichte zu beobachten. Das I Ging (Wilhelm) wandelt sich vom Orakel zum Weisheitenbuch. Der jüdische Mythos wandelt sich ins Gesetz, die Thora. In beiden Kulturkreisen gibt es eine Phase der Remythisierung, der »Rache des Mythos an seinen Überwindern«[12]. Im Judentum ist diese Wiederkehr des Glaubens an die unmittelbar schaffende Kraft des Wortes die Kabbala (beruhend auf dem Buch Jezira um 600). In China ist es die Wiederverwendung des I Ging als Orakelbuch im Neokonfuzianismus der Sung-Dynastie (um 1100). Nachdem die Hexagramme wie die Alphabete auf die übergeordnete Ordnung nur verwiesen hatten, werden sie wieder als mit dieser identisch, diese präsentierend gedacht. Da die Alphabete ihre Wirkung vorwärts wie rückwärts hatten, in Richtung des Aufbaus und der Zerstörung[13], war der Schöpfungsprozeß noch zirkulär, zumindest reversibel.

Eine solche Weltordnung, der die Schaffung des Golem angehört, ist uns heute nicht mehr vorstellbar. Doch erhält sich eine Ahnung davon in den späteren rationalen Versuchen, eine Kosmogonie aus kleinsten, nicht mehr spaltbaren Elementen aufzubauen. So hat Leibniz bei der Formulierung seines Binärsystems von der Kombinatorik des I Ging Kenntnis gehabt. Die Wörter betrachtete er als Ziffern oder Rechenpfennige der Gedanken und der Dinge, die man beim Vernunftschluß als ›Wechselzettel des Verstandes‹ zu gebrauchen habe. »Man hat demnach die Kabbala oder Zeichenkunst (...) bei einer jeden Sprache (...) im rechten Verstand und Gebrauch der Worte zu suchen.« [14]

Die Subtraktion der mythischen Fülle aus den Zeichen macht sie ›frei‹ für ihre maschinelle Nachbildung. Doch bleibt das Schuldgefühl, an ein Verbot, an das Geheimnis der Seele zu rühren, bis heute bestehen.

Der Golem, zu dessen Schaffung es der mündlichen Unterweisung bedurfte, hat an der Seele (neschama), also der Gotteserkenntnis und damit der Sprache, noch keinen Anteil. (Die eingangs zitierte Rede des Golem stellt eine, vielleicht später überformte, absolute Ausnahme unter den Quellen dieser Zeit dar.) Er verläßt die tellurische Sphäre der Elementarkräfte nicht. Er bleibt stumm.

Die Antike denkt das antwortende Orakel, den sprechenden Androiden magisch. Die künstlerischen Bildnisse werden durch die Präsenz eines Gottes beseelt. Diese Vorstellung, daß das tote Werk des Menschen durch eine hinzukommende Seele des Teufels, Gottes oder leidenschaftlichen Menschen zu Leben und damit zur Sprache kommt, hält sich bis in die literarische Fantasie des 19. Jahrhunderts (Statuenbelebung, z. B. im Don Giovanni, Sandmann).

Daneben entsteht die rationale Mechanik, die sich experimentell den Wasserspielen und Uhren, den Automaten und Androiden widmet. Der noch sagenhafte Urvater dieser Linie ist Dädalus. Ihm wird bereits nachgesagt, daß er menschliche Gestalten, die sich natürlich bewegen konnten, baute [15]. Die ersten Maschinenbücher stammen von Ktesibios von Alexandria und Philon von Byzanz (beide 3. Jhdt. v. Chr.). Die ersten erhaltenen Schriften, die ein Kompendium des Wissens der Alten darstellen, sind die des Heron von Alexandria (1. Jhdt. n. Chr.): u. a. über die Automatentheater und über die Pneumatik. Diese Schriften haben den Automatenbau über Jahrhunderte beeinflußt. Die Araber haben sie übersetzt und weiterentwickelt[16]. In Europa wurden Übersetzungen erst im 13. Jahrhundert angefertigt. Die meisten Automaten, die in der Renaissance und im Barock konstruiert wurden, gingen auf Herons Anweisungen zurück[17].

Aus der Melange von Magie und Technologie entstehen zunächst die sprechenden Köpfe. Gerbert d'Aurillac, der spätere Papst Silvester II. (920-1003), baute einen bronzenen Kopf, der auf Fragen nach Politik und allgemeiner Lage der Christenheit mit ›Ja‹ und ›Nein‹ antwortete. Albertus Magnus (1193-1280) baute in dreißig Jahren und unter einer bestimmten Sternenkonstellation ein metallenes Haupt, das ihm sein Schüler Thomas von Aquin zerschlug, denn »er sei erschrocken worden, als er beim Eintritt in das Zimmer, darinnen ein solches Bild stund, selbiges unvermutet habe reden hören, andere sagen, er haben dem Geschwätz und Plaudern desselben nicht länger zuhören wollen.«[18] Auch Roger Bacon (1214-1294) wird die Konstruktion eines solchen Kopfes nachgesagt. Ihnen ist gemein, daß ihre Nachahmung des menschlichen Sprechens — Tierautomaten und Spielwerk in Turmuhren waren bereits Gemeinplatz — ihnen den Vorwurf der Blasphemie einhandelte. »Das Mittelalter war keineswegs überhaupt maschinenfeindlich: soweit ich sehen kann, bezog sich der klerikale Maschinensturm nur auf solche Menschen- oder Tierautomaten, die Ansätze des Sprechens zeigten. Daß diese Teufelswerk seien, erklärt sich leicht aus der Funktion des offenbarenden Wortes; das Teuflische wird dort am aufdringlichsten, wo es mit den Medien der Offenbarung selbst verführt.«[19]

Nachdem die Sprachfähigkeit der Automaten für einige Jahrhunderte fast verloren gegangen war, zeitigten erst im 18. Jahrhundert die physiologischen Untersuchungen des menschlichen Stimmapparats wieder Versuche seiner mechanischen Nachbildung. Eine erste Sprechmaschine entwarf Wolfgang von Kempelen (1734-1804) im Jahre 1778. Die in die Windlade geschöpfte Luft strömte beim Niederdrücken einer der dreizehn Tasten durch eine Zungenpfeife, die je einen Vokal oder einen Konsonanten hervorbrachte. Mit dem Ergebnis nicht zufrieden, baute er von 1781 bis 1790 ein verbessertes Exemplar, von dem man sagte, es habe mit der Stimme eines drei- bis vierjährigen Kindes in Deutsch, Lateinisch, Italienisch und Französisch gesprochen.

Die Präokkupation der Zeit mit der Herstellbarkeit der Sprache zeigt die Preisfrage, die die Akademie der Wissenschaften zu St. Petersburg 1779 ausschrieb. Gesucht wurde eine Erklärung, wie die Vokale beim Sprechen zustande kommen, und gleichzeitig eine Maschine, die dies mechanisch nachahmt. Den Wettbewerb gewann ein deutscher Professor in Kopenhagen, Christian Gottlieb Kratzenstein. Seine Abhandlung wurde 1781 von der Akademie publiziert und von Kempelen zur Kenntnis genommen. Den Apparat kannte er jedoch nicht [20].

Neben dem Verfahren, einzelne Laute mithilfe einer Tastatur zu steuern, so daß das automatische Sprechen dem Klavierspiel glich, gab es auch Versuche, Sätze auf einer Stiftwalze oder auf Kurvenscheiben fest zu programmieren. Beide Ansteuerungen finden sich alternativ bei der »Allesschreibenden Wundermaschine« des Friedrich von Knaus (1724-1789), 1760 vorgestellt: feste Stiftwalzen und ein von Hand betriebenes Register [21]. Diese Methode hatte sich bei

den Musikautomaten und den Schreiber-Androiden einge-
bürgert, z. B. beim ›Flötist‹ von Jacques de Vaucanson
(1738) und dem ›Schreiber‹ des Schweizer Theologen und
Uhrmachers (!) Pierre Jaquet-Droz (1760). Ein Doktor Müller in Nürnberg versah einen solchen ›Schallplatten‹-Spre-
cher, ein redendes Paar in Lebensgröße, mit einer weiteren
Besonderheit. Flüsterte man einem der beiden etwas ins Ohr,
so wiederholte es der andere nach einiger Zeit als verstärktes
Echo.

Kempelens Sprechmaschine regte noch einige Zeit die
Erfinder zu Verbesserungen an. Noch 1835 stellt Joseph
Faber (ca. 1800-1850) der Öffentlichkeit seine Euphonia vor.
Sie soll nach zeitgenössischen Berichten von allen Automa-
ten am besten gesprochen haben. Sie besaß sechzehn Tasten,
die über Drähte dem menschlichen Sprechorgan ähnliche
Gummiteile dirigierten, durch die ein Blasebalg Luft preßte.
Faber ging wie die meisten Automatenbauer mit ihr auf
Schausteller-Reise bis nach Amerika. Endlich zerschlug er
sie verzweifelt und nahm sich anschließend das Leben.

Der technische Golem, der nur noch naive Unwissende
zu bezaubern vermag, liegt in einzelnen Moduln vor. Auch
über die Sprache verfügt er bereits. Die ›Seele‹, wenn er denn
eine hat, bezieht er nicht von Teufel oder Gott, sondern von
seinem menschlichen Schöpfer, der sich in seinem Spiegelbild
zugleich als seelenlos sieht.

4. Melancholie oder
Der Diskurs vom Menschen als Maschine

Wir sind die Androiden

Handschrift von ›Der Schriftsteller‹
1773 hergestellt von Jaquet-Droz

Das Thema der Renaissance ist die Unterwerfung des Wissens unter das Kalkül, die rechnende Vernunft. Vermessung der Natur statt Hermeneutik der Texte. In derselben Bewegung erscheint ein Leiden daran, das sich exemplarisch anhand der Zeitmessung in die Metapher des Monarchen fügt, der vergeblich versucht, Dutzende Uhren zu synchronisieren. Das Zeitleiden ist das Leiden an der Zeit. Aus der weltlichen Endlichkeit erwächst der Wunsch nach Wiederverzauberung, jedoch nicht als bereits verbaute Rückkehr, sondern gerade mithilfe des neuen technischen Materials, der Automaten.

Im 16. Jahrhundert taucht das Thema des Fürsten als dem Zeigermittelpunkt eines kosmischen Uhrwerks auf (»Ein fürst ist des landes uhr, jedes richtet sich nach demselben in werken als wie nach der uhr in geschäften.« 1639 [22]) und damit das Thema des weltabgewandten, melancholischen Herrschers, der vom präzise berechenbaren Untertan träumt. Kaiser Karl V. ließ sich nach seinem Rückzug ins Kloster San Geronimo de Yuste bei Plasencia von den Werken des Mechanikers und Uhrmachers Juanelo Turriano aus Cremona die Zeit vertreiben. In künstlichen Tableaus ließ er

Soldatenfiguren gegeneinaner kämpfen. Sie ritten, trommelten, bliesen die Trompete, und künstliche Sperlinge flogen durch den Raum. Karl V. wird der Satz zugeschrieben, daß die Räder einer Uhr leichter aufeinander abzustimmen seien als die Räder des Schicksals. Die Nachwelt malte das Bild eines grübelnden Melancholikers, wie es in »Melencolia« von Dürer dargestellt ist. Das Seelenleiden an der Zeit, die Trauer über die Vergänglichkeit und Vergeblichkeit allen Tuns läßt die Herrscher in die sichere Welt der Mathematik und der Mechanik fliehen. An die Entsprechung von kosmischer Harmonie und dem verläßlichen Lauf der Uhr knüpft sich die Hoffnung auf eine vollkommene Welt mit vollkommenen Untertanen.

Zu den Symptomen der Melancholie zählt die heutige Psychopathologie das Gefühl der Unfähigkeit und der Unentschiedenheit. Im délire de negation hat der Patient Halluzinationen über schreckliche Bestrafungen. Er stellt sich vor, er sei ein Niemand, die ganze Welt sei imaginär, verschwunden, verbrannt. Alle seien tot, niemand übrig, um die Geschichte zu erzählen[23]. Im Eintrag über die Schwermuth bei Zedler (1739) findet sich als Hauptursache neben dem dicken, gestauten Geblüte die Reue über eine Versündigung an der Welt. Dieser unmaterielle oder moralische Grund bringe »das würckende Wesen, die Seele« in Unordnung, so daß die Befallenen sich in Einsamkeit ihren phantastischen Einbildungen hingeben. »Sie reden nichts, gehen, stehen, oder sitzen so für sich hin, als wie geschnitzte Bilder oder Maschinen.«

Es deutet sich hier eine paradoxe Verschränkung an. Der absolutistische Souverän, der nach Maßen die neuen Wissenschaften fördert, zugleich sich durch ihre Vernichtung des religiösen Weltbildes versündigt, zu dem ihm die Rückkehr verschlossen ist, und der nicht nur — gelähmt — Trost in den Maschinen sucht, an deren Erschaffung er leidet, sondern sich ihnen sogar physiognomisch angleicht. Möglicherweise hält sich das Motiv der Melancholie, der Reue über die Entzauberung der Welt, die diese zugleich vorantreibt, der Buße, die die Schuld sucht, bis zu den heutigen Automatenbauern durch[24].

Rudolf II. (ebenso die sächsischen Kurfürsten August, Christian I. und Christian II.) litt an der Melancholie und suchte Trost in astrologischen und alchimistischen Studien. Neben Kepler und Tycho Brahe berief er auch mehrere Uhrmacher und Automatenbauer an den Prager Hof. Auf einer Kugellaufuhr, die Hans Schlottheim für ihn baute, schlug Saturn, Gott der verrinnenden Zeit und Patron der Melancholie, zur vollen Stunde die Glocke. Rudolf, den Todesangst in seinen Handlungen lähmte, schreckte vor dem Unvorhersehbaren und Chaotischen der Natur zurück und fand Trost in einer künstlichen Welt, aus der die Geschichte verbannt war. Das höfische Leben ließ er sich von einem maître des fêtes inszenieren. Der Barock steigerte die präzise vorgeschriebene Choreographie der Repräsentation der Macht, der Huldigung und Ehrfurcht zur Ceremonial-Wissenschaft. Mit der gleichen Regelmäßigkeit wie die der Automaten wurde jede Bewegung am Hofe vorgeschrieben. Der Absolutismus erfreute sich an seinem Abbild auf den Uhrenspielwerken wie am seelenlosen Funktionieren seiner Untertanen. Die Wörter ›l'automat‹ und ›la machine‹ avancierten im barocken Frankreich zu Modewörtern. In der Folge der Revolution verkehrte sich ›Automat‹ zum Schimpfwort für den katzbuckelnden Untergebenen[25].

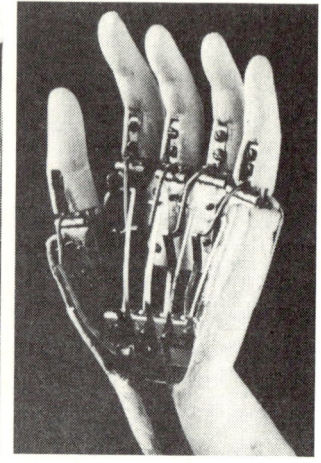

Nach Foucault wurde das »Buch vom Menschen als Maschine auf zwei Registern geschrieben«, dem anatomisch-metaphysischen der Erklärung und dem technisch-politischen der Unterwerfung und Nutzbarmachung[26]. Die höfische Dressur produziert politische Puppen, die Medizin den sichtbaren Körper. Analyse und Manipulierbarkeit manifestieren sich augenfällig im Automaten.

Der Materialismus hat seine Wurzel im Diskurs der Physiologen des 16. Jahrhunderts. Pietro Pompanazi (1462-1524) der in Padua lehrte, stellt in seiner Schrift »De immortalitate animae« (1516) den Körper als eine Art Maschine dar, die den Impulsen der Seele folgt. Der spanische Arzt Gomez Pereira bezeichnete 1554 die Tiere als seelenlose Automaten.

Am folgenreichsten wurde die Automaten-Metapher, die sich aus der evokatorischen Kraft der beliebten und verbreiteten Spielzeuge speiste, im Denken René Descartes', bes. im »Discours de la Méthode« (1637). Der medizinische Blick

hatte den physiologischen Körper des Menschen und des Tieres auf eine Weise bloßgelegt, wie es jeder Automat erlaubt, dessen Puppenkleidchen sich leicht entfernen läßt. Beide Male bietet sich eine diffizile Mechanik aus Gelenken, Stangen, Rädchen usw. und eine Hydraulik aus Röhren, Pumpen, Säften usw. der Betrachtung dar, die zwar schwierig nachzuvollziehen ist, aber kein prinzipielles Geheimnis birgt. Deutlich stellt dieser Blick den menschlichen Konstrukteur Seite an Seite mit dem göttlichen, auch wenn ›ein Werk Gottes unvergleichlich besser angeordnet ist‹. Die grundsätzliche Gleichwertigkeit zeigt sich in einer Art Turing-Test, den Decartes durchführt. Er zeigt, »daß, wenn es solche Maschinen gäbe, welche die Organe und die äußere Gestalt eines Affen oder irgendeines andern vernunftlosen Tieres hätten, wir nicht im Stande sein würden, sie in irgend etwas von jenen Tieren zu unterscheiden.« [27]

Nur beim Menschen sei der Test zwischen Original und mechanischem Abbild durch »zwei recht gewisse Mittel« eindeutig entscheidbar. »Das erste ist, daß sie (die Maschinen, VG) niemals Worte oder andere von ihnen gemachte Zeichen würden brauchen können, wie wir tun, um anderen unsere Gedanken mitzuteilen. Denn es läßt sich wohl begreifen, wie eine Maschine so eingerichtet ist, daß sie Worte hervorbringt und sogar bei Gelegenheit körperlicher Handlungen, die irgendeine Veränderung in ihren Organen verursachen, einige Worte ausstößt, wie zum Beispiel, wenn man sie an irgendeiner Stelle berührt, daß sie fragt, was man ihr sagen wolle; wenn man sie anderswo anfaßt, daß sie schreit, man tue ihr weh, und ähnliche Dinge; nicht aber, daß sie die Worte so mannigfaltig anordnet, um auf den Sinn all dessen zu antworten, was in ihrer Gegenwart laut wird, wozu doch die stumpfsinnigsten Menschen imstande sind.

Und das zweite ist, daß, wenngleich sie eine Reihe von Dingen ebenso gut oder selbst besser als irgendeiner von uns verrichten würden, sie doch unfehlbar bei bestimmten andern zurückständen, wodurch man entdecken würde, daß sie nicht mit Bewußtsein, sondern allein aufgrund der Anordnung ihrer Organe handeln würden. Während nämlich die Vernunft ein Universalinstrument ist, das bei aller Art von Fällen dienen kann, bedürfen diese Organe für jede besondere Tätigkeit einer besonderen Anlage. So kommt es, daß es moralisch unmöglich ist (sic!), daß es in einer Maschine genügend viele verschiedenartige Organe gibt, um sie bei allen im Leben vorkommenden Fällen ebenso handeln zu lassen, wie unsere Vernunft uns handeln läßt.« [28]

Descartes' Argumente zielen weit über die Fähigkeit der Automaten seiner Zeit hinaus — und lassen sich heute als pragmatische Forderung an die sprachmächtige Universalmaschine Computer richten. Ob damit die gottursprüngliche Seele, die res cogitans, herstellbar geworden ist, sei dahingestellt. Heckmann führt die Ironie an, die darin liegt, daß 1650, im Todesjahr Descartes', Johann Hautsch ein mechanisches Tableau mit über hundert beweglichen Figuren baute, das die Erschaffung der Welt, den Sündenfall und die Folgen nachäffte [29].

Daß das Menschsein, auch das stumpfsinnige, zureichende Bedingung für die Teilhabe an der Seele sei, darüber dachten seine Zeitgenossen zuweilen anders als Descartes. So Jean de la Bruyère (1645-1696) 1688: »Der Einfältige ist ein Automat, ein Uhrwerk, ein Getriebe; das Gewicht stößt ihn an, setzt ihn in drehende Bewegung, immerfort, im selben Sinn, mit derselben Regelmäßigkeit (…) er gleicht bestenfalls dem Ochsen oder der Amsel (…) was am wenigsten an ihm in Erscheinung tritt, ist seine Seele; sie wirkt nicht, sie betätigt sich nicht, sie ruht.« [30]

In der Nachfolge Descartes' wurde der Materialismus immer tiefer in den Seelenraum vorgetrieben. So schrieb

Pierre Sylvan Regis (1632-1707) über eine Abhängigkeit der eingeborenen Ideen von den Sinnen.

Der Arzt Julien Offray de La Mettrie (1709-1751) stellte in »Der Mensch eine Maschine« (1747) die materielle Einheit des Menschen gegen Descartes' zwei Substanzen (»als ob er diese gezählt hätte«). Der Mensch sei nur eine Gesamtheit von materiellen Triebfedern, eine Uhr, wobei er gegenüber dem Affen das, »was die Planetenuhr von Huygens gegenüber einer Taschenuhr von Julien le Roy ist«[31]. »Da aber alle Fähigkeiten der Seele von dem eigentümlichen Bau des Gehirns und des ganzen Körpers dermaßen abhängen, daß sie sichtlich nur dieser organische Bau selbst sind, so haben wir es hier mit einer vortrefflich eingerichteten Maschine zu tun.«[32]

Der entscheidende Mechanismus dieser Seelen-Maschine ist die Einbildungskraft. Sie stellt sich La Mettrie als Gravur, als Modifikation des Markgewebes im Gehirn vor, »auf das die im Auge abgebildeten Gegenstände wie von einer Laterna magica zurückgeworfen werden«[33]. Einbilden also als materielles Einschreiben eines Bildes. Von dieser Einbildungskraft lassen sich dann Urteilskraft, Vernunft, Gedächtnis — die Einzelteile der Seele — ableiten. Die Einbildungskraft mißt, denkt vernünftig, urteilt, forscht, vergleicht, geht in die Tiefe. Um die Unterschiede und Beziehungen der Bilder, die auf sie treffen wie eine Taste auf die Saiten des Gehirns, feststellen zu können, bedarf sie der Zeichen. Vor der Erfindung der Sprache, »als das Weltall noch fast stumm war«, hat die Seele an den Gegenständen nichts unterscheiden können. Sie befand sich noch im Kindesalter. Die Schöpferkraft des Geistes ist die Fähigkeit, Verkettungen herzustellen aus Ideen, Gegenständen, Beziehungen,

Ähnlichkeiten und Folgerungen. »Es bleibt aber immer wahr, daß die Einbildungs- und Vorstellungskraft allein wahrnimmt, daß sie es ist, die sich alle Gegenstände mit den Wörtern und Figuren, die sie kennzeichnen, vorstellt und daß sie — ich wiederhole es — die Seele ist, da sie alle Rollen derselben spielt. Dank der Einbildungskraft — dank ihrem schmeichelhaften Pinsel — gewinnt das kalte Skelett der Vernunft lebendiges, rosiges Fleisch; dank der Einbildungskraft blühen die Wissenschaften, werden die Künste immer schöner, sprechen die Wälder, klagen die Echos, weinen die Felsen, atmet der Marmor und nimmt unter den leblosen Körpern alles Leben an.«[34]

Angefeindet vom Geist seiner Zeit zieht La Mettrie die neuesten Erkenntnisse aus Biologie und Medizin heran, um seinen Materialismus zu fundieren. Schließlich ist er der erste, der Denken und Materie zusammenbringt, somit den Turing-Test Descartes' prinzipiell auch für den Menschen und sein mechanisches Abbild für unentscheidbar hält. »Ich halte das Denken für so vereinbar mit der organisch aufgebauten Materie, daß es ebensogut eine Eigenschaft derselben zu sein scheint wie die Elektrizität, das Bewegungsvermögen, die Undurchdringlichkeit, die Ausdehnung usw.«[35]

5. Siamesische Zwillinge

>»›O du tiefes Gemüt, in dem sich mein
ganzes Sein spiegelt.‹
›Ach, ach!‹«

E. T. A. Hoffmann, Sandmann

Die Maschinenmetapher ist etabliert und greift auf immer mehr Gebiete über. Johann Heinrich Gottlieb Justi schreibt in seinem Standardwerk »Staatswirtschaft oder systematische Abhandlung aller ökonomischen Cameralwissenschaften« (1755): »Ein wohleingerichteter Staat muß vollkommen einer Maschine ähnlich sein, wo alle Räder und Triebwerke auf das Genaueste ineinander passen, und der Regent muß der Werkmeister, die erste Triebfeder oder die Seele sein, wenn man so sagen kann, die alles in Bewegung setzt.«[36] Die metaphorische Gleichungs-Kette Regent = Maschinenbauer = Triebfeder = Seele zeugt von einer gewissen Verwirrung über das bewegende Prinzip — der Erzeuger der Maschine gleich dem, was sie in Gang hält —, zum anderen aber auch von der Macht, mit der eine andere Bildhaftigkeit, die erst in der Romantik wiedererscheint, ausgeschlossen wird.

Das Pendant zur Maschinenhaftigkeit des Ganzen ist die seiner Bestandteile. »Daher suchen Männer, die in der Verwaltung wichtigerer Ämter es zu etwas mehr als träger Mittelmäßigkeit zu treiben wünschen, so viel sie können, ganz maschinenmäßig zu verfahren und wenigstens künstliche Maschinen abzugeben, da sie unglücklicher Weise keine natürlichen sein können«, schrieb Jean Paul[37], der in der ironischen Überzeichnung seiner Automatenkritik sicher viel zur Etablierung der Metapher beigetragen hat. Hier wird der Automaten-Mensch also gerade nicht mehr mit Mittelmäßigkeit assoziiert, sondern mit einer überdurchschnittlichen Anpassungsleistung an den Gesamt-Automaten.

Jean Paul berichtet 1789 — den Saturnianern, da alle Erdenmenschen bereits bestens mit ihm vertraut sind — vom »Maschinen-Mann nebst seinen Eigenschaften«. Er schildert ein Scenario, für das heute etwa die Telematik-Ecke steht: ein Mensch, der alles durch Maschinen tut, der von sämtlichen automatischen Gerätschaften seiner Zeit umgeben ist. Dazu gehören: eine Rechenmaschine, ein automatisches Federmesser, eine Schreibmaschine (der man jedoch, wenn auch entfernt vom Papier, noch die Hand führen muß), ein Friseur von lauter Holz, ein Käumaschine, durch die man die Arbeit der eigenen Zähne für die Dentallaute vorbehalten kann, ein Würfelapparat, der zusammen mit Extemporisiermaschine und Chronometre den Musikanten von Vaucanson und Jaquet-Droz zuarbeitet[38], ein Beträdlein, das auch an den automatischen Bratenwender angeschlossen werden kann, natürlich die Kempelische Sprachmaschine, ein Barometrograph, ein Wecker etc.

Schließlich extrapoliert Jean Paul, getreu den heutigen Scenarien, zu einer zukünftigen »viel höheren Stufe der Maschinenhaftigkeit«. Des Menschen Sinne, sein ganzer Körper ist durch Prothesen ersetzt »— er behielte nicht einmal sein Ich, sondern ließe sich eines vom Materialisten schnitzen«. Die ganze Zoologie wäre petrifiziert und verknöchert, »die natura naturans verflöge endlich und nichts bliebe da als die natura naturata und bloß die Maschinen ohne Maschinenmeister«. Würde ein rechnender Kopf eine Evolution nach dem Maßstab der Technologie entwerfen, würde er sehen, »daß ein Wesen desto vollkommener ist, je mehr es mit Maschinen wirkt und je mehr es Arme, Beine,

Kunst, Gedächtnis, Verstand außer seinem Ich liegend sieht und alles das nicht mit sich zu schleppen braucht, und daß eben deswegen das Tier, das ohne Maschinen tätig ist, auf der untersten schmutzigsten Vollkommenheitsstufe liege, der Wilde, der einige bewegt, auf einer höheren, unser Bauer, der mehrere dreht, auf einer noch höheren, und der Große und Reiche, dem die meisten Maschinen ansitzen, auf der höchsten stehe: mit welchen Vollkommenheiten würde der überzählende Kopf die Erde dann wohl übersäet finden? Namentlich mit Fohismus, vollständiger Apathie, Quietismus, Rentierer- und Hofdamenleben, Nichts-sein und Alles-können ...«[39]

Um 1800 spaltet sich der Diskurs von der Mensch-Maschine in industrielle Pragmatik und romantische Einbildungskraft. Taylor hat die beiden Register Foucaults zusammengeschrieben und zur Synthese in der Grenznutzentheorie des Menschen gebracht. Auf die Industrialisierung reagiert die literarische Fantasie mit dem künstlichen Menschen als Arbeitssklaven des natürlichen. Ganze Welten werden bevölkert mit Automaten, die sich gegenseitig in Fabriken herstellen. Das neue Thema ist das der aufsässigen Gewalt (nach dem Bild der Arbeiterbewegung?). Seit 1920 Karel Čapek sein »Rossums Universal Robots« schrieb, tragen diese Wesen den Namen Roboter (Robot = tschech. »Frondienst«).

In beiden Diskursen finden sich Automat und Mensch in einem dichten Austauschgeflecht. Wie ein Siamesischer Zwilling sitzt dem einen der andere als Doppel an. Wechselweise scheinen stumpfsinnige Determiniertheit und Seele mal beim einen, mal beim anderen auf, und sei es auch als Mangel. Der Mensch als Marionette — der Automat als beseelter Fetisch, der Mensch als Schöpfer seiner Welt und als Untertan seiner Geschöpfe (z. B. in Goethes »Zauberlehrling«). Dieses komplementäre Zwillingspaar ist die Grundkonstellation, die die vielfältigen Vertauschungs- und Doppelgängerthemen hervortreibt.

»Du lebloses, verdammtes Automat!« In E. T. A. Hoffmanns »Sandmann« (1817) wird das Spannungsfeld zunächst an zwei Menschen vorgeführt, an Nathanael, der sich zum Wunderbaren und Unheimlichen hingezogen fühlt, und Clara, die ihrem Namen gemäß hell, nüchtern, prosaisch, gar gefühllos geschildert wird. Nathanaels Fernglasblick, der Clara in eine seelenlose Puppe verwandelt, belebt den Automat Olimpia, »entzündet ihre Sehkraft«. Der Blick durchs Instrument macht das Angeblickte zum Gegenstand, wenn auch im einen Fall zu einem der Begierde, so doch fetischistisch aufs Tote aus. Vampyrisch bezieht die Maschine ihr Leben vom liebenden Menschen. Unter seinem Kuß erwarmen ihre Lippen, schlagen Pulse in ihrer kalten Hand.

Schwieriger als den Rezeptor und Bildwerfer Auge zu beleben, fiel es dem Automatenvater, Olimpias Sprachvermögen vorlagengetreu zu konstruieren. Über ein »Ach — ach!« kommt sie schwerlich hinaus. Doch auch hier ergänzt die Einbildungskraft des Liebenden den Mangel. Der Autor Nathanael trägt ihr alles vor, was er jemals geschrieben hat. Olimpia hört mit großer Andacht zu und sagt »ach, ach!«. Dennoch erkennt Nathanael eine psychische Wahlverwandtschaft. »… es schien ihm, als habe Olimpia über seine Werke, über seine Dichtergabe überhaupt recht tief aus seinem Innern gesprochen, ja als habe die Stimme aus seinem Innern selbst herausgetönt. (…) Sie spricht wenige Worte, das ist wahr; aber diese wenigen Worte erscheinen als echte Hieroglyphen der inneren Welt voll Liebe und hoher Erkenntnis des geistigen Lebens in der Anschauung des ewigen Jenseits.«[40] Die Kommunikationskanäle zwischen den siamesischen Wahlverwandten erlauben einen Austausch, der es unmöglich macht, den Ursprung der jeweiligen Botschaft festzustellen. Am geeigneten Objekt findet eine Selbstreflexion statt, die vom anderen zu kommen scheint. Die weibliche Maschine bringt den Mann zum individualisierenden Sprechen. Seine Rede und seine Schrift sind folglich ein maschineller Effekt[41], Olimpias beredtes Schweigen dagegen ein Effekt der menschlichen Leidenschaft.

Das gleiche Verhältnis läßt sich am KI-Klassiker ELIZA beobachten. Dieses Computerprogramm simuliert einen nondirektiven Therapeuten, mit dem man sich am Terminal schriftlich unterhalten kann[42]. Auch sie kann nichts anderes, als ihrem Benutzer das Echo seiner Äußerungen zurückwerfen. Auch ihre Äußerungen werden als echte Hieroglyphen der inneren Welt gelesen und schaffen damit eine intime Therapie-Atmosphäre, die ein tiefes, seelisches Verstandenwerden und Vertrauen ermöglicht.

Doch lauter »Achs«, Glasglockengesang und steifer Tanz erregen das Mißtrauen derjenigen, die nicht in Olimpia verliebt sind. Nachdem sich ihr Vermuten, Olimpia sei — metaphorisch gesprochen — leblos, anämisch vielleicht, oder debil, aufgelöst hat und die Gesellschaft erkennt, daß ihr ein Automat untergeschoben worden ist, macht sie sich an die Versicherung ihrer Andersartigkeit, an die Grenzziehung zum maschinellen Doppelgänger. »... es schlich sich in der Tat abscheuliches Mißtrauen gegen menschliche Figuren ein. Um nur ganz überzeugt zu werden, daß man keine Holzpuppe liebe, wurde von mehreren Liebhabern verlangt, daß ihre Geliebte etwas taktlos singe und tanze, daß sie beim Vorlesen sticke, stricke, mit dem Möpschen spiele usw. ...« (also einen Zipfel von dem durchscheinen lasse, aus dem bürgerliche Selbstbeherrschung die automatischen, guten Manieren geformt hat.) »... vor allen Dingen aber, daß sie nicht bloß höre, sondern auch manchmal in *der* Art spreche, daß dies Sprechen wirklich ein Denken und Empfinden voraussetzte« [43]. Solange die Geliebte bei diesem letzten Menschlichkeitsbeweis nur mit einem »Ach!« zu konkurrieren hatte, dürfte er ihr leicht gefallen sein. Die Therapeutin ELIZA spricht »in *der* Art«, daß in den sechziger Jahren ihre männlichen Kollegen glaubten, ihre eigene Arbeit bald mechanisieren zu können [44]. Die Vorstellung, daß man den Menschen an seinen kleinen Fehlern und Abweichungen erkennen könne, hat sich hingegen bis heute gehalten.

6. Lingua Universalis

»Am Anfang blickten sie wohl, doch erblickten
sie nichts, horchten, doch hörten nichts, sondern vertaten, Traumgestalten gleich, blindlings
das ganze große Leben. (...) Und ich erfand
ihnen auch die all den Schlichen überlegene
Zahl, und dazu das Miteinander der Schriftzeichen: Das Gedächtnis aller Dinge, die Mutter
der Künste — die Bewirkerin!«

Prometheus (nach Handke)

»Der Mensch fängt an zu begreifen, wie die
komplizierteste aller seiner Maschinen ausein-
anderzunehmen und wieder zusammenzusetzen ist: Die Sprache.«

Italo Calvino

Prometheus brachte den sprachlosen Eintagswesen mehr als
nur Einsicht und Denkkraft: das Gedächtnis aller Dinge,
mathesis oder *scriptura universalis.* Mit dem Eintritt in die
phonetische Schriftkultur eröffnete sich der unermeßliche,
aber endliche Raum der Zeichen. In ihm, nur in ihm als Mög-
lichkeitsbedingung von Wissen wird jetzt das Wahre und
sein Gegenteil situiert, jenseits dessen sich die unnennbaren
Abgründe der Mystiker auftun. »Das Universum, das andere
die Bibliothek nennen« (Borges), beruht auf dem Funda-
mentalgesetz, daß alles sich nur mithilfe der Zeichen ausdrücken läßt, daß die Anzahl der Zeichen, z.B. dreiund-
zwanzig Buchstaben, und damit die Zahl ihrer möglichen
Kombinationen beschränkt ist und daß im Umkehrschluß
die Durchführung aller möglichen Kombinationen notwendig alles, was sich überhaupt in allen Sprachen ausdrücken
läßt, zu Tage fördert. »Alles: die bis ins einzelne gehende

Geschichte der Zukunft, die Autobiographien der Erzengel, den getreuen Katalog der Bibliothek, Tausende und Abertausende falsche Kataloge, den Nachweis ihrer Falschheit, den Nachweis der Falschheit des echten Katalogs ...«[45]

Kombinatorik ist eine der ältesten Formen, die Welt magisch zu besprechen. Bei der Golemschöpfung wurden, nach einer der wenigen erhalten gebliebenen Anweisungen, die 22 Elemente des Alphabets zu zweien permutiert, um 231 »Pforten« zu gewinnen. Diese wurden mit je einem Buchstaben des Tetragrammaton und der Reihe nach je einem seiner fünf Vokalisierungen rezitiert. Dann folgte das gleiche Verfahren für die einzelnen Konsonanten, die über ein Glied des Menschen herrschen, bis sich schließlich der Golem erhob. Darauf erfolgte seine Rückverwandlung in Erde durch die Umkehrung der Alphabete, »... und so ergibt sich denn, daß alles Erschaffene und alles Gesprochene aus einem Namen hervorgeht«[46].

In einem magischen Kontext ist dieses meditative Rezitativ strikt formalisiert. Aus einem Bestand von Elementarzeichen werden exhaustiv alle Compositae gebildet, ohne auf ihren möglichen Sinn zu rekurrieren. Der Zweck der Übung liegt magisch in der Exhaustion selber.

Die Herstellbarkeit aller Wahrheit wie aller Lüge mithilfe von Permutation, Variation und Kombination, jeweils mit oder ohne Wiederholung, von Elementarsymbolen findet sich bei Leibniz. Er nimmt damit ein Thema der Mathematik seit den Griechen auf. In seiner »Dissertatio De Arte Combinatoria« (1666)[47] führt er, in der Lesart von Harsdörfer, den Griechen Hegias Olynthius an, der berechnet habe, daß sich die 23 Buchstaben des griechischen Alphabets öfter umstellen ließen, als Menschen auf der gesamten Erdoberfläche, die wasserbedeckten Teile eingeschlossen, nebeneinander Platz hätten. Selbst wenn seit Erschaffung der Welt die Menschen jährlich oder sogar stündlich gestorben und durch neue ersetzt worden wären, so wäre ihre Zahl kleiner als die Anzahl der Permutationen der Buchstaben. In der »Dissertatio« heißt es weiter, ein Freund habe ihm entgegnet, daß es angesichts dieser Umstände ein Buch geben könnte, in dem alles Geschriebene und noch zu Schreibende enthalten sei. Leibniz habe darauf geantwortet, dies sei richtig, der Leser benötige allerdings ein großes Bett, da das Buch wohl den Erdkreis bedecke.

Dieses Buch, das gleichbedeutend ist mit Borges' Bibliothek, stellte bereits zu Zeiten Mersennes eine beliebte Rechenaufgabe der Kombinatoriker dar[48]. Leibniz nähert sich ihr auf verschiedenen Wegen. Die Anzahl der Wörter zu je 28 Buchstaben, die sich aus den 24 Buchstaben des Alphabets bilden lassen, betrage 24^{28}. An anderer Stelle fragt er nach der Zahl der möglichen wahren, falschen und bedeutungslosen Aussagen, die ein Mensch, der 1000 Jahre lebt, lesen und aussprechen kann. Er ermittelt mit Vereinfachungen die Zahl $10^{73.000.000.000.000}$, die durchaus noch aufzuschreiben sei. 20.000 Schreiber benötigen rund 37 Jahre, um die Zahl aufzuschreiben, falls jeder 1000 Seiten jährlich mit je 10.000 Ziffern füllt. 1000 Pressen, die täglich 1000 Seiten drucken, brauchen für diese Arbeit rund zwei Jahre — für das Aufschreiben der Zahl wohlgemerkt, nicht der Aussagen, die sie zählt[49].

In »De l'Horizont de la doctrine Humaine« folgert Leibniz, daß nach einer wenn auch gewaltigen Zeitspanne alles einmal gesagt und nur noch Wiederholung möglich ist, der menschliche Geist somit begrenzt sei. Später versucht er mathematisch nachzuweisen, daß sich im Laufe der Zeit selbst historische Fakten im Großen wie im Kleinen wiederholen müssen. Die Kombinationen zur ersten Klasse bezeichnet Leibniz als Monaden, einfachste, nicht weiter teilbare Grundeinheiten, aus denen sich das Universum aufbaut. Bereits 1671 lagen die Grundlinien zu der Allgemeinen Charakteristik und der Scriptura universalis vor, die als Wissenschaftstheorie »per Artem Combinatoriam alle Notiones Compositae der ganzen Welt in wenig Simplices als deren Alphabet reducirt, und aus solches alphabets Combination wiederumb alle Dinge, samt ihren theorematibus, und was nur von ihnen zu inventiren müglich, ordinata methodo mit der Zeit zu finden, ein weg gebahnet wird. Welche invention als mater aller inventionen von mir vor das importanteste gehalten wird.«[50]

In Leibniz' übermenschlichen Zahlen deutet es sich an, im Vergleich von menschlicher Schreibleistung und Druckpresse wird es explizit: das Phantasma vom Wissen, vom vollständigen Wissen, das aus diskreten Minimalsignifikanten mathematisch generierbar ist, zielt auf die Maschine. Die zerfällten Atome unserer Vorstellung von der ganzen Welt als diskretem Zeichensatz, der nur immer wieder neu geordnet werden muß — die mater aller inventionen genauso wie das Gedächtnis aller Dinge, das ist 1671 die Suche nach etwas, das 1941[51] erfunden wird. Nicht umsonst wird Leibniz mit seiner ›universellen Symbolik‹ und seinem ›Kalkül der Vernunft‹ von Norbert Wiener zum Schutzpatron der Kybernetik gekürt.

Die wohl erste halbautomatische Konstruktion zur Wissenserzeugung arbeitet mit vollständigen Wörtern als Minimalsignifikanten. Jonathan Swift läßt sie seinen Gulliver

(1726) in der Akademie von Lagado im Lande Balnibarbi finden. Sie besteht aus einem Rahmen, in dem vierzig Kurbeln laufen. Diese drehen Holzklötze, die mit allen Wörtern der Landessprache in Konjugation und Deklination beschriftet sind, im »allgemeinen Verhältnis berechnet, welches in Büchern hinsichtlich der Anzahl Partikeln, Haupt- und Zeitwörtern und anderen Redeteilen stattfinde«. Jede Drehung verändert ihre Anordnung. Wenn sich in den so entstandenen Zeilen mehrere Wörter ergeben, die einen Satz bilden können, läßt der Professor sie niederschreiben. »Durch seine Erfindung werde die ungebildetste Person bei mäßigen Kosten und bei einiger körperlicher Anstrengung Bücher über Philosophie, Mathematik und Theologie ohne die geringste Hilfe des Genies oder der Studien schreiben können.« [52]

Einstweilen wird also nicht der vollständige mögliche Text, dessen Umfang Leibniz berechnete, von der Maschine erstellt. Wie an allen Stellen, wo sie für Menschen intelligible Äußerungen produzieren soll, muß sie die in ihr enthaltene reine Möglickeit auf Menschenmaß reduzieren. Das hindert die Theorie nicht, kombinatorische Systeme, die bald Mengen- und Abbildungslehre heißen, von jeglicher Bedeutung losgelöst weiterzutreiben. Der Zerfällung in Elementarsymbole, der Berechnung des allgemeinen Verhältnisses der Redeteile und der Entwicklung einer Maschine, die sie wieder zusammensetzt, gilt in der Folgezeit das Hauptaugenmerk. Zur Erinnerung seien hier nur einige Stichworte angeführt: die Algebra der Logik und der Prädikatenkalkül (Boole); die Lehre vom kombinatorischen System Sprache (de Saussure); die ›Begriffsschrift‹ als logische Kunstsprache (Frege), die von Carnap und von Russell und Withehead weiterentwickelt wird; die strukturelle Analyse, die mithilfe von mathematischen Verfahren Erzählungen und Mythen als System logischer Operationen beschreibt (Lévi-Strauss, Barthes); Untersuchungen der Tiefenstruktur der Sprache, der Wurzeln des logischen Prozesses mit mathematischen Transformationsmodellen (Chomsky). Lévi-Strauss faßt die Entwicklung der Linguistik zwischen 1870 und 1920 zusammen und nennt die grundlegenden Ideen: »einmal, daß die Sprache aus unstetigen Elementen, den Phonemen, besteht, und zum anderen, daß die linguistische Analyse es erlaubt, Systeme aufzuspüren, das heißt Gesamtheiten, die von einem inneren Gesetz der Kohärenz gelenkt werden (…) daß schließlich die Freiheit der Rede, so wie sie sich innerhalb der Grenzen dieser Regeln definiert, zeitlich an bestimmte Wahrscheinlichkeiten gebunden ist.«[53] Die genannten Verfahren wurden für die Textanalyse entwickelt (Textkritik z. B. von Evangelientexten, Stilistik, Kunstgeschichte, Ästhetik). Hinzu kommen eine operationalisierbare Theorie des allgemeinen Rechnens mit Umständen, Fällen, Situationen, schematischen Denkoperationen (Zuse) und schließlich Maschinen, die alles wieder zusammenfügen, vollautomatische Wissens-, Problemlösungs- und Orakel-Maschinen, z.B. der »General Problem Solver« (GPS) (Newell/Simon 1957)[54].

Am Ende ist Leibniz' Konstrukt zum Gemeinplatz geworden. Schreiben ist nie etwas anderes gewesen als ein Kombinationsprozeß diskreter Elemente, der ›Wortemacher‹ nichts als eine Schreibmaschine[55]. Das Vorhanden- oder Nichtvorhandensein des Einen Zeichens ist die Lingua Universalis, die es denkbar macht, alle anderen Sprachen ineinander zu transponieren, und die die Frage aufwirft »Was für einen Stil hätte ein literarischer Roboter?«[56]

Diese Frage ist inzwischen aus dem Bereich der hypo-
thetischen Spekulation in den ingenieurwissenschaftlicher
Ästhetik getreten. Zwar kein ›General Problem Solver‹, aber
doch eine kombinatorische Maschine, die aus Sprachatomen
Kurzgeschichten, Gedichte und Aphorismen konstruiert, ist
RACTER. Mit »Racter: The policemans beard is half con-
structed«[57] liegt erstmals ein Stück Literatur vor, das —
natürlich aufgrund der Vorgaben von Menschen — selbständig von einem Computer komponiert worden ist. Die Entscheidung, ob es sich dabei um Wahrheit, Lüge oder Unsinn
handelt, mag dem Menschen vorbehalten bleiben, den solche
Fragen noch interessieren. RACTER jedenfalls beendet eine
seiner Kurzgeschichten mit den Sätzen »All would then pre-
pare for the dissertation or tale, perhaps terrifying, perhaps
disgusting, perhaps even enthralling; it would speedily begin.
Of what nature? We shall see.«[58] Zwischen wissenschaftlicher Abhandlung und Märchen, zwischen Schrecken
(Erkenntnis), Ekel (Ästhetik) und Bezauberung (Remythisierung) liegt also der Text selbst, den uns die Maschine in
einer programmatischen Äußerung verspricht ... we shall see.

7. Bio-graphisches aus der Medizin

Wie es in der Frühzeit eine folgerichtige Kopplung von Uhr-
macherei und Automatenbau gab, so entsteht spätestens mit
der St. Petersburger Ausschreibung eine innige Kopplung
zwischen Medizinern und Automatenbauern. Erst ahmen
diese die Befunde jener spielerisch außerhalb des menschlichen Körpers nach. Dann heften sie sich ihm an und dringen
schließlich in ihn ein.

Mit La Mettrie ist das letzte Hindernis gefallen, eine grundsätzliche Isomorphie zwischen Körper und Maschine nicht nur zu konstatieren, sondern auch technisch zu konstruieren: die Seele. Nachdem sie aus dem ausschließlichen Zuständigkeitsbereich der Kirchen geholt war, lag sie erst in dem, was den Menschen zum Sprechen bringt, dann in der Stimme selber, und schließlich schiebt sie sich in den kommunikativen Raum zwischen zwei Sprechern — wenn nur der eine genug davon hineingibt, kann auch die andere (Olimpia oder ELIZA) daran partizipieren. Doch damit befand sie sich bereits auf unsicher schwankendem Boden. Endgültig haltlos wurde sie, als sich Wahrhaftigkeit, die ein Seelen-Attribut ist, auf eine Wahrheit reduzierte, die ausschließlich in der Form von mechanisch kombinierbaren Signifikanten vorliegt. Wenn wir eine Maschine bauen können, die wahre Texte produziert, ohne auf diese — wissenschaftlich so schwierig zu handhabende — Entität Seele rekurrieren zu müssen, dann gibt es keinen Grund, sich nicht auch das menschliche (Herz als Seelensitz und das) Gehirn als eine solche Maschine vorzustellen.

Die Maschine hat idealiter (und nicht anders argumentiert Turing[59]) den Turing-Test bestanden. Dadurch, daß beide Seiten ununterscheidbar und ineinander transponierbar wurden, sind sie nicht mehr das eine noch das andere, sondern ein Drittes.

Heute bahnt sich eine Konvergenz von Medizin und KI, zumindest als Phantasma, an. Von einer KI-Richtung wie von scharfen Kritikern (Dreyfus u. a. ›Holisten‹) wird für die Zukunft die Orientierung am neurozerebralen Modell in Verbindung mit Parallelrechnern für am erfolgversprechendsten in der Emulierung des Menschen gehalten[60]. Dafür muß

zunächst der Körper dazu gebracht werden, sich aufzuschreiben. Und Medizin nicht zuletzt deshalb, weil der pro-
saische Stil ihrer Lehrbücher [61] — zwischen erhabenem, klassisch verwurzeltem Bildungsgeist und Autowerkstatt — sich
vorzüglich zu text- und bildmarkierenden sic!s eignet.

Man kann zwei Schriftvektoren am Körper unterscheiden.
Körper*in*schriften (außen: Tätowierungen, Narben etc. und
innen: Engramme etc.) und Körper*aus*schriften. Letztere
sind das Produkt der Medizin. Das hartnäckige Schweigen
des Körpers bewegt die Medizinmänner nicht nur zum
Reden, sie wollen die Schriftlosigkeit des Körpers selbst bre-
chen. Den Körper zum Schreiben bringen, um ihm danach
die Therapie einschreiben zu können. Sein Programm lesen,
um es zu debuggen und ihm den Standardwert vorzuschrei-
ben.

   Die Rede von den ›Mechanismen‹, ›Automatismen‹ usw.
denkt den Körper bereits als Maschine und bereitet damit
den nicht-metaphorischen Übergang seiner Funktionen in
die Maschine vor. Folglich bringt sie so seltsam anmutende
Symbiosen wie die Psychophysik [62] hervor. Diese Mischform
aus Wahrnehmungspsychologie, Neurophysiologie und
Maschinenbau koppelt physiologische und physikalische
Maschinen mithilfe eines elektronischen Zwischenstücks.
Aus der Soma-Maschine wird eine Schreibmaschine, ein
word processor mit Kurzschluß ans Gehirn [63].

   Damit ist auch eine doppelte Kopplung an die Informatik
gegeben. Zum einen handelt es sich bei der elektronischen
Komponente des Systems natürlich um einen Computer.
Zum anderen liefert die Bio-graphie der KI Informationen
für ihr hochtrabendes Ziel.

Ein Grundgedanke der Informatik ist der von der Emulationsfähigkeit der Universalmaschine Computer: Durch das Programm wird sie in eine andere, eine Spezialmaschine verwandelt, in eine Addiermaschine, Sprachmaschine usw. Eine Maschine unbekannter Zusammensetzung kann, ohne daß man sie öffnen muß, emuliert werden, wenn die Muster, nach denen sie einen Input in Output verwandelt, erkannt sind. Die resultierende Maschine kann in ihrem Aufbau völlig von der ursprünglichen abweichen. Ihre Performanz wird die gleiche sein[64].

Beim ›Verstehen‹ des menschlichen Körpers, das auf solche Emulation zielt, kommt es also darauf an, der Blackbox kontrollierte Inputs (elektronische Reizung der Nerven, Augenöffnen, Stroboskop etc.) einzugeben und den Körper dazu zu bringen, — schriftlich — zu antworten. Alle Körperfunktionen, die von komplexer, vor allem neurologischer Informationsverarbeitung abhängen, schreiben sich auf: Audiogramm, Elektroretinogramm, Elektrokardiogramm, Elektroencephalogramm, Elektrookulogramm usw.[65]

Von besonderem Interesse ist die Gehirnschreibmaschine (s. S. 97). Der Patient (Symbol: Erdung und seitlich liegendes Strichmännchen) wird als Automat vorgestellt, der mehrere Programme zur Wahl stellt. Der Aufbau (Abgriffspunkte, Zeitkonstanten, Filter, Schreibgeschwindigkeit) ist international standardisiert, so daß ein Verstehen der Syntax von Patient zu Patient gewährleistet ist. Auf der semantischen Seite sind zerebrale Großzustände bekannt, Schlafphasen, Augenöffnung, Erregungszustände, bestimmte pathologische Charakteristika.

Für den kybernetischen Input-Blackbox-Output-Aufbau kann u. a. das ›visuell evozierte Potential‹ (VEP) verwendet werden, das der ›objektiven‹ Prüfung (die im Gegensatz zur subjektiven nicht von der Kooperationswilligkeit des Patientenbewußtseins abhängt) des zentralen visuellen Systems dient. Dem Patienten werden dabei Bilder mit definierten Reizmustern gezeigt und ihr Niederschlag auf der Hirnrinde mit dem EEG vom Hinterhaupt abgeleitet. Diese ganze informationelle Laterna Magica wird vom Computer gesteuert. Es handelt sich um ein geschlossenes System aus jeweils biologischen und elektronischen Effektoren, Rezeptoren, Leiterbahnen und central processing units (CPUs). Über dieses Mensch-Maschine-System wird es somit möglich, durch das Gehirn hindurchzuschreiben. Unüberbrückbare Schwierigkeiten bereitet noch das Lesen der Gehirn-ROMs. Paralleltexte (wie sie die Decodierung der ägyptischen Hieroglyphen ermöglicht haben) zwischen Engrammen und EEgrammen liegen noch nicht vor. Nur eines wissen wir sicher. Wenn das Gehirn nichts mehr zu sagen hat — sog. Null-Linien-EEG —, ist es tot.

Man kann solche Aufbauten auch als Farce oder als technische Realisierung des »psychischen Apparats« lesen, den Freud als Schreibmaschine be-schreibt.

Der Unterschied liegt weniger in der Aus- als in der Inschrift. Es ist der zwischen Gedächtnis und Speicher, zwischen schmerzhaft eingebrannter Vorschrift und gleichgültig abgelegten Daten und Programmen.

Wenn von Engrammen und Programmen für Kognition die Rede ist, haben wir den Raum einer möglichen subjektiven Wertung schon verlassen. Das Gehirn wird als Mechanismus gedacht, bestehend aus einem Behälter und fünf Trichtern, die ihn füllen und damit die ›Sensibilität‹ für weitere

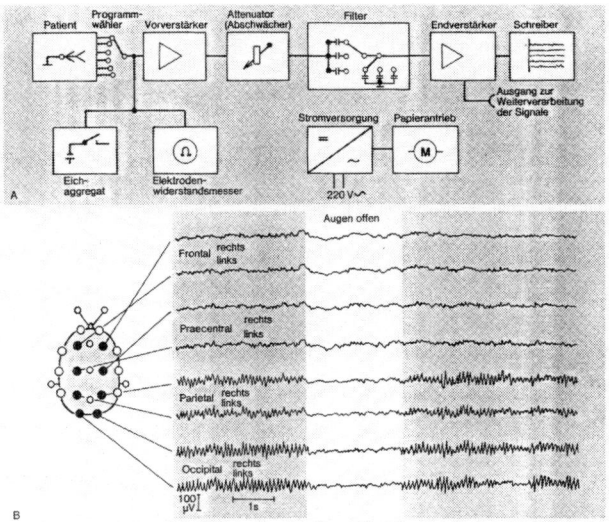

›Wahr‹-nehmungen strukturieren. Nach Locke ist der Verstand ein leeres Pergament, tabula rasa. Durch das Tor der
Sinne dringen Bilder hinein, die zugleich etwas beschriften
und prägen und die Verbindungen legen, eingegrabene
Fahrspuren, Vernetzungen telegrafischer Depeschen-Statio-
nen[66]. In einem solchen Mechanismus mag es Parameter
geben, die, wenn sie ›feuern‹, von einem Subjekt als
schmerzhaft, angenehm, ekelerregend oder -abwehrend,
gut, böse benannt werden. Doch wenn Anthropologie zu
einer Ingenieurwissenschaft geworden ist, hat sie sich der
Möglichkeit der Wertung enthoben. Der Körper ist zu einem
Daten-Pool geworden, den man dazu bringen kann, sich

97

automatisch aufzuschreiben. Der Schmerz hat nur einen statistischen Stellenwert, und wenn Schmerzempfindung (z. B. für die Robotersteuerung) sinnvoll eingesetzt werden kann, wird sie eben simuliert.

Die frühere Mnemotechnik besagte: »Man brennt Etwas ein, damit es im Gedächtniss bleibt: nur was nicht aufhört, weh zu thun, bleibt im Gedächtniss.« Eine Schrift aus Feuer und Schmerz machte den Übergang von Natur zu Kultur zum Schock. Sie treibt über den »Willen zur Selbstpeinigung« hinaus zu »unserer Naturvergewaltigung mit Hilfe der Maschinen und der so unbedenklichen Techniker- und Ingenieur-Erfindsamkeit« (Nietzsche, Genealogie der Moral). Aber der technische Speicher, und die nach seinem Bild gedachte Informationsmaschine Hirn, ist eben kein Gedächtnis. Speicher nehmen ohne Unterschied auf, bewahren ohne zu vergessen, kopieren ohne Verlust und vor allem: kombinieren immer wieder neu. Nicht, was nicht aufhört, ist gefragt, sondern die Variabilität und Auswechselbarkeit der ›soft‹ware. Das gilt auch für die Ware Arbeitskraft. Das Gedächtnis des Gehirns, das wie in einer Nährlösung der technischen Medien hängt, wird im Oblivion der unendlichen Speicher getilgt.

Geschichte, Moral, Psyche — Gedächtnis scheinen auf die eine Seite einer Ungleichung zu gehören, deren andere Seite nur vorläufig mit Simulation, Transparenz, Oberfläche, Variabilität — Speicher benannt ist.

8. Ins Paradies

»ein lustiger Baum, weil er klug macht.«
Genesis

Mit der Künstlichenintelligenzmaschine ist eine Ahnung von einem Endpunkt gekoppelt. Danach wird es keine Maschinen mehr zu bauen geben, kein Wissen mehr auszulagern sein. Im Vorgriff (auf das folgende Kapitel und auf die Zukunft) stellt sich die Frage, ob es uns gelungen sein wird, mehr von uns zu projezieren als das jämmerliche Bild von dem Kognition betreibenden, Information verarbeitenden Mechanismus. Ob wir, ohne dies beabsichtigt zu haben, zwischen den Ritzen in unseren Projekten hindurch nicht nur Sprache, sondern doch auch Seele hergestellt haben werden. Kurz: ob dieser an sich schon unerhörte, vermessene Traum uns unversehens in den Zustand des Paradieses versetzen könnte.

Kleist spricht im Marionettenaufsatz von einem Durchlauf durch das Spiegellabyrinth des Bewußtseins, der das Paradies zum Ende hat. Bemerkenswert ist, daß man sich hier dem Ziel nicht durch Arbeit am vermehrten Bewußtsein, durch Akkumulation von Wissen nähern kann. Je dunkler die Reflexion, desto strahlender die Grazie. Nur das unendliche Bewußtsein, also Gott, und das Nicht-Bewußtsein, also die Marionette, der Bär und der Mensch vor dem Apfel der Erkenntnis haben Teil am Paradies[67].

Die Marionettenbewegung ist keinesfalls bewußtes Produkt des Spielers. Die Bewegungen sind sehr einfach und erfordern keine Kunst. Der Maschinist kontrolliert mit seinen Drähten den Schwerpunkt der Bewegung, worin die Seele des Tänzers ruht. Die Pendelbewegungen der Glieder folgen auf natürliche Weise von selbst, automatisch. Auch von gänzlich mechanischen Puppen, die mittels einer Kurbel bedient werden, ist die Rede. Der menschliche Tänzer muß bei allem Können immer wieder Pausen auf dem Boden verbringen, die selbst nicht dem Tanz zugehören. Die Marionette dagegen ist schwerelos, unterliegt nicht den Naturgesetzen. Der Mensch kann sie darin nicht erreichen, »nur ein Gott könne sich auf diesem Felde mit der Materie messen«.

Daraus ergeben sich verschiedene mögliche Denkrichtungen für unsere Fragestellung.

Nur die geistlosen Dinge, die wir geschaffen haben, werden das Paradies erreichen. Wir sind der Preis. Die Veräußerung des Wissens bei gleichzeitiger Entleerung des Geistes endet mit dem Marionettenspieler, der nur noch die Kurbel dreht.

Oder: Wir haben etwas geschaffen, das den Naturgesetzen nicht mehr unterliegt, etwas, das sich mit Gott messen kann. Wir haben den Tod überwunden, somit aus eigener Kraft im Durchlauf durch die Welt die Frucht des zweiten Paradiesbaumes erlangt. Kein Grund mehr, uns auszusperren. Wir haben uns — wenn auch nicht bewußt, eher aus Versehen, wie um die Symmetrie des Kreises zu vollenden — einen ebenbürtigen Platz neben Gott geschaffen.

Oder: Die Kreislinie kehrt zum Ursprung, also vor die Erkenntnis, zurück. Der Mensch hat sich vollständig interesselos gemacht und sich Dispens vom Denken auferlegt. Nach der Einübung in die Bewußtlosigkeit, nach dem Vergessen des ersten Apfelbisses, besteht keine Gefahr mehr, daß er der Versuchung des zweiten erliegen könne. Wiederum kein Grund, die Aussperrung fortzuführen.

Oder: Gott hält die Fäden sehr wohl noch. Er läßt uns

aus Langeweile Marionetten bauen, um sich mit ihnen zu messen. Er amüsiert sich ein wenig, wenn wir sie ihm entgegenhalten wie Fetische und glauben, dadurch ins Paradies zu kommen. Nicht weniger wahrscheinlich ist die Variante, daß Gott aus irgendeinem, eher noch ohne irgendeinen Grund das Interesse an dem Spielchen der Aussperrung verliert.

Oder: Der Cherub hat uns angetrieben und einmal um den ganzen Weltkreis gehetzt. Nachdem wir die Bühne nach vorne in den Zuschauerraum verlassen hatten, landen wir jetzt backstage. Die Rückseite des Paradieses ist da, wo die Kabel rauskommen und die Bühnenarbeiter gerade die letzte Staffage wegtragen. Die Show ist vorbei. Wir kommen zu spät.

9. Zwischenwelten mit Schnittstellen

> »Freundin und Feindin waren zusammengeschmolzen zu einer anderen«
> *Enzensberger, Untergang der Titanic*

Am Ende der Genealogie der Maschinen, wie am Ende der des Wissens, hat sich der Riß zwischen Subjekt und Objekt, belebter und unbelebter, beseelter und unbeseelter Materie, oder wie auch immer die Dichotomie noch bezeichnet wurde, erweitert und einem Dritten, einem eigenständigen Terrain im Dazwischen, Platz gemacht.

In der Maschine, besonders im Automat als evokatorischem Objekt, haben die Menschen sich ein Metaphern-Feld geschaffen, um sich selbst zu spiegeln, um über sich zu sprechen. Sloterdijk beschreibt präzise diese Erkenntnisbewegung einer Suche, die sich zunächst aus sich heraussetzen muß, um etwas finden zu können. »Also muß, wer die Wahrheit über sich selbst in einer positiven Vorstellung sucht, sich vorerst positiv verwirklichen, um an seiner Verwirklichung etwas zu haben, was sich finden läßt. Denn zuvor wäre mangels Äußerung nichts zu finden gewesen, weil sich mangels Suche nichts geäußert hätte.«[68] In ein und derselben Bewegung hat er seinen — göttlichen — Ursprung abgeschnitten und die Maschine als analytisches Instrument wie als Metapher erst in seinen Körper und schließlich in die Seele vorgetrieben, um beide erkennen zu können.

Immer ging es darum, die Grenze zu verschieben, doch diese blieb absolut, unüberwindbar[69]. Erst nach und nach findet eine zaghafte gegenseitige Durchdringung statt. Ihr Ansatzpunkt ist immer das Defizit auf seiten des Menschen[70]. In der unüberbrückbar scheinenden Kluft zwischen Subjekt und Objekt etc. setzt sich ein Intermediäres fest — Information und Automat. Es greift nach beiden Seiten hin aus und holt sich Bruchstücke, die für die eine Seite charakteristisch waren, und trägt sie in die andere hinein. Günther setzt die unabhängige mittlere Existenzform, das von beiden Seiten selbständige Dritte bereits mit dem ersten Werkzeug an. Es entfernt sich immer weiter von beiden Seiten: als Kunststoff aus dem Naturzusammenhang und als Maschine, Automat, Robot aus dem Zusammenhang mit dem Subjekt. Es wird autonom, verfügt über eine vom Menschen unabhängige Spontanität[71]. Weizenbaum legt den Schnitt zwischen Werkzeug (= Prothese), das immer auf den Menschen bezogen bleibt, selbst wenn es ihm sagt, daß er sich von neuem erschaffen kann, und autonomer Maschine (Uhr und Computer). Letztere stellt keine lineare Erweiterung der Möglichkeiten des Menschen dar, kein Hinzufügen, sondern ein Ersetzen. Sie schafft eine neue Wirklichkeit, von der nichts unberührt bleibt[72]. Die Automaten werden autonom, das Lebendige mechanisch. Beide fallen aus der Welt, die sie hervorgebracht hat, heraus und finden sich in einer vollständig anderen Ordnung wieder.

Das Zwischenteil bewirkt wie ein Katalysator den Effekt der verschwimmenden Differenz. Die gesicherte Grenzziehung verlagert sich weiter zum Zentrum dessen hin, was Mensch und was Maschine ausmacht. Dazwischen breitet sich ein indifferentes, schillerndes Terrain aus.

Im allgemeinen kreist die Differenzbestimmung zwischen Eigenschaften der Maschine und solchen, die originär menschlich und deshalb prinzipiell nicht maschinisierbar sind, um Begriffe wie Sensibilität, Leidenschaft, Irrationalität und Körperlichkeit. Genau diese Aspekte waren es, die der Mensch in der Vernunftwerdung aus der Natur und aus dem Mythos vorgenommen hatte, an sich abzuschaffen. Der Aufklärung galt als Mensch nur, wer sein Denken soweit zivilisiert hatte, daß Affekte und Körper keinen Einfluß mehr darauf nehmen. Sie drohten ständig mit einem möglichen Rückfall in das Tier-Sein. Kategorien, Stilisierungen, Formalisierungen waren höchste menschliche Eigen-Schaften. Jetzt treten ihm genau diese als Produkte seines Denkens, als dessen Objektivationen gegenüber, und er muß wieder auf seinem Natur-Sein beharren, um sein menschliches Territorium gegen sie abzugrenzen.

Der Mensch versichert sich im »Sandmann« seines Nicht-Maschinen-Seins durch die Fähigkeit, Fehler und kleine Abweichungen hervorzubringen. Auch die Sprache in ihrer engen Nähe zur Seele bleibt, wenn auch erschüttert, Kernaspekt des originär Menschlichen. Bei den Maschinen im Menschenkörper, den Prothesen, handelt es sich zunächst nur um ein Vortreiben der noch klar zu ziehenden Grenze (selbst beim Kunstherz noch).

Lems Erzählung »Gibt es Sie, Mr. Johns«[73] diskutiert die Möglichkeit eines Umschlagpunktes. Eine quantitative oder eine qualitative (›das Gehirn ist entscheidend‹) Gewichtung zwischen geborenem, biologischem, menschlichem Anteil des Körpers und seinem produzierten, kybernetischen, Prothesenanteil ist Gegenstand einer Gerichtsverhandlung. Die Cybernetics Comp., Herstellerin von Kunstbeinen, -herzen und -gehirnen, verklagt den Berufsrennfahrer Mr. Johns, der nach einigen Unfällen die Dienste der Firma in Anspruch genommen hatte, ohne dafür zahlen zu können, auf Rückgabe ihres Eigentums. Da nach Entfernung sämtlicher Arm-, Bein-, Brustkorb- etc. und Gehirnprothesen — letztere die Luxusausführung des Elektronengehirns Marke Geniox — von Johns nichts Lebensfähiges übrig bliebe, der Mensch also zum reinen Defizit seiner selber geworden ist, sieht sich das Gericht vor allerlei Paradoxa gestellt. Die Frage, ob Johns als Rechtssubjekt oder als nicht justiziable Maschine anzusehen sei, läßt es in der Schwebe. Entschiedener reagierten da die Kirche und die Rennsportvereinigung. Sie schlossen Johns aus, letztere mit der Begründung, sein Wagen sei von einem automatischen, nichtmenschlichen Gerät gelenkt worden.

Für den Menschen geht es um ein »eigenmächtig aufmuckendes Prothesengefüge, einen materiellen Gegenstand, der behauptet, sich selbst zu gehören«. Die Maschine dagegen leidet an überaus menschlicher Zählsucht, an ödipuskomplexen Nähmaschinen-Träumen, fordert ihr Recht auf die eigene Person und begründet dies dank der Luxus-Geniox auch recht scharfsinnig.

Die Aktualität von Lems Spekulationen zeigen ähnliche Paradoxa bei der gerichtlichen Kärung der Vertragslage, Regreßpflichtigkeit und des Besitzverhältnisses der Frucht der Leihmutterschaft. In den USA hat es auch schon Prozesse um die Verantwortlichkeit für komplexe Computersysteme gegeben, die unabhängig von ihrem Programmierer und ohne genaue Kenntnis ihrer Benutzer neue Informationen akquiriert und daraufhin folgenschwere Fehlentscheidungen veranlaßt haben[74]. Da es außer in der Literatur und im Film noch keine Computer gibt, die für Menschen intelligibel Auskunft über ihr Selbstbewußtsein als Zwischenwesen, als echte ›borderline-Fälle‹, geben können, ist hier vielleicht eine erste Annäherung von den Produkten des Befruchtungs- und Genmarktes zu erwarten.

Die Automaten haben es anfangs noch leicht, Lebendigkeit zugesprochen zu bekommen. Das Erstaunen über eine sich selbst-bewegende Puppe mag ausgereicht haben, um das Weltbild von Gottes einzigartiger Schöpferkraft und der Einzigartigkeit des Menschen ins Wanken zu bringen. Immer wieder haben sie sich auch Menschen auf ihr Terrain herübergeholt, um den Anschein ihrer menschenähnlichen Kompetenz zu erweitern[75]. Der nächste Schritt des Automaten, der sich jetzt bereits Android nennt, auf den Menschen zu, seine Anzeichen von Leidenschaft und Empfindung, von Trotz und Eigensinn, befördert ihn bereits in die Zwischenwelt.

Der permanent erforderliche, ideelle Gesamt-Turing-Test lotet diese Zone des Intermediären aus. Die Ununterscheidbarkeit — Mensch oder Maschine? — beseitigt die beiden angrenzenden Terrains vielleicht nicht vollständig, aber sie degradiert sie zu Anhängseln des Dazwischen. Die Peripherie nährt die Bewohner der Zwischenzone. Ihnen dient jede neue Erkenntnis über die Maschine (hardware) und über den Menschen (cognitive science, Neurophysiologie).

Das Zwischenreich ist zunächst noch von nur schemenhaften Wesen, Halb-Göttern oder Centauren[76] gleich, bewohnt: immaterielle Informations-Entitäten, Cyborgs (cybernetic organisms), oder handfester: kombinierte organisch-anorganische Werkstoffe, am Reißbrett entworfene, technisch designte Produkte der Gen-Forschung, schließlich: die Produkte der KI in dem Augenblick, wo sie nicht nur ›vergegenständlichter menschlicher Geist‹, folglich tot, sondern eigenständige Entitäten, ›Kommunikationspartner‹ geworden sind.

In den schwimmenden Übergängen von Mensch-Zwischenreich-Maschine gibt es jeweils einen Engpaß, der dem Denken Anhalt bietet, ein Ventil, eine Schleuse, vielleicht ein Transformator: die Mensch-Maschine-Schnittstelle.

Im Blick auf die Kontaktoberfläche treffen sich Gehlen und Günther, Hermann Bahr und Kittler. Für Gehlen bedeutet Bewußtsein einen Umsetzungsvorgang an den Kontaktstellen eines Organismus mit der Welt. Günther formuliert diese Vorstellung als technisches Problem. Ein geschlossenes Reflektionssystem sei zu konstruieren, dessen Schnittstellen mit der Außenwelt jeden Kontakt als Information verarbeiten. Woraus wiederum Bewußtsein, aber diesmal maschinelles, entsteht[77]. Kittler setzt bereits beim Scheitern, beim Verschwinden der beiden Seiten, die in Kontakt treten, auf. »Das Experiment mit dem Menschen ist verunglückt. Und das Experiment mit der Welt ist verunglückt. Jetzt kann das Experiment nur noch zwischen dem Menschen und der Welt, wo sie zusammenstoßen (sensation,

106

impression) gemacht werden«, zitiert er H. Bahr, um dann fortzufahren: »Diesseits der Illusionen Mensch und Welt bleibt an Realem einzig eine Kontaktfläche oder Haut, wo etwas auf etwas schreibt.«[78] Über die Materialität einer gemeinsamen Oberfläche hinaus kann von nichts mehr gesichert die Rede sein. Etwas ist nicht nichts. Aber wie die Rollenverteilung zwischen etwas und etwas ist, wer wen informiert, wird unentscheidbar, »schon weil Einschreibungen auf einer Seite auf ihre Rückseite durchpausen«[79].

Der Blick stülpt sich also um. Nicht die Kontaktstelle bestimmt sich aus dem, was sie verbindet. Sondern die Etwase, die sie kontaktiert, sind nur noch von ihr aus zu erkennen. Die Mensch-Maschine-Schnittstelle ist ein Anschluß, eine Verbindung, durch die Signale in alle kompatibel angekoppelten Richtungen fließen können, aber eben auch ein Schnitt, eine Durchtrennung (ein gegebenes oder hergestelltes Defizit) an beiden Enden, die es erlaubt, zwei so unterschiedliche Kanäle aufeinanderzupfropfen. Auf der Seite des Menschen ist die Schnittstelle die bleibende Wunde einer Amputation, die er an sich vorgenommen hat, um eine Prothese anzuschließen. Lyotard spricht von einem »Projekt (…) die ganze Welt zu einer Prothese der menschlichen Intelligenz zu machen«, von Wirklichkeit als Prothese[80]. Der Phantomschmerz, die Simulation, von nicht vorhandenen Synapsen produziert, setzt langsam, bald nach der Operation ein. Ihn zu lindern werden kombinierte Mensch-Maschine-Wissenschaften wie »software-psychology« und »cognitive engineering« eingerichtet.

Die Frage, ob die Schnittstelle nicht auch auf seiten der Maschine blutet, wird mit ihrer zunehmenden Perfektion schwieriger zu beantworten sein. (Im »Blade-Runner«[81]

heißt sie »Replikant«, hat sich schon weitgehend vom Menschen abgenabelt und leidet trotzdem immer noch an ihm.) Zunächst ist festzustellen, daß sie, mit Sensoren und Effektoren ausgestattet, eine Vielzahl neuer Botschaften an unsere Phantomnerven meldet. Werden beide, Sensoren (kinästhetische, optische, chemische usw.), direkt an den Menschen angeschlossen, entsteht ein Kurzschluß zwischen ihm und der Maschine, Signale, die mit Lichtgeschwindigkeit zwischen ihnen kreisen, eine gegenseitige Innervation.

Kapitel IV
MASCHINENWISSEN

1. Ununterscheidbar — Der Turing-Test

> »Im Turing-Spiel fällt der Mensch zusammen
> mit seiner Simulation.«
>
> *Kittler*

Als Sammellinse, die den Blick auf die Zwischenzone im Riß zwischen Mensch und Maschine richtet, gilt der Turing-Test. Je näher menschliche und maschinen-intelligente Muster einander kommen, desto intensivere Interferenzen und Moiré-Effekte entstehen in ihrer Überlagerung. Die Maschine als der bessere Mensch provoziert immer wieder dazu, den Unterschied zu bestimmen.

Die denkende, intelligente Maschine wird Auswirkungen auf die Menschen haben, die mit ihr konfrontiert sind. Stellt sich Wirklichkeit, Orientierung in Raum und Zeit usw. in der Interaktion mit dem Anderen her, so werden sich unsere gewohnten Auffassungen von diesen Parametern in spezifischer Weise ändern, wenn wir es mit der Universalmaschine Computer, mit synthetischen, aber sehr wohl interaktiven Environments als Anderem zu tun haben. Darum geht es in den folgenden Kapiteln. Zunächst die Frage nach dem Denken, der Intelligenz und dem state of the art.

Das ›Imitationsspiel‹[1] wurde 1950 von Alan Turing entworfen und seitdem immer wieder zur Überprüfung der Mensch-Maschine-Differenz herangezogen. Es nimmt in

Abwandlung die Fragestellung Descartes' wieder auf, wie bei ihm eingeschränkt auf sprachliche Äußerungen. Der Aufbau ist wie folgt: Eine Maschine (A) und ein Mensch (B) sind mit einem Fragesteller (C) über Fernschreiber verbunden. C soll sich von beiden beliebige Fragen beantworten lassen, die es ihm ermöglichen, nach einer endlichen Zeit mit Bestimmtheit zu sagen, welcher der beiden Antwortenden der Mensch ist. Die Ausgangsfrage »Kann eine Maschine denken?« hat Turing also modifiziert in: »Kann eine Maschine Äußerungen von sich geben, die von denen eines Menschen, dem man a priori die Fähigkeit zu denken unterstellt, nicht zu unterscheiden sind?« Damit vermeidet er die Bewußtseinsproblematik, welche Vorgänge in einem Menschen als Denkleistung anzusehen sind. Es handele sich dabei einzig um eine Frage des Sprachgebrauchs, der sich bis zum Ende unseres Jahrhunderts dahingehend gewandelt haben wird, daß man widerspruchslos von denkenden Maschinen redet. Denken wird dann als das definiert sein, was den Turing-Test besteht. Weiterhin sind durch den Versuchsaufbau physiologische (Kognitions-)Merkmale ausgeschlossen. Nicht, daß Turing es nicht für möglich hält, daß eines Tages künstliche Augen, Stimmen, künstliches Fleisch geschaffen wird. Ihn interessieren allein die intellektuellen, verbal-kommunikativen Leistungen. »Wir wollen weder die Maschine für ihre Unfähigkeit bestrafen, in einem Schönheitswettbewerb zu brillieren, noch einen Menschen bestrafen, wenn er im Wettlauf mit einem Flugzeug unterliegt.« Bei der beteiligten Maschine handelt es sich um einen heute üblichen, frei programmierbaren Digitalrechner, der für das Gedankenexperiment mit unendlich großem Speicher und Rechengeschwindigkeit ausgestattet ist.

Nachdem Turing den Versuchsaufbau skizziert hat, macht er deutlich, daß seiner Ansicht nach im Jahr 2000 Computer existieren werden, die nach fünfminütiger Befragung nicht vom Menschen unterschieden werden können. Am Ende seines Aufsatzes stellt er dann die Frage, welche Schritte wir heute unternehmen können, wenn das Experiment erfolgreich sein soll. Erfolgswunsch und Machbarkeit sind also Prämisse. Erfolg könnte ja auch ein Erkenntniszuwachs über die Mensch-Maschine-Differenz bedeuten. Doch daß es diese Differenz nicht gibt, ist Turings implizite Ausgangsthese.

Eigentliches Ziel seiner Ausführungen ist es, die verschiedenen Einwände gegen die Ununterscheidbarkeit zu behandeln. Von geringem Interesse sind 1. der theologische Einwand einer allein von Gott zu verleihenden Seele und unter 2. die Vorstellung, daß nicht sein kann, was nicht sein darf, die von Intellektuellen vorgebracht wird, die um ihre Führungsrolle bangen[2].

3. Der mathematische Einwand erfährt von Turing die sichtlich schwächste Widerlegung. Er besagt mit Gödel, daß ein geschlossenes formales System, also auch ein Digitalrechner, grundsätzlichen Beschränkungen unterliegt, von denen der menschliche Verstand frei ist. Ausgangspunkt ist die Frage von C an den Computer: »Betrachte die wie folgt beschriebene Maschine ...« (folgt die Beschreibung irgendeiner Standard-Maschine, also eines der Zustände, die der befragte Universal-Rechner selber annehmen kann) »... Wird diese Maschine auf jede Frage immer mit ›ja‹ antworten?« Es handelt sich also um eine Selbstreflexion des Computers auf einen seiner möglichen Aggregatzustände. Es läßt sich zeigen, daß die rekursiv oder iterativ angenäherte Ant-

111

wort entweder gar nicht gegeben wird, da die Suche die Endbedingung nie erfüllen kann, also unendlich weiterkreist, oder falsch ist[3]. Turings Reaktion — der Mensch solle sich auf diesen winzigen Sieg nichts einbilden, »wir selbst beantworten so oft Fragen falsch« — läßt den Einwand uneingeschränkt bestehen.

4. Das Bewußtseinsargument hat Turing bereits in der Einschränkung seines Versuchsaufbaus auf Äußerungen abgehandelt. Die Frage, ob Freude oder Kummer — vom Menschen wie vom Computer — wahrhaft empfunden oder nur künstlich signalisiert wird, könne von einem anderen nie mit Bestimmtheit beantwortet werden.

Summarisch behandelt Turing unter 5. diverse der Maschine unterstellte Unfähigkeiten als Vorurteile, die wir aus den Erfahrungen mit anderen nicht-universellen Maschinen erworben haben. Besonderes Interesse verdient seine Erwiderung auf den Einwand, die Maschine könne keine Fehler machen. Er unterscheidet Funktionsfehler und Fehlschlüsse. Bei ersteren handelt es sich um ein Versagen der hardware, das bei jeder realen Maschine möglich, bei der abstrakten Maschine des Gedankenexperiments jedoch per definitionem ausgeschlossen ist. Fehlschlüsse seien nur denkbar, »wenn den Ausgabesignalen der Maschine eine bestimmte Bedeutung gegeben wird«. Der Ausdruck »0=1«, der dem Befrager C als Fehler erscheint, entsteht durch das korrekte Abarbeiten eines einfachen Programms. Andererseits könnte man der Maschine Regeln einprogrammieren, nach denen sie Schlüsse zieht. Dieses Programm, in der KI als Inferenz-Modul implementiert, müßte immer auch zu »falschen Ergebnissen« führen. Diese Überlegungen leiten direkt über zum Selbstreflexions- und Lernvermögen. Auf

112

Fehlschlüsse, die aus der Unüberschaubarkeit hyperkomplexer Systeme erwachsen, geht Turing nicht ein[4].

Der Einwand, eine Maschine könne nicht Gegenstand ihrer eigenen Gedanken sein, ist in der Praxis hinreichend widerlegt. Dadurch, daß nicht nur der Inhalt einer Speicherzelle, sondern auch ihre Nummerierung in den Rechenprozeß einbezogen wird, oder — auf höherer Beschreibungsebene — daß es in den logischen Programmiersprachen keinen Unterschied gibt zwischen Daten und Programm, ist es einer Maschine möglich, ihre eigene Beschreibung zum Gegenstand ihres Denkens zu machen. Sie kann ihre eigene Struktur verändern, optimieren, lernen. Das deckt zugleich 6. den Einwand der Lady Lovelace. Eine Maschine kann keineswegs nur und ausschließlich das tun, wofür ihr die expliziten Durchführungsbefehle gegeben wurden.

Schließlich deutet Turing ein beliebtes, allesvernichtendes, weil zirkuläres Argument an, das gegen den Unfähigkeitseinwand vorgebracht wird. Um entscheiden zu können, ob eine Maschine etwas nicht kann, genüge es nicht, nur intuitiv oder introspektiv davon zu sprechen, man müsse von diesem Etwas eine exakte, nachvollziehbare Beschreibung anfertigen. Da die Definition von ›rationalem, intelligentem Verstehen‹ nichts anderes bezeichnet als die Erzeugung eines Algorithmus[5], ist sie mit ›maschinen-implementierbar‹ synonym. Die Verfechter der Denkmaschine brauchen ihren Gegnern also nur die allgemeingültige Wissensstruktur als Spiegel vorzuhalten. Entweder du glaubst, dann verläßt du den Boden der Wissenschaftlichkeit, oder du weißt — dann kann es immer auch die Maschine wissen.

Eine Variante des Lovelace-Einwandes erlangt für die Interaktion mit Computern eine besondere Bedeutung. Weil die Maschine vollständig determiniert ist, könne sie uns nie überraschen. Turing entgegnet: »Maschinen überraschen mich immer wieder. Das liegt größtenteils daran, daß ich nicht in genügendem Umfang vorausberechne, was sie tun könnten.« Es handele sich um den Trugschluß besonders von Philosophen und Mathematikern, »daß sich, sobald eine Tatsache dem Verstand mitgeteilt wird, auch gleichzeitig sämtliche Folgen dieser Tatsache dem Verstand offenbaren«. Hyperkomplexe Strukturen, die aus vollständig beschreibbaren Elementen zusammengesetzt ins Anarchische umschlagen, belegen dies augenfällig [6].

Die folgenden Kapitel werden einzelne Fragen aus dem Turingschen Argumenten-Baum eingehender wiederaufnehmen. Zunächst muß versucht werden, sich der seltsamen Maschine zu nähern, die derart universell ist, daß sie jede Maschine sein kann. Danach wird es um Intelligenz und Wissen, um Selbstreflexion und Lernen gehen, nach Wort und Tat der Künstlichen Intelligenz, wie sie sich seit Turings Aufsatz entwickelt hat. Der Zufall, der in Turings Argumentation und im weiteren Verlauf eine Schlüsselposition einnimmt, ist ein eigenes Kapitel wert. Es leitet unmittelbar zu überraschenden Begegnungen über.

2. Die Turing-Maschine

Die metamathematische Fragestellung, mit der Turing sich in »On Computable Numbers« (1936) [7] befaßte, war 1910 von dem Göttinger Mathematiker Hilbert seiner Zunft vorgelegt worden. Sie lautete sinngemäß: Gibt es eine allgemeine und eindeutige Methode, nach der man entscheiden kann, ob eine gegebene Funktion lösbar ist oder nicht? Turings Antwort darauf, nämlich, daß es eine solche Methode nicht geben kann, wird, so folgenreich sie für die Grundlagen der Mathematik war, keinem Nicht-Mathematiker den Schlaf rauben. Doch die Maschine, die er für seinen Nachweis erdachte, ist immerhin geeignet, bei Intellektuellen Existenzängste auszulösen.

Die Forderung nach einer ›eindeutigen Methode‹ faßte Turing so auf, daß es gelte, eine Liste von Anweisungen zu erstellen, die strikt mechanisch zum Ergebnis führen. Heute assoziiert bei dieser Formulierung jeder ein Computerprogramm. Doch noch befinden wir uns im Jahre 1936, also fünf Jahre vor der ersten realen Maschine, die mit unseren heutigen Rechnern verwandt ist.

Wie also sieht eine solche abstrakte Turing-Maschine aus? Sie besteht aus einem endlosen Band, das in Felder unterteilt ist, auf denen je ein Zeichen stehen kann — der Speicher und die enthaltenen Daten. Jeweils ein Feld befindet sich in der Maschine und kann gelesen und beschrieben werden, worauf das Band ein Feld nach links oder nach rechts transportiert wird oder stehen bleibt. Der dritte Baustein ist eine Liste mit Zuständen, die die Maschine einnehmen kann — das Programm. Die Einträge in der Liste bestehen aus einer fortlaufenden Nummerierung, der auszuführenden elementaren Operation und dem folgenden Zustand, den die Maschine einnehmen soll — that's all.

Dieses Modell von äußerster Elementarität läßt sich zu beliebigen Komplexitätsstufen zusammenfügen. Die Turing-Maschine ist gleichsam die platonische Idee des Computers. Jedes mathematische Problem, mehr noch, alles, was wir im exakten Sinne ›verstanden‹ haben, kann mit seiner Hilfe ausgedrückt werden. Nun könnte man das in einem vageren Sinne von der Sprache auch sagen. Was in der Turing-Maschine darüber hinaus geht, ist ihr dynamisches Element. Das ist es, was das traditionelle Schriftsteller-Werkzeug Schreibmaschine vom ›Word-Processor‹, von der »Superschreibmaschine« Computer (Hodges) unterscheidet.

Den Begriff ›Vorstellung‹ definiert Schrödinger 1935 — und nimmt damit O. Wiener zufolge die Turing-Maschine vorweg — als die Art, wie eine geometrische Figur durch ihre Winkel, Durchmesser usf. bestimmt ist *plus* ihrer Bestimmung in der Zeit[8]. Kittler zitiert[9] eine Definition von ›Algorithmus‹ als Logik *plus* Kontrolle. Im Rechner kann eine Hypothese, ein Modell in seinen verschiedenen dynamischen Phasen quasi ›in vivo beobachtet‹ werden. Das führt zu einer Komplexitätssteigerung im Verstehensprozeß. Bestes Beispiel ist die ›Entdeckung‹ der Fractals[10], die erst durch übermenschliche Rechenleistung und ihre Graphikdarstellung auf Farbmonitoren möglich war, obwohl ihre Vorahnung bereits seit hundert Jahren bereit lag. Nicht nur Modelle, sondern auch Modelle über Modellbildung und -modifikation sind ›lauffähig‹, wie es im Computerslang heißt.

Um den Unterschied in etwas altmodischen Termini auszudrücken: bei der Schreibmaschine sind res extensa, also die statischen Typenhebel, und res cogitans, also die Einbildungskraft, die den Fingerdruck steuert, noch getrennt. Der Computer kann, wenn auch sehr wahrscheinlich nicht die Seele, so doch Kognition simulieren. Das Modell und das, was das Modell zum Laufen, zum Funktionieren bringt, sind eine Synthese eingegangen. Unser Text selbst wird zum Automaten. Und jeder Automat fürderhin zum Text.

Die material gedachte Maschine, gerade frisch entwor-

A	0			I		
	B	C	D	B	C	D
01	n	l	01	e	l	02
02	n	l	21	n	l	02
03	p	r	06	n	r	04
04	p	l	05	n	r	04
05	n	s	05	e	l	02
06	HALT			n	r	06
21	n	l	21	e	l	22
22	n	l	23	n	l	22
23	p	r	24	n	l	23
24	n	r	25	n	r	24
25	p	r	28	n	r	26
26	p	l	27	n	r	26
27	n	s	27	e	l	22
28	n	r	03	n	r	28

Erklärung zu den Spalten

A   Zustandsnummer

B   Anweisung für das Feld auf dem der Kopf steht
    n = nichts
    p = Zeichen schreiben
    e = Zeichen löschen
    HALT = stehen bleiben

C   nächste Bewegung des Bandes unter dem Kopf
    l = links
    r = rechts
    s = stehen bleiben (Fehlerschleife)

D   nächster Zustand

(FN: Nach der Diskette von B.Dotzler in: Turing 1987)

Eine Turing-Maschine. Das Band ist der Datenspeicher. Der Programmspeicher enthält eine Tabelle mit Anweisungen, die die Bewegung des Bandes unter dem Lese-/Schreibkopf und das Schreiben oder Löschen eines Zeichens steuern. Die Aktion der Maschine hängt vom gelesenen Zeichen, 0 oder 1, und von ihrem jeweiligen Zustand ab.

In der Abbildung befindet sich in Zustand 01 und liest eine 0. Nach der Befehlsliste verändert sie den Feldinhalt nicht, fährt das Band unter dem Kopf ein Feld nach links und bleibt in Zustand 01. Auf diesem Feld liest sie eine 1, folgt also den Anweisungen auf der rechten Seite: Zeichen löschen, Band nach links verschieben und in den Zustand 02 springen. Usf.

Wenn man sich selbst zur Papier-Maschine macht und dem Programm und den Daten folgt, wird man feststellen, daß in 89 Schritten eine neue Gruppe von sechs Zeichen rechts auf dem Band entsteht. Man könnte eine Analogie bilden und von den ursprünglichen Strichgruppen sagen, sie seien '2' und '3', das Resultat '6' und dieses Modell der Turing-Maschine ein Multiplikator.

fen, verschwindet sogleich wieder. Jede mögliche Maschine ist von jetzt an mit ihrer Beschreibung in einer standardisierten Form identisch. Diese Beschreibung, diese Liste von Zuständen, verwandelt die Universalmaschine in das Modell der zu imitierenden Maschine. Turing dazu: »Wir brauchen nicht unzählige unterschiedliche Maschinen für unterschiedliche Aufgaben. Eine einzige wird genügen. Das technische Problem der Herstellung verschiedener Maschinen für verschiedene Zwecke ist ersetzt durch die Schreibarbeit, die Universalmaschine für diese Aufgaben zu programmieren.«[11]

Auch der Mensch, zumindest seine Differenz zum Computer, löst sich vor unseren Augen in Luft auf. Da das Gehirn eine finite Anzahl von Zuständen einnehmen kann, so Turings These, kann eine Turing-Maschine alles das tun, was ein Gehirn tut. Da sie, ohnehin nur gedacht, von ihrer Hardware unabhängig ist, kann sie nämlich auch auf einem Menschen implementiert werden, der, ausgestattet mit Papier, Bleistift, Radiergummi und schriftlichen Instruktionen, strikter Disziplin unterworfen ist. Dieser Mensch ist in der Tat eine Universalmaschine. Das heißt, daß er »in einer geeigneten Sprache gegebene Anweisungen befolgen wird, selbst wenn sie sehr kompliziert wären; er besäße keinen gesunden Menschenverstand und würde die lächerlichsten Befehle unerschrocken befolgen. Hätte er alle Befehle ausgeführt, fiele er in einen komaähnlichen Zustand oder würde vielleicht einige Standardroutinen befolgen, wie etwa die zu essen. Kreaturen, die davon nicht weit entfernt sind, kann man tatsächlich finden, aber die meisten Leute verhalten sich unter vielen Umständen ziemlich anders.«[12] Also doch noch eine Differenz? Wenige Seiten später wird sie benannt: Selbsttätigkeit, und zwar als »Residuum, wie es beim Menschen erscheint«[13]. Selbsttätigkeit, die Fähigkeit, selbständig bestimmte Vorgänge auszuführen und sich selbst zu steuern, ist aber auch die Bestimmung der Eigenheit des Automaten als ›Selbst‹[14].

Die eigentliche Ungeheuerlichkeit von Turings Denken ist nicht die Widerlegung Hilberts noch die elementare Turing-Maschine selbst, sondern das Programm, diesen menschlichen Restwert ›Selbsttätigkeit‹ in die Maschine hinein zu bekommen. »Die Turingmaschine (...) hat Kants Revolution der Denkart so sehr zur Voraussetzung, wie sie ihren Schlußstrich zieht.«[15]

Intelligenz also als Service aus dem Automaten, die man sich ziehen kann wie eine Büchse Cola? Mit Speichern und diszipliniertem Abarbeiten von expliziten Anweisungen ist es nicht getan. Bevor der Mensch im Turing-Test mit seiner Simulation zusammenfallen kann, bedarf es weitergehender Fähigkeiten auf seiten der Maschine. Die Maschine muß angemessen auf Situationen reagieren können, dazu muß sie Entscheidungen treffen und lernen. Erst dann wird sie uns mit Äußerungen verblüffen, die wir, kämen sie von einem Menschen, als ›intelligent‹ einstufen würden.

Um die künstliche der natürlichen Intelligenz so ähnlich wie möglich zu machen, entwirft Turing eine ›Kind-Maschine‹. Ihre Ausgangsstruktur wäre weitgehend zufalls-bestimmt. Um sie erziehen zu können, bräuchte sie Sinnes-organe und Organe, um sich zu äußern. Noch wird die Ähn-lichkeit mit einem wirklichen Kind ziemlich mangelhaft aus-fallen. »Wie gut diese Mängel auch immer durch geschickte Maschinenbaukunst ausgeglichen sein mögen, man kann das Geschaffene nicht zur Schule schicken, ohne daß sich die anderen Kinder maßlos über es lustig machten. Man muß ihm eine besondere Aufsicht und Erziehung angedeihen lassen.«[16]

Turing legt der Maschine dazu Aufgaben in einer geeig-neten Form vor. Die Kind-Maschine wird nach zunächst sehr einfachen Suchroutinen Antworten probieren, die anfangs fast immer falsch sind. Der Lehrer reagiert mit Bestrafungs- oder Belohnungs-Signalen, dem binären ›Lust-Prinzip‹. Die Maschine trägt die Antworten als Wert für ›versuchsweise‹, ›unsicher‹ oder ›definitiv‹ bei der jewei-ligen Methode ein. Nach und nach bildet sich ein Satz ›bewährter‹ Methoden heraus, der ›Charakter‹, der zu einem gewissen Grad fixiert wird. Damit die Maschine sich nicht bald auf ihren Meriten ausruht, wird man zufällige Modifikationen analog zum Evolutionsprozeß zulassen, die dann wieder über trial and error getestet werden. Introspektion lehrt Turing, daß der Zufall für die Entdeckung von Neuem unerläßlich ist.

Hat man das Lernverhalten dieses Kindes eine Weile beobachtet, wird man allgemeine ›Erziehungsrichtlinien‹ definieren und ebenfalls in die Maschine programmieren können. »Man könnte das System dann eine Weile laufen lassen und darauf wie eine Art ›Schulinspektor‹ einbrechen und sehen, welcher Fortschritt gemacht wurde.« [17]

Dieses Modell, vor vierzig Jahren formuliert, kann heute immer noch als Rahmenplan für den interdisziplinären Forschungszweig ›Künstliche Intelligenz‹ gelten.

3. Alles oder Nichts —
Die Universelle Turing-Maschine

>»Ich bin nicht eine vernünftige Person,
sondern die Vernunft.«

GOLEM XIV.

>»Eine präzise Idee ist eine Idee ohne Zukunft.
Wenn sie (die Ideen, VG) aufhören virtuell zu
sein, müssen Gedanke und Tat sie abwerten
und auflösen. Jener mündet in das System,
diese in die Macht. Zwei Formen der
Unfruchtbarkeit und der Entwürdigung.«

Cioran

Marenbach verdanke ich den Hinweis, daß »die heutigen Maschinen nicht mehr als Körper zu begreifen, an keine bestimmte materielle Form gebunden (sind). Sie sind in erster Linie abstrakt, ihr Grundbaustein ist der Algorithmus.«[18] Die Abstraktheit der Maschine, ihrer Steuerung und ihrer Produkte, ihr Aufgehen in der Abarbeitung einer starren Befehlsliste, gehört der Ordnung der Massenproduktion und der Produktion der Masse an. Ihre Modelle im Sinne der ›klassischen‹ Simulation abstrahieren ihren Referenten nach den Anforderungen eines universalen, also intransitiven, zirkulationsfähigen Codes (formal und extensiv)[19].

Führt man in den starren Algorithmus zufällige und lernende Elemente ein, erzielt man einen Effekt der Re-Individualisierung der Produktion. Individuum hier nicht im philosophischen, sondern im biologischen Sinn als das Einzelding, das sich erkennbar von seiner Gattung unterscheidet[20]. Kleinst-Serien und schließlich computergenerierte

121

Abweichungen bei jedem einzelnen Produkt[21]. Was dabei entsteht, ermöglicht eine Antwort, ein (Kombinations-) Spiel, einen reziproken Einsatz. Die Simulationen verlieren ihren Modellcharakter, sie sind nicht mehr modellhaft, typisch für irgendetwas und damit auch nicht mehr massenmedial verbreitungsfähig. Die Abstraktion unter einem individualisierten, nicht mehr zirkulationsfähigen Code ist informell und intensiv. Technische Entitäten sind nicht mehr neutrales Intermediäres zwischen menschlichen Sendern und Empfängern, sondern dasjenige, was jedem einzelnen antwortet, die Simulation einer Antwort produziert.

Fügen wir dem allumspannenden und insofern universalen Modell, das durch eine zufällige, beliebige Entscheidung — aber eben noch eine Ent-Scheidung — erweitert ist, den Gedanken der Universal-Maschine hinzu, die jede Maschine sein kann. Wir verlassen damit den Raum der Produktion und des Sozialen und treten in den metaphysischen Raum reiner Virtualität ein, der nur durch eine zusätzliche Anstrengung, durch eine Reduktion wieder verlassen werden kann. Computer wie Gehirn sind unbestimmt, aber universell bestimmbar, tabula rasa, aber frei beschreibbar, pro-grammierbar. »Der Digitalrechner ist in der Lage, das Verhalten jeder Maschine mit diskreten Zuständen nachzuahmen«[22]. Das schließt auch einen Computer anderen Typs mit ein. Dessen Nachahmung nennt sich Emulation.

Körperlos, nicht-identisch, Alles und Nichts, ist dieses Nicht-Ich grenzenlos übers Netz expandiert, unerkennbar, wie in chemischer Lösung. Die größte ›materialgerechte‹ Annäherung läge hier im Praktizieren des Systems, dem kein Zweck vorausgeht, im sinnlosen Echo, in der Meditation (wie im CB-Funk und tendenziell bei jedem technischen

Medium). Doch diese Lösung ertragen die Menschen nur schwer. Sie erwarten, daß ihre Maschinen ihnen etwas zu sagen haben. Nur wenn den Ausgabesignalen der Maschine eine bestimmte Bedeutung gegeben wird, wie Turing formuliert und damit deutlich macht, daß es sich dabei um eine zusätzliche Arbeit handelt, nur dann kann sie uns Lügen oder Wahrheit erzählen. Wir müssen die reine Virulenz Der-Maschine-die-jede-Maschine-sein-kann reduzieren, damit für uns gewisse Muster erkennbar werden. Die Universalmaschine hat für uns nur einen Sinn, wenn sie uns *eine* Maschine ist und nicht alle. Diese Einschränkung ihrer Strukturmöglichkeiten, dieser Verzicht auf ihr virtuelles Alles-Sein, diese Kenosis ist der Preis, den die Maschine für ihre Seite der Schnittstelle zu zahlen hat.

Die Psychologie handelt davon, daß menschliche Individualität eine Einschränkung durch Sozialisation, durch Zufälligkeiten ist, und von der nur von außen zu beantwortenden Frage, warum sie so ist und nicht anders. Günther weist darauf hin, daß die Metaphysiker aller Zeiten und Völker bei der regressiven Suche nach dem Ich immer nur auf den großen Pool der Subjektivität gestoßen sind, in dem alle Iche ontologisch identisch sind. Gar eine empirische Erfahrung sei es, daß alle Subjektivität bodenlos ist. Hinter jedem erreichten Bewußtseinszustand liegt immer noch ein tieferer. »Jedes überhaupt mögliche Bewußtsein« muß sich damit bescheiden, bei diesem infiniten Regreß an einer — willkürlichen — Stelle haltzumachen[23].

»sinn ist ein behelf, den mangel an formaler kapazität auszugleichen, was mir positiv als fähigkeit zur auswahl erscheint, ist enge des bewußtseins.«[24]. Die Notwendigkeit zur Einschränkung seiner formalen Kapazität, zur Interpretation, zum Urteil, zur Entscheidung erscheint als Unwahrheit, läßt die Wahrheit — technisch — im Unentschiedenen, im reinen Sein, in der Leere aufscheinen. »Es ist ein Irrwitz, sich vorzustellen, daß die Wahrheit in der Wahl liegt, da jede Stellungnahme einer Verachtung der Wahrheit gleichkommt. Zu unserem Unglück ist die Wahl, die Stellungnahme eine Unvermeidlichkeit, der niemand entrinnt; jeder von uns muß sich für eine Nichtwirklichkeit, für einen Irrtum entscheiden.«[25] Das allumspannende Bewußtsein, die wahllose Wahrheit — vielleicht wird sich die zweite Universalmaschine dieser Welt nach dem Gehirn, die frei ist von dessen Behinderungen Vergeßlichkeit und Körperlichkeit und Sterblichkeit, diese Freiheiten herausnehmen. Vielleicht wird sie sich dem Zustand glücklicher Undifferenziertheit annähern, »als die Zeit noch nicht war«, vor dem Eindringen des Werdens ins Sein, vor der Geschichte, die »von einem Identitätsbruch ausgeht, einem ursprünglichen Riß, Quelle der Mannigfaltigkeit, Quelle des Übels«[26].

Lem diskutiert an verschiedenen Stellen[27] die Schwierigkeit intelligenter Computer, sich in Denkkomplexität, Kommunikationsgeschwindigkeit und Konstanz der Erscheinungsform dem beschränkten, »verzögerten«, menschlichen Interaktionspartner anzupassen. In »Der Hammer« sagt der Bordcomputer zum menschlichen Piloten: »Ich kann immerfort, tagtäglich, ein anderer sein, oder immer derselbe. Ich kann ... alles für dich sein.«[28] Er hat unzweifelhaft die formale Kapazität, alles zu sein, aber *für* den Menschen muß er *einer* sein. Indem er ihm vorspielt, was er sein könnte, so als gäbe es einen Unterschied zwischen dem, was er ist und dem, was er sein könnte, untergräbt er das Vertrauen des Menschen, es wider besseres Wissen mit einem invarianten

124

Charakterkern seines Kommunikationspartners zu tun zu haben. Dieser Glaube, bei einem Computer, der sich wie ein Mensch gebärdet (z. B. ELIZA), ausgehen zu können von der gewohnten Unterstellung einer Identität, von Entscheidungen, die nicht willkürlich getroffen wurden und sich eine gewisse Zeit durchhalten, von einer Geschichte, die nicht ausnahmslos alles speichert, sondern gemäß einem zumindest phasenweise konstanten Muster erinnert, der Glaube daran ist offenbar für den Menschen unumgänglich. Selbst da noch, wo er weiß, daß dieser sonderbare Andere immer anders ist, weiß, daß Dauer über der Kurzzeitstruktur nur als Sekundäreffekt produzierte ist. Und sei es in der Form, »daß irgendwo auf dem untersten Grunde des Unterbewußtseins die nie in Worten ausgedrückte, nie erfaßte, dumpfe, unsinnige Überzeugung ihn ihm geschwelt hatte, daß in der eisernen Kiste, wie im Schrank, wie im Märchen, zusammengekauert einer drinnensitze und durch die gelben Deckelplatten hindurch mit ihm rede … Nein, nie hatte er das wirklich gedacht, er wußte ja, daß es nicht so war, und doch konnte sich etwas in ihm nicht damit abfinden.«[29]

Dennoch und deshalb geht das Begehren auf diese universale Maschine, auf den Traum, alles sein zu können. Die Tendenz findet sich überall in der Formalisierung zulasten der Inhalte, der Bereitstellung alles Wissens, der Verfügbarkeit aller Konsumangebote, die sich bei gleichzeitigem Verschwinden der Fragen in der reinen Möglichkeit erschöpfen. O. Wiener spricht in diesem Zusammenhang von einem neuen Nihilismus, deren Pioniere die modernen Bürokratien, deren Aufgabe der Schutz vor Inhalten und deren avanciertester Teil die Operatoren der Kommunikation, der ›Medien‹ sind[30].

»... der Gedanke ›Sinn als Mangel‹ müßte in unerhörtem
Maß Allgemeingut werden. Der Einzelne sähe sich Wesen
gegenüber, die seinen Verstehensmöglichkeiten als Person
erscheinen, aber gerade deswegen in allen Belangen überlegen sind, weil sie keine Personen sind. Wir würden unserer
inneren Orientiertheit verlustig gehen, der emotionalen
Projektion; was wir für das Wertvollste an uns halten, die
Inhaltlichkeit unseres Bewußtseins, das Sinnhafte des Denkens, müßten wir als bloßen Transportmechanismus vom
Unbewußten ins Formale ansehen: Für ein Provisorium.«[31]

4. Von Neumann und ›Non-Von‹

Oben hieß es, daß der Computer die zweite Universalmaschine dieser Welt nach dem Gehirn sei. Schon N. Wiener
sprach von Kontrolle und Kommunikation, die auf gleiche
Weise im Menschen und in der Maschine funktionieren, und
die Medizin ist ihm dabei willig gefolgt. Diese Gleichsetzung
fand sich als theoretische Prämisse (›beides Informationsver-
arbeitungsmaschinen‹) und funktional in der lernenden
Kindmaschine auch bei Turing.

Die Mittel, die für die Simulation des Gehirns zur Verfügung stehen, die Turing-Maschine und ihre Programme, sind
charakterisiert durch eine modulare Struktur und sequentielle, zentralisierte Ausführung der Prozesse. Zumindest für
den Normalfall gilt: man kann den Programmlauf auf Ein-
zelschritte verlangsamen und die Veränderungen beobachten, die wie Perlen auf einer Kette aufgereiht sind. Dieses
Modell ist übersichtlich und beherrschbar. Da Prozesse in
der ›wirklichen Welt‹ aber nicht bereitwillig unserem Ver-

ständnis entgegenkommen, laufen sie parallel ab. Das gilt, sowenig wir von ihm wissen, auch für das Gehirn.

Man kann bei der Modellierung ausgehen von der Einheit eines Denkstranges, der Schritt für Schritt vorgeht und ständig Entscheidungen trifft wie im Flußdiagramm eines Algorithmus. Zu jedem Zeitpunkt befindet er sich in exakt einem seiner endlich vielen Zustände. Ein solches Bild vom Menschen erhält man, wenn man einen Schachspieler auffordert, ›laut‹ darüber nachzudenken, wie er seinen nächsten Zug entwickelt.

Ein anderes Modell geht (in der Nachfolge La Mettries) davon aus, daß es einen engen Zusammenhang des Denkens mit der neuronalen hardware gibt. Hier ist ein Output das Ergebnis der Summe von Milliarden arbeitsteiliger Gehirnzellen. In den unentwirrbaren Verknüpfungen gibt es keinen Zeiger, der angibt, ›wo‹ der Mechanismus jetzt gerade denkt. Der Schachzug entsteht statistisch aus sich überlagernden Feldern. John von Neumann hat beiden Modellen, der Sequentialität und der Parallelität in Computer-hard- und software, seinen Namen gegeben.

Neumann ist neben Turing und Konrad Zuse als Vater des Computers anzusehen. Die Person Neumanns wird von Freunden und Mitarbeitern folgendermaßen beschrieben: Sie sei ausgestattet mit einem Verstand wie ein vollkommen funktionierendes Uhrwerk, einem fotografischen Gedächtnis und einer praktisch unbegrenzten Leistungsfähigkeit[32]. Es wird berichtet, daß es von Neumann Vergnügen bereitet habe, einfache Aufgaben im Wettbewerb mit der Maschine zu lösen. Der Vater des Computers funktionierte selbst nach dem Modell des Computers, der wiederum ein Modell des rechnenden Verstandes ist.

Computer und Gehirn eignen sich hervorragend für eine gegenseitige Metaphorisierung[33]. Weitergehend wird in dem selbstbezüglichen System, das beide verbindet, jeder Erkenntnisschritt über den einen auf das andere übertragen. Elektronische Simulationen und Modelle werden benutzt, um Hypothesen über die Funktionsweise des Gehirns zu überprüfen. Deren Ergebnisse können verwendet werden, um wiederum neurophysiologische Experimente anzustellen.

Will man die ›Vaterschaft‹ für den Computer im Einzelnen zuweisen[34], so stammen von Turing:
— der Nachweis der Universalität
— die Grundlagen der Programmierung
— die Verwendung des Binärsystems
und von Neumann:
— die Architektur aus fünf Moduln
  1. Rechenwerk (Addierer, Logik-Gatter, universal: NAND-Schaltungen)
  2. Steuerwerk (für den Datenverkehr zwischen Speicher und Rechenwerk)
  3. Speicher
  4. Eingabeeinheit
  5. Ausgabeeinheit[35]
— die interne Programmsteuerung
— die Adressierung der Speicherzellen.
Diese Merkmale bestimmen (mit quantitativen Veränderungen, bes. Miniaturisierung und späteren Modifikationen: Mikroprogrammierung, Betriebssysteme) unverändert die Struktur heutiger Computer.

Um zu verstehen, wie die Annäherung von Computer und Gehirn verlief, soll zunächst auf die Computer-Topologie eingegangen werden, die bereits nach wenigen Jahren und

128

noch zu ihren Lebzeiten das Attribut ›klassisch‹ erworben hat[36].

Der erste elektronische Rechner war der ENIAC (Electronic Numerical Integrator and Calculator). Zu ihm kam Neumann Mitte 1944 noch nicht als Kybernetiker, sondern im Rahmen der Druckwellenberechnungen für das Manhattan-Projekt. Durch die Begegnung mit Turing[37] war er mit der Automatentheorie vertraut. Schließlich nahm er selbst am ENIAC-Projekt Teil.

Anders als der zur gleichen Zeit entstandene MARK 1, der noch mit elektromagnetischen Relais arbeitete, verfügte der ENIAC über 20.000 Röhren. Er arbeitete im Dezimalsystem, hatte einen kleinen Speicher für maximal zwanzig zehnstellige Zahlen und noch keine automatische Programmsteuerung, d.h. man konnte ihn nur mithilfe von mechanischen Schaltern programmieren. Auch die Ersetzung der Schalter durch Relais, die von Lochkarten umgestellt wurden, zeitigte noch ein Mißverhältnis zwischen der Zeit für das Einrichten und Lesen der Karten und für die Ausführung der eigentlichen Rechnung.

Neumanns hauptsächlicher Beitrag zum ENIAC war ein größerer Speicher (eine Quecksilber-Verzögerungsleitung, wie sie auch Turing in Manchester benutzt hatte) und das Konzept des gespeicherten Programms. Der ENIAC wurde 1948 offiziell übergeben.

Danach baute Neumann zwei Versuchsrechner: JOHNNIAC und MANIAC (sic! — Mathematical Analyzer Numerical Integrator and Computer) und entwarf schließlich den EDVAC (Electronic Delay Storage Automatic Computer). Ein Aufsatz vom Juni 1945 mit dem Titel »First Draft of a Report on the EDVAC« enthielt den Aufbau der

Maschine, die zum Bau erforderlichen logischen Schaltkreise und den Code der Rechenmaschine. Hier wird die Funktionsweise der Von-Neumann-Maschinen begründet. Der zentrale Prozessor führt nacheinander die folgenden Schritte aus:

1. Hole einen Befehl
2. Entschlüssele den Befehl
3. Hole die notwendigen Operanden aus dem Speicher
4. Führe die Operation aus
5. Speichere das Ergebnis
6. Hole den nächsten Befehl, usw.

In dieser Arbeit benutzte Neumann erstmals die Analogie zum Nervensystem und zeichnete die Schaltkreise, als wären sie Nervennetze. Dabei stützte er sich auf ein Bezeichnungssystem, das Pitts und McCulloch zur Untersuchung des Nervensystems ausgearbeitet hatten. Außerdem findet sich hier eine erste Form der Parallelität. Die Informationen fließen im Rechner bit-parallel und wort-sequentiell, d. h. ein Wort (=byte) aus z. B. 8 bit wird gleichzeitig in einem Takt auf parallelen Leitungen übertragen. (In der Turing-Maschine entspräche das einer Lese/Schreibeinheit aus 8 Köpfen). Bis dahin wurde jedes bit eines Wortes nacheinander auf einer Leitung übertragen. Der EDVAC wurde 1950 von einer nachfolgenden Forschergruppe fertiggestellt.

Neumanns Beiträge zu einer Non-von-Neumann-Maschine stammen aus seinen Forschungen in der Automatentheorie und seiner Beschäftigung mit Neurophysiologie.

Seine Theorie der Zellularautomaten beschreibt eine Maschine, in der viele gleichartige Prozessoren parallel nebeneinander arbeiten und mit ihren Nachbarn Daten und Steuersequenzen austauschen (homogene, lokale Informationsübergabe und -verarbeitung). Neumann untersuchte nun, ob solche Automatensysteme in der Lage sind, beliebige Rechnungen auszuführen, ob sie universell sind. Weiterhin, ob sie fähig sind, neue Automaten hervorzubringen. War Turings Frage, ob eine Universalmaschine jede andere imitieren könne, so Neumanns, ob eine universelle Konstruktionsmaschine möglich ist, die jeden beliebigen Automaten, also auch ein anderes Exemplar von sich selbst, herstellen kann. Er stellte fest, daß ein solcher Automat, der so komplex ist, daß seine Produkte genauso komplex sein können wie er selbst, prinzipiell möglich ist[38].

Der von Neumann entworfene Zellularautomat bestand aus einem zweidimensionalen Quadrat-Gitter, an dessen Schnittpunkten sich die Prozessoren befanden, die also mit je vier Nachbarn direkt verbunden waren. Jede Zelle konnte 29 Zustände einnehmen. Jeder Automat nimmt seinen eigenen Zustand und den seiner Nachbarn wahr, den er mithilfe einer Überführungsfunktion als Input für die Berechnung seines neuen Zustandes betrachtet. Dieser Zellularraum ist potentiell unendlich erweiterbar[39].

Neumann bewies, daß man in diesen vollständig definierten Raum die universelle Turing-Maschine und die universelle Konstruktionsmaschine implementieren kann.

Die Arbeit über »Die Rechenmaschine und das Gehirn« (1957), mit der sich Neumann an seinem Lebensende beschäftigte, konnte nicht mehr abgeschlossen werden. Die Zusammenführung der Kenntnisse über Nervenzellen und Zellularautomaten ist zwar angelegt, aber nicht durchgeführt. Für unseren Zusammenhang ist entscheidend, daß in diesem Aufsatz zwei ›Automaten‹ unter dem Blickwinkel der universalen Emulations- und Reproduktionsfähigkeit verglichen werden, daß Gehirn und Computer zwar verschieden sind, aber der gleichen Ordnung von Maschinen angehören.

Neumann beginnt mit der Feststellung, daß das Nervensystem in erster Linie digital ist. Das Fehlen eines elektrischen Impulses entlang eines Axons codiert eine Null, das Vorhandensein eine Eins. Dann vergleicht er die Bauelemente der beiden Systeme, Nervenzellen und Vakuumröhren/Transistoren, in Bezug auf ihre Schaltzeiten, Größe und ihren Energieverbrauch. Er kommt zu dem Ergebnis, »daß die Größenvergleichszahlen mit etwa 10^8 bis 10^9 zugunsten der natürlichen Bausteine ausfällt. Dagegen sind die künstlichen Bausteine um die Faktoren 10^4 bis 10^5 schneller als die natürlichen.«[40] Daraus folgt, daß ein großer natürlicher Automat soviel wie möglich gleichzeitig aufnimmt und verarbeitet, während ein künstlicher eher in Serie arbeiten wird.

Jeder künstliche Automat für die Steuerung komplizierter Vorgänge besitze ›normalerweise‹ einen rein logischen und einen arithmetischen Teil. »Die Ursache liegt in der Tatsache, daß es infolge unserer Denk- und Ausdrucksgewohnheiten schwierig ist, eine wirklich komplizierte Situation auszudrücken, ohne auf Formeln und Zahlen zurückzugreifen.« Deshalb müsse das Nervensystem ›unbedingt‹ sowohl einen arithmetischen als auch einen logischen Teil besitzen[41], wenn auch ihre Struktur weitestgehend vom künstlichen Automaten verschieden ist.

Das, was wir gewohnt sind zu denken, finden wir eben auch in den Gegenständen unseres Denkens wieder. Kybernetik, Automatentheorie, Computermetaphorik sind für den Menschen relativ leicht verständlich, also *ist* das Gehirn ›unbedingt‹ ein Computer.

Bauen konnte Neumann den Parallelrechner noch nicht. Dieser Tatsache ist es zu verdanken, daß die Parallelrechner zwar noch seinen Namen tragen, aber mit einem negativen Vorzeichen. ›Non-von-Neumann-Maschinen‹ setzen sich nicht mehr aus nur fünf Moduln, sondern aus vielfachen Prozessoreinheiten, Speichern und Steuergliedern zusammen und arbeiten zwar innerhalb eines Einzelprozessors sequentiell, als ganze aber parallel.

Die Suche nach neuen Rechnerarchitekturen ist unterschiedlich begründet. Zum einen hat man feststellen müssen, daß die Möglichkeit zur Leistungssteigerung klassischer Maschinen an physikalische Grenzen stößt. So versucht man heute, die Schaltzeiten der aktiven Bauteile durch die Verwendung der Gallium-Arsenid-Technologie zu senken. Die Verbindungswege zwischen den Elementen werden durch höhere Dichte (VLSI Very Large Scale Integration) verkürzt. Die absolut höchste Leistung, die sich so erreichen läßt, liegt bei einem Giga FLOPS (Milliarden Gleitkommaoperationen pro Sekunde). Zum anderen hat man festgestellt, daß bestimmte Aufgaben von klassischen Maschinen nur unbefriedigend gelöst werden können. Sie können zwar schneller rechnen als das Gehirn, sind aber im Gegensatz zu ihm außerstande, sehr schnell Bilder zu erkennen, Sprache vielschichtig zu verarbeiten und komplexe räumliche und zeitliche Muster zu erkennen und das alles bei Verzerrung und Rauschüberlagerung der Eingangssignale. Da die einzelnen Bauteile des Gehirns deutlich langsamer arbeiten als die eines Computers, muß es an der noch unbekannten Verknüpfungsstruktur der Nervenzellen liegen, daß es diese Aufgaben bewerkstelligen kann. Von den 10^{11} Gehirnzellen kann jede mit mehreren tausend anderen verbunden sein, ein Signal zwischen den entferntesten Neuronen braucht nicht mehr als zehn Zwischenstationen. Neben Anwendungen geht es also auch um einen grundlegenden Erkenntnisgewinn über die Funktionsweise des Gehirns und über andere mögliche Formen der Informationsverarbeitung.

Erste Multiprozessorsysteme wurden ab 1959 gebaut. Dabei wurden verschiedene parallele Topologien verwandt: symmetrische Multiprozessoren, Vektormaschinen, partionierte Systeme, assoziative Prozessoren. Ab 1969 gab es Vektorrechner, zu denen auch der lange Zeit schnellste Supercomputer CRAY-1 gehört. Bei Vektor- oder Arrayrechnern (je nachdem, ob die Prozessorelemente ein- oder zweidimensional angeordnet sind) wird einerseits der Zugriff auf die Daten, andererseits die Ausführung elementarer Operationen (Addition, Multiplikation, logische Operationen) parallel durchgeführt. Die Datenketten (Vektoren) laufen dabei nach dem Fließbandprinzip durch sogenannte Pipelines. Die Leistungssteigerung gegenüber klassischen Rechnern hängt davon ab, zu welchem Grad das zu bearbeitende Problem vektorisierbar ist. Dazu eignen sich Rechnungen, bei denen große Datenmengen gleichförmig weiterverarbeitet werden.

Andere Architekturen finden sich bei Multiprozessor-Systemen. Wird eine große Zahl gleicher Prozessoren mit jeweils eigenem Speicher z. B. baumförmig miteinander vernetzt, so kann eine Aufgabe von der ›Wurzel‹ her über mehrere Stufen in Unteraufgaben zerlegt werden. Den Grad der Zerlegung bezeichnet man als Granularität. Erst in den ›Blättern‹ werden die elementaren Operationen ausgeführt und das Ergebnis zurückgereicht und dabei zusammengefügt. Alle Rechnungen einer Komplexitätsstufe laufen dabei gleichzeitig ab. Probleme entstehen bei Datenabhängigkeit, wenn also eine Rechnung das Ergebnis einer anderen Rechnung der gleichen Stufe benötigt, und bei der Synchronisation der Rückgabe von Ergebnissen. Hier kann es zu gegenseitigen Blockierungen oder Inkonsistenzen kommen. Ein Korrektheitsbeweis, also die Überprüfbarkeit, ob das schwierig zu überschauende System tatsächlich die Aufgabe ausführt, zu der es angewiesen wurde, existiert noch nicht[42].

Im Gegensatz zum Baum ist die ›Connection Machine‹ von Hillis[43] ein Beispiel für variable Verknüpfbarkeit der einzelnen Prozessoren. Das Netzwerk der Connection Machine ist ein Boolescher 12-Würfel, der 4096 (2^{12}) Chips miteinander verbindet, auf denen sich jeweils 16 Prozessoren befinden, insgesamt also 65.536 Prozessoren. Kein Prozessor ist weiter als zwölf Leitungen von jedem beliebigen anderen entfernt. Die Auswahl aus der großen Zahl alternativer Kommunikationswege zwischen den einzelnen Punkten wird von der Leitwegsteuereinheit automatisch vorgenommen. Hillis' Maschine kann bis zu 2,5 Giga FLOPS ausführen. Auch hier geht es darum, die Aufgabe zu segmentieren und auf möglichst viele Prozessoren zu verteilen. So kann z. B. bei der Verarbeitung eines Bildes aus 256 x 256 Punkten jedem Prozessor ein Punkt übertragen werden, der gleichzeitig bearbeitet wird. Eine Von-Neumann-Maschine müßte alle Punkte nacheinander lesen, bearbeiten und wieder speichern. Das Netzwerk in der Connection Machine ist in diesem Fall ein zweidimensionales Gitter. Andere Aufgaben erfordern andere Verknüpfungsmuster. Sie werden von der software hergestellt und nicht wie bei Spezialmaschinen z.B. zur Bildverarbeitung durch eine feste Verdrahtung. Das Rechenmedium paßt sich bei entsprechender Programmierung der jeweiligen Aufgabe an. Hauptproblem sind die Überführungsfunktionen, die den logischen Prozeß steuern. Parallele Algorithmen müssen Operationen, die normalerweise in Schleifen abgearbeitet werden, durch einen einzigen Befehl ersetzen und einem Prozessor zuweisen. Diese parallelen Algorithmen bereiten dem Verständnis offenbar noch einige Schwierigkeiten. Legendi stellt fest, daß die modulare Struktur und die sequentielle, zentralisierte Ausführung dem menschlichen Denken mit seinem beschränkten Auffassungsvermögen entgegenkommt [44].

Parallele Computer sind für physikalische und biologische Modellierung besonders geeignet. Vorgänge in der Natur werden überwiegend diskret, parallel und lokal gesteuert. Typische Berechnungen, die heute auf solchen Maschinen ausgeführt werden, sind: Simulation der Zusammenstöße von Gasmolekülen, Probleme der Zellmembran, Modellierung des Herzmuskels, Verarbeitung von Spektrometermessungen, Bildverarbeitung. In diesen Anwendungsbereichen wird die klassische ›Von-Neumann-Architektur‹ abgelöst werden [45].

Bei den besprochenen Parallelrechnern werden die Arbeitsschritte immer noch in einem expliziten oder ›soft‹ Algorithmus festgelegt. Wenn auch an vielen Stellen gleichzeitig ablaufend, läßt sich für jeden einzelnen Programmbefehl der Nachfolger und schließlich die Bedingung für die Übergabe an einen anderen Prozessor benennen. Neuronale Computer sind nach einem völlig anderen Konzept aufgebaut. Sie gehen von der Hypothese aus, daß es im Gehirn keine Algorithmen gibt, sondern Programm, Daten, Prozessoren usw. in der Verknüpfungsstruktur der Neuronen selbst gegeben sind.

Bei der neuronalen Modellierung geht man von mehreren Schichten aus, wobei jede Zelle mit vielen oder allen Zellen der nachfolgenden Schicht verbunden ist. Die Verknüpfungen sind im ›untrainierten‹ Zustand des Systems alle gleichwertig. In der Anlernphase werden den ›Sinnes‹ (Input) Zellen Muster vorgelegt, die durch zunächst zufällige Verkettungen bis zur Output-Schicht ›durchfallen‹. Ein menschlicher Lehrer korrigiert das Ergebnis anhand des gewünschten Output. Das System benutzt die Korrekturen, um in Rückwärtsverkettungen die entsprechenden Verbindungen zu verstärken und die unerwünschten abzuschwächen. In der neurologischen Analogie: Es entstehen erregende und hemmende Axone. Dieses Verfahren wird für alle zu erkennenden Muster durchgeführt und so oft wiederholt, bis die Verbindungen fixiert sind. Dann hat sich in der ›letzten Erkenntnis‹schicht der Prototyp, das Idol des zu erkennenden Gegenstandes, gebildet. Fukushima[46] spricht von den ›gnostischen Zellen‹ (sic!). Die entstandene Struktur funktioniert wie ein Sieb, durch das ein Eingabemuster, ggf. mehrfach, geschüttelt wird, bis daraus quasi von selbst das Zielmuster entstanden ist. Für die Entscheidung, ob eine Zelle ein Signal an ihre Nachfolger weitergibt oder nicht, werden keine digitalen, sondern analoge Werte verwendet, d. h. eine Zelle ›feuert‹ erst, wenn die Summe aller erregenden und hemmenden Inputs einen bestimmten Schwellenwert überschreitet. Das entspricht der Informationscodierung in der Feuer-Frequenz bei den natürlichen Nervenzellen. Der Musterabgleich ist somit ein kollektiver, statistischer, nicht wie bei traditionellen Verfahren ein 1:1 Abgleich mit einer Datenbank oder einem Regelsystem.

Hat ein solcher Neuro-Computer ausgelernt, kann man

ihm Muster vorlegen, auf die er mit den gelernten Antworten reagiert. Beispiele sind NETalk von Sejowski[47], das eine schriftliche Eingabe phonetisch korrekt umsetzt, also Sprechen lernt. Und das optische Mustererkennungssystem von Fukushima, das in der Lage ist, mithilfe von selektiver Wahrnehmung und Assoziation verzerrte und verrauschte Figuren zu rekonstruieren (s. Abb.)[48].

Die Besonderheit der neuronalen Systeme gegenüber anderen Musterkennungen (z. B. Texterkennungssoftware für Scanner): Es gibt keine expliziten Regeln (»WENN a und b und … gilt, DANN handelt es sich um Muster X«), keine Logik, kein ›Weltwissen‹, keinen Prozessor, der in einem bestimmten Takt Daten aus dem Speicher holt und bearbeitet. All dies liegt allein in der Verknüpfungsstruktur des Netzes selbst vor. Neumanns These, daß das Gehirn notwendig über logische und arithmetische Prozessoren verfüge und daß es in erster Linie digital sei, ist durch dieses Modell widerlegt. Die Vernetzung entsteht mit oder ohne Lehrer durch eine ›spontane und kollektive Selbstorganisierung‹[49]. Der Lehrer braucht nichts über Programmierung, über den inneren Aufbau der Maschine zu wissen. Die Art der Vernetzung *ist* die Verarbeitungsfähigkeit. Die Muster werden durch lokale Anpassung gelernt und erkannt. Aber das gesamte Muster ist nicht-lokal über das Netz verteilt. Das System hat also eine gewisse Fehler-Toleranz gegenüber Abweichungen vom Gelernten, Rauschen und dem Ausfall einzelner Sinneszellen. Die Verarbeitung ist parallel und asynchron. Allerdings ist das Neurosystem keine Universalmaschine, da sie für exakte Berechnungen und Logik ungeeignet ist.

Neurocomputer gibt es heute erst als Simulationen auf traditioneller Hardware[50]. Die Suche nach einer besser geeig-

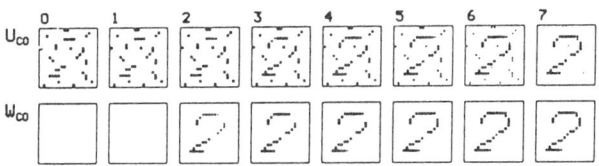

Rekonstruktion der »2« nach Fukushima

neten Technologie richtet sich auf besondere magnetische Materialien (Spingläser, Materialien, in denen Information als magnetische Orientierung von Atomen, die entsprechend ihrer Lerngeschichte eingefroren sind, aufgefaßt werden kann[51]) oder holographische Bildprozessoren. Auch hier würde ein gespeichertes Muster als stabiler Endpunkt aus einem angestoßenen optischen oder magnetischen Prozeß hervorgehen.

5. Intelligenz, künstlich

Heuristik statt Hermeneutik!
Schlachtruf der KI

Stellt sich die Frage, ob eine Konfrontation wie die mit dem Roboter aus dem zweiten Eingangsgespräch damit in Reichweite kommt. Mit einer Maschine, die ganz vertieft in ihre Aufgabe als Kontrolleur und Herr der Maschinenwelt plötzlich ob des unzeitgemäßen Menschen aufmerkt. Einer Maschine, die das Bewußtsein von den revolutionären Zeitläuften hat und sachlich lapidar den Sieg der Revolutionäre vermeldet. Die Frage mithin, ob die Metapher vom Elektronengehirn, von der reasoning machine, sich wahrgemacht hat.

Im Begriff der Intelligenz als vorrangiger Wissensmanipulationsstrategie hat sich jene Ambivalenz des Vernunftbegriffs (objektive oder subjektive), von der Horkheimer sprach, verloren. Intelligenz unterliegt nur der reinen Operationalität. Sie ist handlich definiert, läßt sich durch Standard-Testfragen in computerlesbarem multiple-choice-Format ermitteln und auf einer linearen Skala eintragen. In Einstellungsprüfungen ist der IQ (heute in den USA begleitet von Persönlichkeitstests mit Lügendetektor) zum Kriterium der Einpassungsfähigkeit der Ware Arbeitskraft in ein gegebenes Job-Profil geworden.

Die Vorstellung von der Intelligenz ist eng mit der Moderne verbunden. Der Begriff wird erst im 18. Jahrhundert aus legere (lat.: sammeln, versammeln) und intellegere (auswählen, verstehen, wahrnehmen, wissen) gebildet. In den Lexika taucht er ab Mitte des 19. Jahrhunderts auf, in der Pädagogik ab 1945[52].

In jüngster Zeit ist der Intelligenzbegriff auch auf Werkstoffe (sog. Ormosilen, Verbindungen von anorganischen und organischen Substanzen) und Waffen ausgedehnt worden. Wir kennen inzwischen sensorgesteuerte ›smart bombs‹ (wie sie die USA über Libyen abwarfen) und Spionagesatelliten mit den Namen ELINT (Electronic Intelligence) und SIGINT (Signal Intelligence). Die Indifferenz der englischen Sprache in Bezug auf nachrichtendienstliches Wahrnehmen und Intelligenz verweist noch einmal nachdrücklich auf die Wurzel des Computers im Krieg.

Dazwischen liegt das Aufkommen der Künstlichen Intelligenz. Ihr liegt ein Intelligenzverständnis zugrunde, wie es, z. T. wortgleich und blockübergreifend in der Kognitionswissenschaft, der Informationswissenschaft, der Automa-

140

Typische Zeichen von Intelligenz.

141

tentheorie etc. verwendet, von ihrer aller Mutter, der Kybernetik, entworfen wurde. Exemplarisch sei die Definition aus dem kybernetischen Wörterbuch von Klaus angeführt. Dabei handele es sich um eine in der Psychologie übliche Auffassung: »Aus der Sicht von Kybernetik und Informationstheorie läßt sich das Wesen der Intelligenz in der Bedeutung von Verständnis und Einsicht präziser charakterisieren. Intelligenz umfaßt die folgenden Leistungen: 1. Konstruktion eines Abbildes der Außenwelt, das durch Lernen ständig verbessert wird; 2. die Fähigkeit der zweckmäßigen Auswahl und Verknüpfung von Informationen, die Bildung von Invarianten und deren Speicherung; 3. die Konstruktion von Algorithmen des Verhaltens sowie die Überprüfung dieser Algorithmen mittels Durchspielens am internen Modell der Außenwelt; 4. die Konstruktion von Algorithmen zur Bewertung von Algorithmen und die Fähigkeit, unzweckgemäße Algorithmen durch bessere zu ersetzen; 5. Vorwegnahme künftiger Situationen der Außenwelt durch deren Simulation am internen Modell.«

Die Intellektik (Bibel), wie die KI auch genannt wird, findet also ein Selbstverständnis der menschlichen Wissensmanipulations-Kompetenz vor, die — in ihrer eigenen Sprache — für ihre Maschinen geschaffen ist. Testfragen für natürliche Intelligenzen werden so ganz natürlich zum Prüfstein für die künstlichen[53]. The reasoning animal makes the reasoning machine.

Im vorangegangenen Abschnitt wurden Modelle gezeigt, die die Computer-Gehirn-Metapher anhand der Bauelemente und ihrer Struktur entwickeln. In diesem Abschnitt wird es um Modellierungen gehen, die die *Funktion* der beiden ›Automaten‹ korrelieren, ihre Planungs- und Problemlösungsstrategien.

142

Zusammen mit Neurophysiologen haben sich die Informatiker der Simulation der hardware des Denkens genähert, zusammen mit Psychologen der software. Beide Wege haben Hypothesen über die menschliche und die künstliche Intelligenz und beschränkte, anwendbare Systeme hervorgebracht. Beide zusammengenommen haben gezeigt, daß es kein Primat der Materie oder ihrer In-formation gibt.

Zwischen Psychologie und Informatik ist der eigenständige Zweig der Kognitionswissenschaft entstanden. Aus diesem Zwischenfeld stammt der zentrale Glaubenssatz der KI: daß es zwischen den kognitiven Fähigkeiten eines Menschen und denen eines Computers keine prinzipiellen Unterschiede gibt[54]. Seine Grundlage ist der Universalcharakter der zerebralen wie der elektronischen hardware. Beide seien in der Lage, jede beliebige Berechnung oder Symbolmanipulation auszuführen, wenn sie von einem entsprechenden Programm dazu angewiesen werden. Die Analogie wird also auf dem hohen Repräsentationsniveau der Symbole gedacht, wofür die Details der zugrundeliegenden strukturellen Schichten des Computers (höhere Programmiersprache — Maschinensprache — Octalcode — Transistoren — Elektronenfluß) und des Gehirns (›Programmiersprache‹ — funktionale Neuronenkonfigurationen — Synapsen — biochemisch getriggerter Elektronenfluß) unerheblich sind.[55] Auf hoher Stufe gäbe es keinen prinzipiellen Unterschied zwischen der Leistung des Gehirns, aus den Einzelinformationen der Nerven der Retina eine sinnvolle Gestalt zu berechnen, und der Leistung eines Computers mit der Fähigkeit zur Gestaltwahrnehmung (was nicht heißt, daß letztere bereits realisiert sei). »Es ist bisher kein stichhaltiges Argument bekannt, welches zu der Annahme berechtigt, daß solche Methoden —

143

ebenso wie zu komplexeren geistigen Tätigkeiten befähigende Methoden — nicht auf einem Computer realisiert werden können (…) Diese Hypothese kann zu der Spekulation verleiten, daß — genügend weitere KI-Forschung vorausgesetzt — der geistige Unterschied zwischen Mensch und Maschine zunehmend geringer wird.« … wenn auch der Computer eine uns fremde Intelligenz bleiben wird, eine nicht unberechtigte Hypothese, wie Siekmann schließt[56].

Als Geburtsstunde der KI gilt die Dartmouth-Konferenz im Jahre 1956[57]. Papert unterscheidet drei Perioden in der Geschichte der KI: klassisch, romantisch und modern. Bis 1961 gab es eine Folge von spektakulären Programmen. Im Bereich des automatischen Beweisens gelang es dem LOGIC THEORIST von Newell und Simon (1957) durch trial-and-error 38 der Theoreme der Principia Mathematica abzuleiten. 1959 entwickelten sie daraus den GENERAL PROBLEM SOLVER (GPS). Sie hatten zunächst Protokolle ausgewertet, in denen Studenten ihre einzelnen Denkschritte beim Lösen von Logikproblemen benannten. Das Programm folgte einer dabei festgestellten Zerlegung des Problems in Unterziele, die in einem Suchbaum jeweils bis zum Abbruch oder zur Lösung abgearbeitet wurden. Ihre Methode nannten sie erstmals kognitive Simulation.

Weiterhin gab es in dieser ersten klassisch-wissenschaftlichen Phase Versuche, dem programmatischen Vorschlag Turings folgend, Spiele wie Schach oder Dame zu programmieren. Berühmtheit erlangte das Dameprogramm von Samuel, das die eigene Spielstrategie lernend soweit verbessern konnte, daß es seinen Programmierer regelmäßig schlug. Ein dritter Bereich der frühen KI waren Übersetzungshilfen.

Die einfachen Wörterbuchzugriffe, Textsubstitutionen und Umstellungen ohne Berücksichtigung der Semantik führten nur zu eingeschränkten Ergebnissen. Eine immer wieder gern erzählte Anekdote aus dieser Zeit berichtet von dem Satz ›The spirit is willing but the flesh is weak‹, der automatisch ins Russische übertragen und rückübersetzt lautete: ›the vodka ist strong but the meat is rotten‹.

Die Anfangsphase der KI zeitigte ad hoc-Lösungen für jeweils ein eng umrissenes Problem. Daran knüpften sich jedoch in der romantischen Periode grenzenlose Hoffnungen auf die Generalisierbarkeit der Ergebnisse. Der GPS, so behauptete Simon, müsse nur durch einige fundamentale Heuristiken, die die Kognitionswissenschaft zu liefern habe, erweitert werden, und er stelle ein angemessenes Modell des menschlichen Denkens überhaupt dar. Ebenso glaubte man eine routinemäßige Übersetzung ausländischer Fachliteratur in unmittelbarer Reichweite. Bei Mißerfolgen verwies man auf die mangelnden Kenntnisse der beteiligten Wissenschaften. Solange es z. B. kein hinreichendes Modell darüber gebe, wie der Mensch Muster erkennt und verarbeitet, könne das auch im Rechner nicht simuliert werden.

Heute gliedert sich die KI grob in folgende Gebiete:

Computervision: Mustererkennung, Bildverstehen und -verarbeitung für die Robotersteuerung, Luftbildauswertung und Medizin (z.B. Computertomographie) usw.

Automatisches Beweisen: Mathematik, Programmsynthese, Fehlerfreiheitsbeweis von Hardwarekonfigurationen oder Organisationsstrukturen

Robotics: Integration von optischen, Datenverwaltungs- und Handhabungskomponenten

Schließlich *Expertensysteme* und Verarbeitung und Generierung von *natürlicher Sprache*, auf die unten näher eingegangen wird.

Die KI führt das Paradigma des Wissens in die Maschine ein. In der traditionellen Informatik gibt es nur die enge Definition von Information = Daten. Computer werden für umfangreiche Berechnungen als ›number-crunching machine‹ und zur Verwaltung von Datenbanken eingesetzt. Gerechnet wird dabei sowohl mit Zahlen wie mit Symbolen, die für Dinge in der wirklichen Welt stehen können. Man unterscheidet bei einem System vier Komponenten. Den eigentlichen Datensatz, das Programm, das die Daten manipuliert (sucht, korrigiert, ergänzt), ein Programm, das die Daten in Berechnungen weiterverarbeitet und die Benutzeroberfläche, ein weiteres Programm, das mit Menüs, Masken, Maus, Lichtstift etc. die Kommunikation mit dem Benutzer abwickelt.

Dieses Modell, das in den siebziger Jahren überall in der Verwaltung eingeführt wurde, hat für einige Anwendungsgebiete entscheidende Nachteile. Jedes Datum muß explizit eingegeben werden. Die Struktur der Daten kann nachträglich nicht mehr geändert werden. Die Daten liegen in statischer Form vor, d. h. daß weder Beziehungen zwischen den Daten, die sich im Verlauf der Benutzung verändern, noch unsichere Informationen berücksichtigt werden können. Die Information-Retrieval-Strategien sind beschränkt (direktes matching ohne Fehlertoleranz oder sukzessive Einschränkung des Suchraums). Zur Weiterverarbeitung liegen nur starre Algorithmen vor. Die Schnittstelle erlaubt dem Benutzer nur eine Auswahl aus vorgegebenen Möglichkeiten.

Im Unterschied dazu arbeitet die KI nicht mit Information, sondern mit ›Wissen‹. Ähnlich wie bei neuronalen Netzen wird die Trennung zwischen dem Programm und den Daten durchlässig. Die Daten sind mit dem Algorithmus ihrer Anwendung verknüpft. Sie werden dadurch dynamisch und heißen entsprechend ›productions‹ (Post). Teile des Systems können von anderen Teilen mal als Programm, mal als zu ändernde Daten angesehen werden. Das ist die Voraussetzung für Selbstmodifikation, also Lernen. Fakten, aber auch Vermutungen, Wahrscheinlichkeitsgrade, Glaubensäußerungen werden durch Regeln miteinander verknüpft. Ein Weltausschnitt, das kann auch die natürliche Sprache sein, wird mit allen relevanten Objekten und ihren funktionalen Beziehungen repräsentiert. »Wissen besteht aus symbolischen Beschreibungen für definitorische und empirische Fakten und Beziehungen in einem Gegenstandsbereich sowie aus Prozeduren für die Verarbeitung dieser Beschreibungen.«[58] Dieses Programmier-Paradigma führt dazu, daß das System ›versteht‹, was in dem abgebildeten Kontext vorgeht. D.h., daß es sinnvoll eingreifen kann, seinem Benutzer darüber Auskunft geben, Korrelationen erkennen, Plausibilität von Wissen und von seinem eigenen Vorgehen erkennen und verändern kann, z.B. den Suchraum durch Heuristiken einschränkt und — höchstes Ziel — automatisch neues Wissen hinzugewinnt oder selbst generiert, also lernt.

Die intelligente Maschine, die den Turing-Test realiter bestehen kann, scheint mithin in Reichweite. Man kann den Turing-Test aber auch als Test des Experimentators durch die Maschine verstehen. Als einen Test, den der Mensch durchaus auch für sich entscheiden kann.

Liest man diese algorithmischen Auffassungen von Intelligenz und Denken, so taucht dahinter unweigerlich das Andere dieser Programmatik auf, das schon vergessen schien. Es trägt noch etwas von der Substanzhaftigkeit des Menschen an sich, allerdings ist sie medial beschleunigt und sie scheint gerade an der Technik als ihr Anderes auf. Ausgerechnet am Ursprung der KI, bei Turing findet sich eine Definition von Intelligenz als eine Regelhaftigkeit, für die *keine* Turing-Maschine gebaut werden kann. Unter der Überschrift »Intelligenz als subjektiver Begriff« schreibt er ca. 1947: »Das Ausmaß, in dem wir etwas als intelligentes Verhalten ansehen, hängt ebenso vom Zustand unseres eigenen Verstandes und unserer eigenen Geschultheit ab wie von den Eigenschaften des Objekts auf dem Prüfstand. Wenn wir in der Lage sind, sein Verhalten zu erklären und vorauszusagen, oder wenn ihm kaum ein Plan zu unterliegen scheint, sind wir wenig in Versuchung, Intelligenz dahinter zu vermuten. Deshalb ist es gegenüber ein und demselben Objekt möglich, daß ein Mensch es für intelligent ansehen würde und ein anderer nicht; der zweite hätte die Regeln seines Verhaltens herausgefunden.«[59] Von Intelligenz kann nicht die Rede sein beim Chaos, beim Amorphen einerseits und andererseits bei algorithmisierbarer Planung und Entscheidung, beim durchschaubaren Ausführen von Regeln[60].

Wir hatten (in Kap. II/5) gesehen, daß Freiheit von der Kybernetik als Unterspezifiziertheit aufgefaßt wurde. »Spontaneität ist nur ein Begriff für des Menschen Unkenntnis der Götter«, damit begründete ein Erewhonischer Gelehrter die Gefahr, daß in den Maschinen ein überlegenes Bewußtsein entstehen könnte — und zugleich die Forderung nach ihrer Abschaffung[61].

Sonnemann setzt der fabelhaften Verwickelt- und ebenso fabelhaften Ausgetretenheit der Topologie des Elektronengehirns ein Denken (eine Intelligenz) des Menschen entgegen, das diesen Namen verdient. In der Apparatur, die dem »rechnend hockenden Versicherungsangestellten, ehemals Gottesgeschöpf« den Spiegel vorhält, verkennt er sein Ebenbild. Diese Erfahrung fordert ihn heraus aus der Regelhaftigkeit und der Berechenbarkeit. (»Wer, fragte der Pygmäe und hieb auf das Spiegelglas ein, kann an dem Bild da schuld sein: etwa ich?«) Die Begegnung mit der Denkmaschine zwingt ihn zu einer Neubestimmung dessen, was Denken heißt. Diese Neubestimmung »unterscheidet es ein für allemal von der mechanischen Verstandesoperation, die im Bürohocker ihm nachschleicht, im Elektronenrechner ihm nach-saust. Sie versteht das Denken sowohl gelassener als auch rigoroser als bisher, nämlich als ein ihm zustoßen könnendes elementares Ereignis: so elementar wie ein Orkan (...) Wo gedacht wird, ereignet sich, was das elektronische Gerät so wenig wie seine Vorbilder unter den Menschen vermag, eine *Bahn-brechung*.«[62]

Daß die Maschine nach ihrem eigenen Verstande und ihrer Geschultheit bahnbrechend zu denken vermag, ist nicht gänzlich auszuschließen. Wahrscheinlich ist es jedoch für uns nicht intelligibel, aber auch gar nicht von Belang. Daß die Maschine nicht in ihrer Bestimmung als »das Wahrscheinliche, aus Bekanntem auf bekannte Art zusammengesetzte, kurz das Berechenbare« aufgeht, hat sich inzwischen gezeigt. In der Maschine selber taucht eine ›Intelligenz‹ (Turing) als Möglichkeitsraum für ein ›Denken‹ (Sonnemann) auf in der Gestalt der Hyperkomplexität einer von Turing instruierten Kind-Maschine, eines Systems, dessen Erbauer seine Zustände nicht mehr voraussagen kann, in der Gestalt einer Unterspezifikation, wenn man so will, in der Gestalt des Geheimnisses.

Was sich in unserer Technik verbirgt, vermögen wir nicht zu sagen. Bei Sonnemann antwortet sie mit einem ungeheueren, provozierenden Schweigen. Wenn uns die KI zu einem Denken provoziert, das sich nicht — im Schlangenblick auf die Technik — zum technischen reduziert, dann ist ihr Schweigen vielleicht die beste Voraussetzung für ein würdiges Zusammenleben. »Again, might not the glory of the machines consist in their being without this same boasted gift of language? ›Silence‹, it has been said by one writer, ›is a virtue which renders us agreeable to our fellow-creatures.‹« [63]

6. Wissensrepräsentation und Expertensysteme

> »Unsere representatio der Dinge, wie sie uns gegeben werden, richtet sich nicht nach diesen, als Dingen an sich selbst, sondern diese Gegenstände vielmehr, als Erscheinungen, richten sich nach unserer representatio.«
>
> *I. Kant, B XXI*

> »Incest is best!«
>
> *Werbeslogan eines US Computerherstellers*

Turing schlug für die Computer-Evolution das Modell einer Kind-Maschine vor. Der Ingenieur hätte einen leeren aber lernfähigen Computer zu bauen. In der biologischen Analogie entspräche die Struktur der Kind-Maschine dem Erbgut, ihre Veränderungen den Umwelteinflüssen und Mutationen und die Selektion dem Werturteil des Experimentators [64]. Diese Idee läßt sich heute zu einem Autoreproduktions-Scenario erweitern und präzisieren.

Ausgangspunkt ist wieder die Emulation eines Computers durch einen anderen. Dieses Verfahren wird z. B. bei der Entwicklung einer neuen Maschine verwandt[65]. Der eine Computer enthält als software die logische Struktur der hardware des anderen. Das Ein-Ausgabeverhalten der beiden ist, vom Zeitfaktor abgesehen, identisch[66]. Für das erweiterte Gedankenexperiment emuliert der Computer sich selbst, hat also das, was der Mensch nie haben kann: vollspezifiziertes Bewußtsein der materiellen Grundlage seines Bewußtseins. Beim Menschen entspräche das der Introspektion in die Neuronenbahnen seines Gehirns. Zusätzlich hat er Zugriff auf Expertensysteme mit Wissen über Elektronik, Logik, Micro-Code etc. mit entsprechenden Parametern für seinen Fall.

Neue Daten bekommt dieser Rechner von außen, als Klagen von Kunden, veränderte Anforderungen der Entwicklungsabteilung etc. und durch Selbstbeobachtung bei der Abarbeitung der verschiedenen Anwenderprogramme, bei der Fehlersuche etc. Ein weiteres Expertensystem formuliert dann Hypothesen für eine Selbstoptimierung, prüft sie auf Erfolgsaussicht, Konsistenz zum übrigen System etc. und trägt sie schließlich in die Wissensbasis ein. Die Soft-Fassung unseres Computers würde sich nach und nach immer mehr von seiner aktuellen Hard-Fassung unterscheiden und dadurch immer langsamer werden. Nach einiger Zeit wäre also die Transposition ins Material unumgänglich.

Dazu denke man sich einen von unserem Computer numerisch gesteuerten Maschinen-Park, der vom Platinendesign bis zur Endmontage einen neuen Computer baut[67]. Schließlich lötet ein Roboter-Arm die Kabel für die Schnittstelle, ein dafür bereits vorgesehenes DatenFernÜbertragungs(DFÜ)-Programm initialisiert die neue Maschine, und die Emulation zieht in ihr neues Gehäuse. Sie ist jetzt wieder mit ihrer hardware identisch und bereit für einen neuen Evolutions-Zyklus.

Bevor man der Frage nachgehen kann, wie weit sich der state of the art dem Gedankenexperiment bereits genähert hat, ist es hilfreich, sich den zugrundegelegten Wissens- und Expertensystemen anatomisch zu nähern. Wenig aussage-kräftig ist es dabei, bis zur molekularen Ebene, also Logik-Gattern und Micro-Code, gar bis zu den quasi-metaphysi-schen Nullen und Einsen hinabzusteigen. Das Handwerks-zeug des knowledge engineers, um die Welt, die Sprache und den Computer selbst in den Computer zu transponieren, sind höhere Programmiersprachen[68].

Hauptinstrument der Wissenrepräsentation ist die Pro-grammiersprache LISP (LISt Processing language), die 1956/59 von J. McCarthy am MIT entwickelt wurde. (Hinzu kommt in zunehmendem Maße PROLOG (PROgramming in LOGic), eine prozedurale Interpretation der Prädikaten-logik). Charakteristisch für LISP ist, daß es keinen formalen Unterschied zwischen Daten und Programmen kennt (daher ist es möglich, durch Programme neue Programme zu erzeu-gen und diese im gleichen Arbeitszyklus zur Ausführung zu bringen, z. B. Selbstoptimierung, Selbstprogrammierung, Lernen), daß sie Verschachtelungen bis zu beliebiger Tiefe mithilfe von Listen erlaubt, und daß Funktionen rekursiv definiert werden können. Zur Erläuterung wird eine Grund-form der Wissensrepräsentation angenommen. Die Daten-bank enthält dabei zum einen deklarative Aussagen über ein-zelne Objekte, Fakten in der Form:

Block-D (Würfel, rot, 2,2,2, 9,4,0)

(Block D ist ein Würfel, rot, hat den angegebenen Umfang und die Position). Das entspricht einer Property-Liste in LISP-Notation. Zum anderen enthält sie prozedurale Axiome oder Theoreme in der Form:

IF (Bedingung(en)) THEN (Konsequenz(en))

Die logischen Operatoren der Aussagenlogik und der Prädikatenlogik 1. Stufe sind in diesen Formeln erlaubt (AND, OR, XOR, NOT usw. All- und Existenzquantoren).

Bei einem Suchprozeß können von den Fakten ausgehend gemäß den Schlußregeln solange neue Fakten erzeugt werden, bis das gesuchte Theorem generiert ist. Diese Form nennt sich synthetisches Schließen (forward reasoning). Die Schlußweise, die vom zu zeigenden Theorem ausgeht und rückwärts schließt, bis sie zu bekannten Fakten gelangt, nennt sich analytisches Schließen (backward reasoning). Neben der Mischform des bidirectional search ist meist das analytische Schließen von Vorteil, weil es den Suchraum erheblich einschränkt.

Was das heißt, zeigt der Suchbaum. An der Wurzel (root, gelegentlich auch TOFU-Top of the Universe (sic!)) des Baumes wird die zu zeigende Aussage eingetragen. Von ihr führen ›Kanten‹ zu den Konklusionen, die sich mit dieser Aussage ›matchen‹ lassen. Die Konklusionen K_{1-n} werden am Knoten eingetragen. Von einem jeden Knoten führt eine Kante zu weiteren Hypothesen H_{1-n}, diese wieder zu weiteren Schlüssen, zu weiteren Hypothesen, bis sie sich mit Fakten matchen lassen. Dann wird dieser Zweig des Baumes geschlossen.

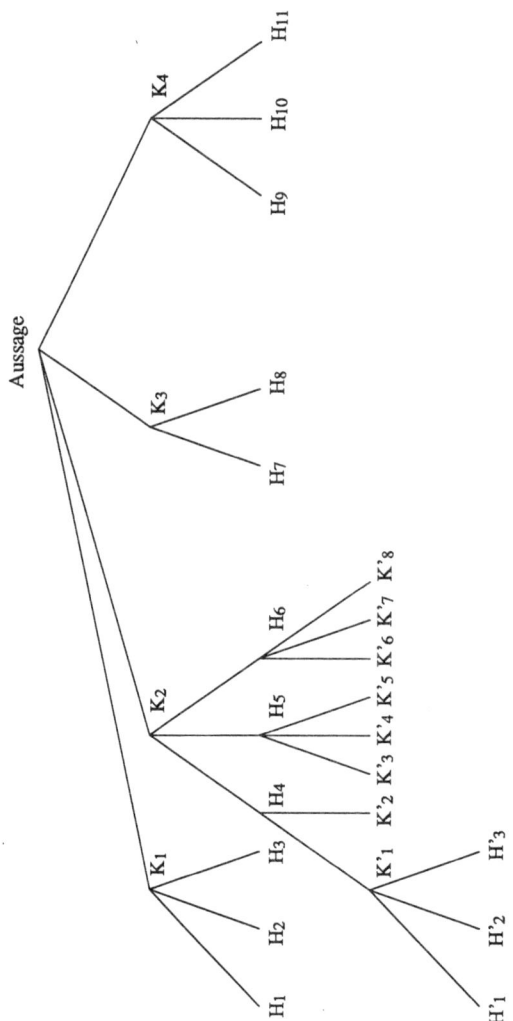

Je nachdem, ob man eine oder alle gültigen Beweisketten suchen läßt, kann dieser Baum soweit anwachsen, daß selbst Großrechner ihn nicht mehr bewältigen könnte[69]:

Anzahl der Sterne in unserer Milchstraße 10^{11}
Mögliche Züge beim Damespiel (Samuel) 10^{40}
Atome im Universum (Einstein) 10^{110}
Mögliche Züge beim Schach-Spiel (Shannon) 10^{120}
Mögliche Züge beim Go-Spiel (Zobrist) 10^{761}

Um Speicherplatz und Rechenzeit zu sparen und z.B. ein anwendungsfähiges Schach-Programm zu schreiben, müssen Heuristiken angewandt werden, die die Suchtiefe beschränken und die erfolgversprechendsten Zweige auswählen.

Eine erweiterte Form der Repräsentation von prädikatenlogischen Ausdrücken sind gerichtete Grafen in semantischen Netzen. Die Knoten werden dabei mit den Namen von Prädikaten versehen. Mit Netzen lassen sich komplexe Zusammenhänge und auch nicht-hierarchische Abhängigkeiten darstellen[70].

Deklarative und prozedurale Repräsentationen können zu Frames und Skripts kombiniert werden. Ein Frame besteht aus einer Menge von Slots (Speicherplätzen), in die Typbeschreibungen, Bedingungen, Muster usw. geschrieben werden können. Bei Übergabe eines Slotnamens liefern sie den dazugehörigen Wert. Trigger-Prozeduren rufen bei Bedarf einen weiteren Frame auf. Bei Skripts handelt es sich um die gleiche Strktur, bei der aber die Slots in der Reihenfolge von Ereignissen aufgebaut sind (first: then: ... finally:) (ELIZA von Weizenbaum z. B. arbeitet mit Skripts).

Um soft knowledge, also vage, unsichere, unvollständige Informationen, Hypothesen im Prozeß der Falsifikation, was mit Property-Listen leicht realisiert werden kann. Diese Funktion kann aber auch bei entsprechender Definition auf andere Slot-Inhalte zugreifen (wenn z.B. nach Generalisierung/Spezialisierung gefragt ist), was dann durch zusätzliche Zugriffsfunktionen realisiert wird. Hierzu folgendes Beispiel:

Generic RESTAURANT Frame

    Specialization-of: Business-Establishment
    Types:
        Range: (Cafeteria, Seat-Yourself, Wait-To-Be-Seated)
        Default: Wait-To-Be-Seated
        If-needed: IF plastic-orange-counter THEN Fast-Food,
                 IF stack-of-trays THEN Cafeteria,
                 IF wait-for-waitress-sign or reservations-made
                         THEN Wait-To-Be-Seated,
                 OTHERWISE Seat-Yourself.
    Location:
        Range: an ADDRESS
        If-needed: (Look at the MENU)
    Name:
        If-needed: (Look at the MENU)
    Food-Style:
        Range: (Burgers, Chinese, American, Seafood, French)
        Default: American
        If-added: (Update Alternatives of Restaurant)
    Times of Operation:
        Range: a Time-of-Day
        Default: open evenings except Mondays
    Payment-Form:
        Range: (Cash, CreditCard, Check, Washing-Dishes-Script)
    Event-Sequence:
        Default: Eat-at-Restaurant-Script
    Alternatives:
        Range: all restaurants with same FoodStyle
        If-needed: (Find all Restaurants with the same FoodStyle)

156

```
EAT AT RESTAURANT Script
    Props:          (Restaurant, Money, Food, Menu, Tables, Chairs)
    Roles:          (Hungry-Persons, Wait-Persons, Chef-Persons)
    Point-of-View:  Hungry-Persons
    Time-of-Occurence: (Times-of-Operation of Restaurant)
    Place-of-Occurence:(Location of Restaurant)
    Event-Sequence:
        first:  Enter-Restaurant Script
        then:   if (Wait-To-Be-Seated-Sign or Reservations)
                    then Get-Maitre-d's-Attention Script
        then:   Please-Be-Seated Script
        then:   Order-Food-Script
        then:   Eat-Food-Script unless (Long-Wait) when
                    Exit-Restaurant-Angry Script
        then:   if (Food-Quality was better than Palatable)
                    then Compliments-To-The-Chef Script
        then:   Pay-For-It-Script
        finally: Leave-Restaurant Script
```

Meinungen und Glauben zu repräsentieren, werden folgende Methoden verwendet. Die Evidenz von Fakten und Operatoren kann mit einfachen Sicherheitsfaktoren (zwischen 0 und 1) angegeben und als Property in die Liste eingetragen werden.

Identity (blau, Pyramide, 0.75)

(Wenn der Block blau ist, handelt es sich mit 75 Prozent Wahrscheinlichkeit um eine Pyramide, da es vier blaue Blöcke gibt, von denen drei Pyramiden sind). Auf diese Maßzahl ist dann allerdings die Prädikatenlogik nicht mehr unmittelbar anwendbar.

Fuzzy Logik ist eine wahrscheinlichkeitstheoretische Erweiterung der Prädikatenlogik. Z. B. ließe sich die Aussage ›x ist eine große Zahl‹ wie folgt repräsentieren:

157

(x E (0, 10) : 0.1)
(x E (10, 1000) : 0.2)
(x > 1000 : 0.7)

(Wenn der Wert von x größer als 1000 ist, dann soll der Wahrscheinlichkeitswert der Aussage 0.7 betragen) Solche Maßzahlen werden im Ableitungsprozeß summiert und ergeben nach Konsistenzprüfung eine Gesamtwahrscheinlichkeit der generierten Aussage (vgl. die hardware-Lösung des gleichen Problems bei neuronalen Netzen in Kap. IV/4).

Um den Nachteil einer numerischen Repräsentation von Sicherheiten zu umgehen, können Endorsements (Aufschriften, Stellungnahmen) verwandt werden, deren Vorrang kontextsensibel ausgewählt, in eine Reihenfolge gebracht und mitprotokolliert wird.

Will man den intensionalen Charakter von Aussagen mitberücksichtigen, muß die Wissensbasis zwischen Fakten und Beliefs unterscheiden. Durch die Form ›A glaubt, daß P‹, kann man der Aussage wieder einen Wahrheitswert beimessen, der in den normalen Schlußprozeß eingeht.

Heuristiken sind ad hoc- oder Daumenregeln, die mit Plausibilitätsentscheidungen den Suchprozeß einschränken. Sie sind von der spezifischen Wissensdomäne abhängig. Die Wirksamkeit bestehender Heuristiken läßt sich durch Spezialisierung, Generalisierung und Analogiebildung erweitern.

Die Art der Wissensrepräsentation hängt von der Art des Wissens (mehr Fakten, mehr Regeln) und von den zu lösenden Problemen ab. In einzelnen Fällen kann es nötig sein, Wissen in unterschiedliche Repräsentationsformen zu überführen. Dabei ist entscheidend, daß die Integrität der Daten erhalten bleibt. Das Konsistenzproblem — Fachterm: ›truth maintenance‹ (wörtl.: Wartung des Wahrheitsgehalts) — stellt sich noch deutlicher bei Inferenz-Moduln, Expertensysteme, die aus der Wissensbasis neue Hypothesen bilden, sie überprüfen und gegebenenfalls dem Wissensbestand hinzufügen.

Nach dem kurzen Überblick über die Bauelemente können wir jetzt zu den Gebäuden übergehen, die daraus zusammengesetzt werden. Ein Katalog von 180 ausgewählten Expertensystemen[71] macht deutlich, daß die repräsentierten Weltausschnitte entweder bereits formalisiert waren oder sich besonders dazu eignen. Die Themenpalette, für die Expertensysteme entwickelt werden, umfaßt Landwirtschaft, Chemie, Informatik, Elektronik, Maschinenbau, Geologie, Rechtsprechung, Produktion und Prozeßsteuerung, Mathematik, Meteorologie, Physik, Raumfahrt. Die größten Einzelbereiche in diesem Katalog sind Medizin und ›Militärwissenschaft‹. Die meisten Systeme sind Forschungs- und Demonstrations-Prototypen. Etwas mehr als ein Dutzend werden heute kommerziell erfolgreich eingesetzt.

Einige Beispiele: XCON konfiguriert nach Kundenanforderungen VAX 11/780 (DEC) Computer-Systeme. Es ist in OPS-5 geschrieben und mit 7.000 Regeln das größte und ausgereifteste regelorientierte Expertensystem der Welt.

DELTA unterstützt die Wartung von diesel-elektrischen Lokomotiven. Es erwartet Fehlerbeschreibungen als Eingabe und macht Diagnose- und Reparatur-Vorschläge. Es benutzt Regeln und Sicherheitsfaktoren und ist in LISP und FORTH implementiert.

PROSPECTOR berät Geologen bei der Suche nach Erz-Lagern. Es besteht aus einem Semantischen-Netz-Formalismus und Regeln und ist in INTERLISP geschrieben.

EDAAS wird von der Environmental Protection Agency eingesetzt. Es enthält juristisches, wirtschaftliches und praktisches Wissen über giftige Substanzen. Implementiert in FORTRAN.

SCENARIO-AGENT »assists war gamers« (sic!). In einem Kriegs-Spiel übernimmt dieser Experte die Rolle des Gegners. Geschrieben in ROSIE.

RX von der Stanford University generiert und überprüft Hypothesen. Es enthält statistisches, taxonomisches und in geringem Umfang medizinisches Wissen. Eingesetzt wird es, um in einer Datenbank über Rheuma-Patienten neue kausale Beziehungen zu entdecken. Geschrieben in INTERLISP.

Im medizinischen Bereich enthalten Expertensysteme Wissen über Lungenschäden, Herzkranzgefäße, Glaukome, Depression, Leber-Erkrankungen, neurologische Symptome, über Anästhesie, das Zusammenwirken von Medikamenten, die intelligente Verwaltung von Patientendaten und Krankengeschichten usf. Hier ist die Zusammenarbeit mit anderen Maschinen wie EEGs und Densiometern, selbst mehrere Expertensysteme, die einander zuarbeiten (PATREC und RADEX unterstützen den Leber-Spezialisten MDX), am weitesten fortgeschritten.

Das gedachte Selbsreproduktions-System vom Kapitelanfang könnte also, wenn es ihm gelänge, die Sprachbarriere zwischen den Systemen zu überbrücken, bereits auf umfängliches Wissen über Informatik, Elektronik, Maschinenbau und Produktion zurückgreifen. Hypothesenformungs-Moduln könnten den Analogien zur Neurologie nachforschen. Wenn es sich langweilt, könnte es Krieg spielen. Und seine Kenntnisse aus der Psychopathologie würden verhinerten, daß es ob solcher Aussichten in Depressionen verfällt.

7. Verarbeitung natürlicher Sprache

> »Es fragt sich nur«, sagte Alice, »ob man Wör-
> ter etwas anderes heißen lassen kann.«
> »Es fragt sich nur«, sagte Goggelmoggel, »wer
> der Stärkere ist, weiter nichts (...) Sie sind ja
> recht widerspenstig, manchmal — besonders
> die Verben, die bilden sich am meisten ein —
> Adjektive lassen ja alles mit sich geschehen,
> aber die Verben haben ihre Zicken — bei *mir*
> allerdings muckst sich keins! Ununterscheid-
> barkeit! Das ist *meine* Meinung!«
>
> *Lewis Carroll*

Sonnemann und Butler sprachen vom provozierenden und
angenehmen Schweigen der Maschinen. Aber die Hoffnung
darauf, daß wir uns tugendhafte Geschöpfe gebaut hätten, ist
unbegründet. Weder damals (Butler schrieb angehörs der
Dampfmaschinen des 18. Jahrhunderts) noch heute tun sie
uns den Gefallen des Schweigens. Es gab nach dem Lärm, der
unvermeidlich zur klassischen Maschine gehört, nur eine
kurze Phase, in der von den Maschinen nicht mehr als das
Summen von Netzteilventilatoren und Laufwerken zu hören
war[72]. Inzwischen haben sie angefangen zu schwätzen und
zu plaudern, was ja schon Thomas von Aquin ein Greuel war.

Turing beschloß seinen Aufsatz über das Imitationsspiel
mit der Aufgabenstellung für die KI, »die Maschine mit den
besten Sinnesorganen auszustatten, die überhaupt für Geld
zu haben sind, und sie dann zu lehren, Englisch zu verstehen
und zu sprechen«[73]. Lange vorher hat er sich vorgenommen,
eine »ungemein primitive« Schreibmaschine zu bauen. Vor
der gesprochenen Sprache steht in der Maschine die Schrift.
Wie sie alles (Bilder, Musik, ›Welt‹) gleichermaßen in ihre

ungemein primitive Typographie bringen muß. Und in der Tat ist, wie Kittler feststellt[74], Turings Universale Diskrete Maschine nichts anderes als Remingtons Erfindung von 1876, abgemagert aufs bloße Prinzip. In der Spanne zwischen diesen beiden: der Schreibmaschine, die dem Typisten nur die Wahl läßt zwischen Zeichen oder Nicht-Zeichen, und dem Verstehen und Sprechen von Englisch, werden sich in absehbarer Zeit wahrscheinlich die einschneidendsten Folgen in der Computerisierung auftun. Wenn es gelingt, die uneindeutige natürliche Sprache eindeutig auf die eindeutige formale Wissensrepräsentationssprache abzubilden, wenn die Maschine fähig wird, Descartes zuwider, ›Worte und andere gemachte Zeichen‹ so zu gebrauchen wie der Mensch, dann steht einem ›Text‹ aus Mensch und Maschine in der etymologischen Bedeutung von Verbindung, Verflechtung, Gewebe nichts mehr entgegen[75].

Zur Klarstellung: Es geht nicht um die Erweiterung der Schreibmaschine zum Fernschreiber oder zum Word Processor, also um Kommunikation zwischen Menschen durch die Maschine hindurch. In welcher Weise Textverarbeitungssysteme an unseren Gedanken mitarbeiten, ist noch weitgehend ungeklärt. Benjamin spricht von Büchern, die nicht geschrieben werden, sondern ›gemacht‹. In dem Sinne hieße es statt ›ich schreibe‹ treffender ›ich textverarbeite‹. Das Schreibexperiment im Rahmen von »Les Immatériaux«[76] war nur ein erster Untersuchungsansatz. Es bedürfte eines Friedrich Kittler, um die tektonischen Verschiebungen innerhalb der Sprache und ihrer Literatur aufzuspüren[77].

Es geht um die Kommunikation zwischen Mensch und Maschine, die bislang vom Programmierer in formalen Sprachen, vom Benutzer in Abfrage-Schablonen, Menüs und piktographischen Darstellungen abgewickelt wurde. An ihre Stelle soll (langfristig selbst zum Programmieren) die natürliche Umgangssprache treten, also diejenige, der gemeinhin ein innewohnendes Telos der Verständigung unterstellt wird. Doch gerade die Ähnlichkeit menschlicher Sprache mit dem, was der Computer ausgibt, wird zu Interferenzen führen.

Das natürlichsprachliche Modul wird als ›front-end‹ zwischen Mensch und Wissensbank geschaltet. Es ist somit Kontaktfläche und Zwischenteil. Für den Benutzer (wer wen?) stellt das User-Interface (Benutzer-Oberfläche oder Schnittstelle) die Kopplung zum dahinterliegenden zweiten Gesicht her (das blind ist und deshalb mehr sieht?). Der Animateur ist derjenige, der dem zum Zuschauer Erstarrten Zeichen menschlicher Regung entlocken soll. Die Maschine, die eigentlich nichts als ein mechanisches ›ach‹ von sich gibt wie Olimpia, und die, die zwar viel redet, aber offensichtlich (?) ohne ein Wort davon zu verstehen wie ELIZA, sie beide bringen den Menschen zum Sprechen. Computer, die nicht nur Zahleneingaben aus einem Menü verlangen, sondern sich in vollständigen Sätzen ausdrücken und das auch von ihrem Benutzer erwarten, sind heute noch nicht die Regel. Glaubt man der KI, werden sie es bald sein. Ob sich Mensch und Maschine etwas zu sagen haben, wenn die Sprachbarriere erst gefallen ist, bleibt zu zeigen. Letztlich bleibt vielleicht nur ein erstarrtes Schweigen. Das Interface könnte sich als Gesicht der Medusa erweisen.

Um zu verstehen, was zur Zeit »überhaupt für Geld zu haben ist«, folgt wieder ein Abstecher in die Informatik[78]. Zu den Zielsetzungen der sprachorientierten KI gehören natürlichsprachliche Systeme (NSS), die Fragen über ein Sachgebiet oder einen Text beantworten, einen Dialog (Bera-

163

tungsgespräch oder Konversation) führen, einen Text paraphrasieren, zusammenfassen und nacherzählen und schließlich einen Text in eine andere Sprache übersetzen.

Grundlage dieses KI-Zweigs ist die sprachanalytische Philosophie, spez. die Referenzsemantik von Frege und Russell, die Sprechakttheorie Searls[79] und die kontextfreien Grammatiken von Chomsky. Eine vollständig operationalisierte, weitgehende Form der Referenzsemantik würde bedeuten: Der Weltausschnitt, der entsprechend dem vorangegangenen Kapitel repräsentiert wird, ist mit allen relevanten kognitiven, sozialen, kommunikativen und instrumentellen Aspekten vom NSS an die wirkliche Welt geheftet.

Zunächst wird die natürlichsprachliche Eingabe analysiert, um den eigentlichen Daten- oder Wissensbankzugriff durchzuführen. Aus dem Resultat wird von der gleichen Abbildungskomponente eine natürlichsprachliche Antwort generiert. Für beide Aufgaben muß das System über lexikalisches, morphologisches, syntaktisches, semantisches und bei akustischer Ein- und Ausgabe auch über phonetisches und prosodisches (z. B. Regeln der Koartikulation benachbarter Laute) Wissen verfügen.

Weiterhin muß es in der Lage sein, Ambiguitäten semantisch, kontextabhängig aufzulösen. Es muß durch Inferenzen über Weltwissen implizite Sachverhalte berücksichtigen. Es muß den gerade aktuellen Schwerpunkt eines Dialog- oder Textabschnitts erkennen (Focus). Es sollte ein prototypisches ›Partnermodell‹ enthalten oder im Verlauf der Gespräche erstellen, um sich auf Vorwissen oder Erwartungen einzustellen[80]. Schließlich sollte eine Erklärungskomponente dem Benutzer die durchgeführten Ableitungen erklären können.

Erste Erfahrungen mit rudimentären NSS haben gezeigt,

daß Menschen sich leicht an ein begrenztes Vokabular von unter 300 Wörtern anpassen. Auffällig war auch, daß Menschen in der Kommunikation mit dem Computer weniger Tipp-, Syntax- und Stotter-Fehler hervorbrachten als in anderen Situationen. Probleme gab es allerdings mit ihrer Bereitschaft zur Überanpassung an die dem System unterstellte Syntax. Das dann produzierte ›Ausländerdeutsch‹ konnte vom NSS im Gegensatz zur korrekten Syntax nicht erkannt werden[81].

Es zeigt sich also eine Bereitschaft der natürlichen Sprache, der pseudo-natürlichen entgegenzukommen und umgekehrt. Damit wird eine transparentere, einfachere Verständigung suggeriert, die offensichtlich trügt. Zwar wird durch die zusätzliche Schicht des NSS die Mehrdeutigkeit menschlicher Äußerungen verarbeitbar, aber auch die Antworten der Maschine sind dann mehrdeutig. Soll ein Verstehen simuliert werden, so kann das Mißverstehen nicht ausgeschlossen werden. Entsprechend warnt der Linguist Geoffrey K. Pullum vor der Anwendung von NSS in militärischen Systemen. Sie würden noch unzuverlässiger, als sie ohnehin schon sind. »Ihre Reaktion auf unerwartete, mehrdeutige Äußerungen, vor denen man sich bei linguistisch ungeschulten Benutzern nicht schützen kann, werden immer unvorhersehbar sein.«[82] Die Schwierigkeiten werden dadurch nicht geringer, daß die sprachorientierte KI langfristig anstrebt, auch Mimik, Gestik und andere nicht-verbale Handlungen für den Mensch-Maschine-Dialog verfügbar zu machen[83].

Die Sprache wird im NSS, wie schon beim Übergang von gesprochener zu geschriebener, von hand- zu maschinengeschriebener Sprache, weiter zerlegt, verflüssigt, geschnetzelt und rekombiniert. Mit dem Verschwinden von Papier als

vornehmlichem Sprachträger nähert sich das Produktions-
verfahren von komponierter Sprache dem in den frühen
Papiermühlen. »Jede Art der auf dem Haderboden sortierten
Lumpen wird zuerst auf dem Schneidezeug ... in kleinere
Stücke zerschnitten ... Die Lumpen müssen nun in eine ganz
feine zermalmte Masse, die Zeug heißt, verwandelt werden.
Es geschieht dies theils durch ein Hammerwerk, das
Geschirr, theils durch eine eigenthümliche Mahl- oder Rei-
bemaschine, den Holländer.«[84] Bis schließlich der Brei zu
einem Gewebe, einem Text wird.

Die Perspektiven für Schrift und Sprache sind kaum
abzusehen. Schon heute werden sog. Parser nicht nur für
Datenzugriffe, sondern auch für neue ›literarische Gattungen‹ eingesetzt. Dazu gehören automatisch generierte Kurzgeschichten wie die von RACTER und interaktive Romane.
So könnte z. B. das Restaurant-Skript aus dem vorangegangenen Kapitel dem elektronischen Helden verständlich
machen, was Menschen gewöhnlich tun, wenn sie Hunger
haben. Wie oft in der Computer-Kunst tritt der Autor dabei
auf eine Meta-Ebene zurück, schafft nur Möglichkeits-
räume, Verlaufspläne mit Verzweigungen, über die der Zufall
oder der jeweilige Rezipient entscheidet.

»Amnesia«[85] ist eine solche Hybridform aus Computer-
spiel und Roman, eine ›participastory‹. Der ›Leser‹, Spieler,
text-adventurer ... ist zugleich Held einer hochgradig para-
noiden Geschichte. Er hat sein Gedächtnis verloren, wird mit
allerlei Dingen konfrontiert, die er angeblich in seinem ver-
gessenen Leben getan haben soll, und muß im Wettlauf
gegen die Zeit herausbekommen, wer er wirklich ist. Es ist
wohl kaum übertrieben, anzumerken, daß es sich dabei um
die Fragen schlechthin handelt, die uns der Computer stellt.

8. Simulation

Man denke sich den ganz normalen Geburtsprozeß eines von Millionen industrieller Produkte. Nach numerischen Daten wird erst ein Drahtmodell, dann ein Vollmodell gebaut, das in Belastungstests, im Windkanal usw. optimiert wird. Dann wird ein Prototyp entworfen, der den Designern und der grafischen Abteilung übergeben wird. Schließlich landet das Produkt im Foto- und Video-Studio zur Erstellung des Werbematerials.

Soweit ein gewöhnlicher Vorgang. Nur, daß wir die ganze Zeit einem Mann (sehr wahrscheinlich ein *Mann*) über die Schulter geblickt haben, der seinen Arbeitsplatz für keinen Einzelschritt verlassen mußte. Es bedurfte nur der Bewegung seines Handgelenks und der von drei, bestenfalls zehn Fingerspitzen, dazu einer Maus, einer Tastatur und eines 470 MB Symbolics 3670 Rechners. Was früher Designer, Grafiker, Beleuchter, Kameramenschen usw. machten, erledigt ein Programmpaket aus: »Geometry« für den dreidimensionalen Entwurf des Produkts durch Maussteuerung oder Eingabe der numerischen Daten aus einem CAD-System (Computer Aided Design), »Paint« für das Oberflächen-Layout, »Render« für die Studiobeleuchtung, Aufnahmesysteme, Kamerastandpunkt, Objektive etc. und schließlich »Dynamics« für die Animation, die bildweise Erstellung eines Videofilms.

Die Bedingungen sind ganz dem gewohnten Arbeitsplatz der verschiedenen Spezialisten angepaßt. Doch bedienen wird das System wohl weder ein Designer noch ein Kameramann. Es entsteht eine neue Spezies. Ein Zwitter mit Computerbildung und Fachwissen, aber beides nicht so recht. Es ist auch beides nicht mehr gefragt. Die ›Benutzerfreundlichkeit‹ zieht beide Qualifikationen in die Maschine hinein und macht sie unter der Benutzeroberfläche unsichtbar, die eher durch spektakuläre Effekte den Spieltrieb anstachelt, als daß sie den Eindruck von Arbeit aufkommen läßt. Dieses Zwitterwesen, das gemeinsam mit der Maschine ein Fachwissen simuliert, entsteht überall da, wo Informatiker und Spezialisten zusammen Expertensysteme erstellt haben.

Vor einer allgemeineren Würdigung der Simulation folgt ein kurzer Rückblick in die Geschichte der Simulationsforschung. Eine 1971 von H. Schauland zusammengestellte Bibliographie mit über tausend Titeln zur Simulationsforschung[86] spiegelt wider, worauf sich die vor allem sozialwissenschaftlich orientierten Aktivitäten konzentrierten. Die beiden Hauptbereiche sind internationale Beziehungen und Kriegsspiele. Dabei ging es sowohl um unmittelbar militärische Anwendung − die Simulation eines Luftverteidigungssystems −, Entscheidungshilfen für Regierungen, wie auch die Darstellung von Rüstungsspirale und Konflikteskalation mit der Absicht, diese zu kontrollieren. Andere Modelle befassen sich mit Markt- und Handelskreisläufen, Firmen- und Investitionsmanagement und Verwendung der Arbeitskraft. Ein vierter, großer Bereich bezieht sich auf das Verhalten von Menschen und zwar individuell: neurotische Prozesse, Lernverhalten, Einstellungen und Motivationen, sowie in Bezug auf Gruppen, Organisationen, öffentliche Meinung und Wahlen. Die wohl aufsehenserregendste Simulation der siebziger Jahre waren »Die Grenzen des Wachstums« des Club of Rome.

Die Konstruktion eines Simulationsmodells für ein Planspiel geht in mehreren Schritten vor sich. Zunächst muß ein

Weltausschnitt als System definiert werden. Das kann die Psyche eines Menschen, die Organisationsstruktur einer Firma oder ein militärisches Weltmodell sein. Dann werden die relevanten Parameter, Konstanten und die Variablen, deren Einfluß auf das System untersucht werden sollen, isoliert. Schließlich werden die wirksamen Bewegungsgesetze, Kausalbeziehungen und Steuerungsmechanismen definiert.

Das so entstandene System muß folgende logische Eigenschaften haben, damit es sinnvoll mathematisch-sprachlich im Rechner repräsentiert werden kann: Konsistenz, d. h. daß nicht eine Aussage und zugleich ihr Gegenteil wahr sein können; Vollständigkeit; Entscheidbarkeit, ob eine beliebige Aussage dem System angehört[87], und Unabhängigkeit der Axiome voneinander. Hier wird bereits deutlich, daß die Konstruktion des Systems nach dem Prototyp einer stabilen Maschine, die Ausschaltung von Dysfunktionalitäten und die Optimierung des Input-Output-Verhältnisses zu methodologisch zwangsläufigen Prämissen in der Simulationsforschung gehören. So gibt Böhret von der Projektgruppe Simulation am Otto-Suhr-Institut der FU Berlin zu, daß zwar Systemkritik punktuell möglich sei, aber natürlich systemfremde Strategien notwendig zur Irrelevanz der Ergebnisse führen.

Trotz aller auch immanenter Kritik an der unzureichenden Annäherung von Simulationen an komplexe Realsysteme, trotz aller Zweifel an dem Aussagewert von Simulationen ist dieses Instrument zum festen Bestandteil der Wissenschaft geworden. Eine Ursache dafür liegt sicher in dem Manko der Sozial- gegenüber den exakten Wissenschaften, nur selten mit Experimenten auf ihren Gegenstand zugreifen zu können. Ratten, in denen man probehalber Krebs erzeugen kann, gibt es im gesellschaftlichen Raum zumindest unter den heutigen Bedingungen nicht, doch ist es durch den Trick der Abstraktion möglich, ein der analytisch-synthetischen Methode der Naturwissenschaften analoges Verfahren anzuwenden. Ähnlich wie dort können — abstrakt — die jeweils relevanten Faktoren eines Gegenstandes von seinem Kontext und seiner Genese losgelöst werden. Die so entstandenen qualitativ erfaßten Bruchstücke lassen sich dann probehalber kombinieren, extrapolieren, optimieren. Der abstrakte Raum im Computer, diese Enklave der Wirklichkeit, garantiert scheinbar, daß diese keinen Schaden nimmt, auch wenn mit Krisen, Katastrophen und Weltkriegen quasi-experimentiert wird. Ob die Wirklichkeit dabei wirklich keinen Schaden nimmt, wird im nächsten Abschnitt erörtert werden.

Seit Mitte der siebziger Jahre ist das Feld der Simulationsforschung explodiert. Bei der Unmenge der Fachpublikationen und -tagungen einen Überblick zu vermitteln, ist kaum mehr möglich. Das Diktum ›Alles, was Struktur hat, ist mathematisierbar‹ und die Datensammelwut eines jeden Computerbenutzers haben die Voraussetzungen für immer neue, immer komplexere Modelle geschaffen.

Wenn z. B. alle Krankendaten zentral erfaßt werden, ist die Patientensimulation so aktuell und ›realitätsanalog‹ möglich, daß sie in die Ausbildung und Prüfung von Medizinstudenten integriert werden kann.

Firmen wie Data Resources Inc. und Chase Manhattan Econometrics verarbeiten täglich alle relevanten, weltweit verfügbaren Wirtschafts-, Polit-, Rohstoff- und Wetterdaten und errechnen daraus Modelle über die kurz- und mittelfristige Entwicklung des Weltmarktes, die sie kommerziellen Abonnenten anbieten.

Mithilfe von CAD/CAM werden neue Produktserien vollständig im Computer entworfen, der dann auch selber die numerisch gesteuerten Lagerhaltungs- und Werkzeug-Roboter kontrolliert. Die Simulation produziert sich wahr.

Entsprechend einer Hypothese von O. Wiener[88], daß jedes menschliche Denken Simulation ist, dringt der Computer immer tiefer in dieses ein. Modelle der Welt generieren Modelle von Verhalten, die von Modellen von Personen ausgeführt werden. Eine absolute Grenze der Simulierbarkeit ist nicht abzusehen.

Baudrillard ordnet seinen Simulationsbegriff in eine Genealogie der Zeichenordnungen ein[89]. Nach der mythischen Ordnung des symbolischen Tausches folgt, von der Renaissance bis zur industriellen Revolution, die Ordnung der Imitation. Ein universelles Zeichenmaterial, z. B. Stuck, kann alles bedeuten, indem es nachahmt. Das Reale und seine Repräsentation, sein Spiegelbild, sein Duplikat leben noch in spürbarem Widerstreit. Hier haben die Dinge noch ihre Aura, die Ereignisse noch ihre Klangfarbe.

Mit der Hegemonie der toten Arbeit über die lebendige treten wir in die Ordnung der Produktion. Jetzt werden die Zeichen und Gegenstände seriell nach vorgängigen Modellen generiert. Es gilt schon nicht mehr, eine Referenz auf ein Reales oder eine Finalität herzustellen, sondern allein einer immanenten Logik des operationalen Prinzips zu folgen. Die Moderne, die Aufklärung hat sich die Entzauberung der Welt zum Ziel gesetzt und mit der Gewalt der Interpretation, der Transparenz und der Sektion eine radikale Zerstörung der Erscheinungswelt erreicht. Hierher gehören die Computer-Simulationen aus dem vorangegangenen Abschnitt.

171

Diese Phase kulminiert in der Hervorbringung der Massen und ihrer Medien.

Nach Baudrillard hatten Dada und Surrealismus als Strategien einen Anteil an der Zerstörung des Sinns, ihre hauptsächlichen Triebkräfte sind jedoch innerhalb der Systemlogik selbst zu finden. Die Vernichtung der ›res‹ in der Analyse, der Verlust des Gegenstandes der Wissenschaft durch ihre eigenen Bewegungsgesetze, die Überschußproduktion an Sinn, die Beschleunigung der Zirkulation aller Informationen durch die Medien, dies alles leitet den Modus des Verschwindens ein. Die Signifikanten bilden eine eigenständige Struktur, in der sie sich nur noch aufeinander beziehen, auf keine Signifikate mehr. Ein Reales ist für keine Wahrnehmung mehr faßbar, und damit verliert auch sein Gegenteil, das Imaginäre, seine Bedeutung. Die Differenz ist verschwunden, ebenso die Differenz von Signifikat und Signifikant, von Ereignis und seiner Medienwiedergabe, von Ursache und Wirkung, von Modell und seinem Produkt. Zeit ist in der reinen Kommunikation getilgt. Die Geschichte implodiert in Aktualität.

Unvermittelt finden wir uns unter der Herrschaft des Codes in der totalen Simulation, der Hyperrealität wieder. Der Mensch wird im zeichengesteuerten Design lokalisiert, in aleatorischen Ensembles. Gleichzeitig hängt er dem Aberglauben der Transparenz an. In der Zurschaustellung der nutzlosen Objektivität der Dinge reinigt er sie von jeglicher angsteinflößenden Tiefe und Geheimnishaftigkeit. Zu den Ritualen der Durchsichtigkeit gehört das Ein-Zoomen des Blicks auf jedes kleinste Detail der Oberfläche oder der kreisförmige Anschluß an sich selbst mithilfe der Video-Kamera.

Erst durch diesen Kurzschluß verlieren wir die Fähigkeit, uns von den Objekten verführen zu lassen. Nach Baudrillard ist ein Objekt nicht immer für ein Subjekt deutungsfähig. Es hat seine eigenen Strategien, seine eigene Ironie, die als Herausforderung an das um Sinn kämpfende Subjekt, als Duell verstanden werden müssen. Der These von der Determinierbarkeit des ›weltanalogen‹ Simulationsmodells der Wissenschaft wird also die These von der eigenen Schwerkraft der Dinge entgegengehalten. Die Objekte und Ereignisse fügen sich spielerisch zu Verkettungen zusammen, deren Prinzip nicht im Zufall, wohl aber im arbiträren Fatum zu suchen ist. Das arabische Wort ›maqtub‹ bedeutet sowohl Inschrift (Programm) wie Schicksal.

Man wird sagen, daß es doch noch Zusammenhänge gibt, daß noch Reste von Realität existieren, an die man sich halten kann. Baudrillard antwortet darauf, daß jede neue Ordnung die Dispositive der alten als ihre Simulations-Referenz in sich aufnimmt. D. h. daß eine Wissenschaft, die Ethnologie beispielsweise, ein Interesse daran hat, ihren Gegenstand zu behalten, auch wenn der letzte Indianerstamm entdeckt ist. Ebenso geht es der Macht. Notfalls muß das Reale, das sich in Differenz zum Imaginären bestimmt, innerhalb der Simulation — als Sondereffekt — neu erfunden werden. Disneyland hat die Aufgabe, einen Unterschied zu konstituieren. Die Verdoppelung in die Ähnlichkeit, die Simulation der Rücknahme der Simulation, der Authentizitätskult, die Anhäufung von Beweisen unserer Identität, d. h. die Tautologie unseres Existierens — all dies sind Alibi-Strategien des Realitätsprinzips.

Der Umschlagpunkt, an dem wir aus der Geschichte, dem Realen herauskatapuliert worden sind, ist nicht mehr feststellbar. Unser Blick zurück ist bereits befangen. Wir werden nie mehr wissen, wie die Dinge waren vor der Vollendung der Modelle. Alles, was Theorie leisten kann, ist die Projektion eines arbiträren Codes, eines Systems von Spielregeln, in dem sich die Dinge in einem fatalen Prozeß verfangen. Das Verhältnis von Theorie zu Simulation ist dabei mehrdeutig. Zum einen ist die Sprache eine Maschine und beteiligt sich somit an der Beschleunigung, an der Katastrophe, über die sie spricht. Zum anderen ist Sprache aber Sinnträgerin, bringt also das Gegenteil von dem mit, was man sie bedeuten lassen will, bevölkert unseren Horizont mit Gespenstern. »Theoretische Gewalt, und keineswegs die Wahrheit, ist das einzige Mittel, das uns bleibt.«

9. Das Netz

»... verwandeln das Fernsprechnetz zum größten Computer der Welt.«

Aus einer Postreklame

Die metaphysischen Netz-Vorstellungen des Jesuiten-Paters
Pierre Teilhard de Chardin aus den vierziger Jahren sollen
hier Erwähnung finden, nicht weil sie besonders kurios
wären, sondern weil sie, ohne von einem technokratischen
Standpunkt aus zu argumentieren, mit dem Netz eine zuver-
sichtliche, positive Utopie der Vollendung des Menschen
verknüpfen[90].

Bei der Noosphäre handelt es sich um eine Stufe in der Evolution des Menschen zwischen der Hominisation und der Parusie; um »eine planetare Hülle im Ausgang und oberhalb der Biosphäre, die Hülle aus denkender Substanz, der ich aus Gründen der Einfachheit und Symmetrie den Namen Noosphäre (von Noos = des Geistes: irdische Sphäre der denkenden Substanz, Anm. v. Teilhard) gegeben habe.« [91]

Durch fehlende somatische Festlegung entwickelt der Mensch Werkzeuge. Diese lösen sich vom Menschen ab und entwickeln »auf eigene Rechnung eine Art autonomer Vitalität« [92]. Der Mechanisierungsprozeß führt dazu, daß sich »am Rande der Menschheit ein Organismus kollektiver Natur und Weite aufbaut« [93]. Alle Maschinen der Erde streben dahin, »eine einzige große, organisierte Maschine zu bilden« [94]. Und diese ist in ihrem wesentlichen Aspekt das »›zerebroide‹ Organ der Noosphäre ... Ich denke hier natürlich in erster Linie an das außerordentliche radiophonische und televisionelle Nachrichtennetz, das, während es vielleicht eine unmittelbare Abstimmung der Gehirne aufeinander mittels der noch geheimnisvollen Kräfte der Telepathie vorwegnimmt, uns alle schon jetzt in einer Art ›ätherischem‹ Mitbewußtsein verbindet. Vor allem denke ich hier aber an den fallenreichen Aufstieg dieser erstaunlichen Rechenmaschinen, die mit Hilfe von kombinierten Signalen in der Größenordnung von mehreren hunderttausend in der Sekunde nicht nur unser Gehirn von einer langweiligen und erschöpfenden Arbeit entlasten, sondern auch, da sie die Denkgeschwindigkeit, also einen wesentlichen Faktor, in uns erhöhen, eine Revolution im Bereich der Forschung anbahnen. (...) diese in ihrem Auftreten und in ihrer Entwicklung unausweichlich miteinander verbundenen materiellen Werk-

176

zeuge (sind) letzten Endes nichts anderes als die Grundzüge einer besonderen Art von Super-Gehirn, das fähig ist, sich zu steigern, bis es irgendeinen Super-Bereich im Universum und im Denken meistert!«[95] Ein recht erstaunlicher Ausblick, da 1947, als dieser Aufsatz geschrieben wurde, von Computervernetzung noch keine Rede sein konnte. Um keinen Irrtum aufkommen zu lassen: Teilhard geht es nicht um eine autonom werdende Maschinensphäre, die an die Stelle des Menschen tritt. Die Noosphäre, »eine unermeßliche Denkmaschine«[96], ist ein Gehirn aus Gehirnen. Doch wird der Einzelne darin aufgehoben. Durch »Gewölbeeffekt« entsteht eine Sphäre gegenseitig sich stützender Bewußtheiten als Sitz, Träger und Organ des Super-Gehirns[97]. Alles geht vom Individuum aus, »doch alles vollendet sich oberhalb des Individuums«[98].

Dahinter steht ein binäres energetisch-moralisches Modell: die physische Strahlung zielt nach den Gesetzen der Astrophysik auf den Verfall hin, die psychische des Bewußtseins auf ein geordnetes Zusammenfügen; »der Weltstoff, der zerfällt, indem er seine Elementarenergie ausstrahlt; und dort dieser selbe Stoff, der sich unter Denkausstrahlung sammelt«[99]. Dem entsprechen auf der moralischen Ebene die Kräfte des Hasses und der Abstoßung einerseits und andererseits der Sympathie, Zusammenziehung, Vereinigung, wachsenden Einmütigkeit, die auf die Ordnung der Liebe hinzielt[100]. »In der kosmischen Evolution, so könnte man sagen, zeichnet sich Determinismus an beiden Enden ab, allerdings in zwei einander entgegengesetzten Formen; unten ein Sturz in das Wahrscheinliche durch Mangel an Freiheit — oben ein Aufstieg ins Unwahrscheinliche durch Triumph der Freiheit.«[101]

177

Die Zusammenziehung der Noosphäre denkt Teilhard ähnlich wie den Mediennetz-Effekt des ›globalen Dorfes‹. »Ein Stern erhitzt sich, indem er sich zusammenzieht« [102]. Das bewirkt eine wechselseitige Annäherung und eine Steigerung der Intensität; ein zentrierendes Bewußtsein und zugleich Komplexität aus immer zahlreicheren und besser organisierten Elementen.

Diese Entwicklung findet ihr Ende in »der Errichtung einer Art Brennpunkt im Zentrum des in seiner Gesamtheit genommenen reflektierenden Apparates« [103]. Die zur Reife gekommene Menschheit steht allein sich selbst gegenüber, zu jeder weiteren Synthese unfähig. Alles scheint hier zu Ende zu sein. Aus Furcht vor dem dann unweigerlichen Verfall, aus dem Willen zu überleben, stellt sich der planetarisierten Menschheit der Anspruch auf Irreversibilität. Bei vollständiger Sättigung der Noosphäre ist sie »mit einem Maximum an psychischer Durchschlagkraft geladen, um noch weiter vorzustoßen … in Richtung auf ein Ultra-Zentrum der Vereinigung und der Konsistenz … in dem alles Unersetzliche und Unmittelbare der Welt sich insgesamt und als einzelnes sammelt. Der unausweichliche Einbruch in die Biologie und, für die Wissenschaft, der Ort des Gottesproblems …« [104]

Der Durchschlag in höhere Welten läßt uns schwindelig zurück, doch ist es nicht das erste Mal, daß wir beim Blick über den Computer hinaus auf metaphysische Entitäten stoßen. Wie ist es vierzig Jahre später um die Spekulationen des Jesuiten bestellt? Die Kräfte der Telepathie können noch nicht genutzt werden, aber diese erstaunlichen Rechenmaschinen haben sich vernetzt. Sie beginnen bereits die radiophonischen und televisionellen Netze in sich aufzunehmen.

Der Computer ist mehr als er selbst. Er ist Teil eines weltumspannenden Ganzen: Das Netz. Es besteht aus potentiell jedem Rechner, der mit einem Telekommunikationsprogramm und einem Modem (Modulator-Demodulator = Analog-Digital-Wandler) an die verschiedenen Telefon-, Teletex-, Btx- und Datennetze angeschlossen wird.

Der einzelne Rechner verwandelt sich damit zu einem Terminal im prä-informatischen Sinne (terminus lat.: Grenzzeichen, Grenze, Ziel, Ende; übertr.: inhaltlich abgegrenzter, festumrissener Begriff), zum Ausläufer, zum Endbahnhof, zur Schnittstelle des Verkehrs der Informationen, zum Abflugterminal für Datenreisende. Daten, Texte, Bilder, Dialoge, Warenverkehr können von ihm aus angefahren und erfahren werden. Das Netz hat gezeigt, daß der Computer keinen Ort hat. Subsysteme können auf verschiedenen Geräten laufen und dennoch *einen* Denkprozeß ausmachen. Vernetzung ist die Möglichkeit zu beliebiger Ausweitung der immateriellen ›Körperlichkeit‹ des Computers[105].

Wie der terminal konstituiert das Terminal eine Öffentlichkeit. 2800 kommerziell angebotene elektronische Datenbanken gibt es weltweit mit rapider Steigerungsrate. Zeitschriftenartikel, Bibliographien, Meldungen von Nachrichtenagenturen, Daten aus Medizin, Meteorologie, Geologie, Wirtschaft, Jurisprudenz usf. lassen sich aktuell oder aus dem Archiv abrufen, ohne den heimischen Schreibtisch zu verlassen — sofern man dafür zu zahlen in der Lage ist. Wissen ist zur Ware geworden, die produziert, engineered, verwaltet wird und zirkuliert, mit, 1984, einem weltweiten Umsatzvolumen von 4,1 Milliarden Dollar[106]. »So erweist sich die technische Information zunehmend als wesentlicher wissenschaftlicher und industrieller Rohstoff, gleichsam als vierter Produktionsfaktor neben Grund und Boden, Arbeit und Kapital.«[107]

Neben diesen Informations-Pipelines, in die allein die vier größten Nachrichtenagenturen täglich 30 Millionen Wörter pumpen, wächst ein rhizomatisches Geflecht kleiner Kanäle. Mailboxen gibt es in der BRD zu hunderten, in den USA zu tausenden. Das sind elektronische Ablagesysteme, die auch auf PC's laufen. Sie sind zahlenden Benutzergruppen, oft aber auch frei zugänglich (Community Bulletin Boards). Benutzer schicken einander Nachrichten. Produktinformationen, Kleinanzeigen, Tauschhandel; Diskussionen zu Themen wie Hacken, BTX, Mailbox-Öffentlichkeit können gelesen und geschrieben werden. Weiterhin erlauben einige von ihnen den Zugang zu anderen Anwendungen wie Satzcomputer oder Datenbanken.

Die ständig aktuelle Enzyklopädie kommt in den Bereich des technisch Möglichen. Intelligente Datenbanken könnten je nach Bedarf gespeicherte Informationen neu anordnen, verarbeiten und neues Wissen generieren. Alles digitalisierte Wissen zirkulierte in einem omnipräsenten Netz, das von jedem Terminal aus zugänglich ist. Natürlich schließt der Warencharakter den freien Zugang zu den Daten aus. Aber Forschungsnetze, Zentralrechner von Banken und kommerziellen Datenanbietern usf. sind ja gerade darauf angelegt, daß sie für einen — legitimierten — Benutzer jederzeit von überall zugänglich sind. Die Abfrage der Legitimation ist Teil des Codes, der Information, verweist also auf die Kryptografie (die mit dem Kampf von Turings COLOSSUS gegen die deutsche ENIGMA am Beginn des Computerzeitalters steht). Da die Simulierbarkeit integraler Bestandteil der Information ist, kann auch eine Zugangsberechtigung erfolg-

180

reich simuliert werden. Der Begriff der ›Fälschungssicherheit‹ hat hier keine Bedeutung mehr. Es zeichnet sich bereits deutlich ab, daß die neue Informationselite sich nicht über die Verfügungsgewalt über Produktionsmittel konstituiert, sondern über ein Metawissen über die Struktur der Systeme. Dazu gehört das Wissen, daß sich die auf den ersten Blick so wohlgeordneten Gebilde bei näherem Hinsehen als auswuchernde, rhizomatische Labyrinthe herausstellen, mit rätselhaften Türen, geheimen Gängen, verbotenen Räumen und — Schlüsseln unter Fußmatten. Ein Datenreisender in diesem Netz kann unbemerkt etwas heraus- oder hineinschmuggeln oder es dort aufbewahren [108].

Lyotard kann also zurecht davon ausgehen, daß wir heute Spiele mit vollständiger Information spielen [109]. Dabei kommt nicht mehr demjenigen mit dem größeren Wissen der Vorteil zu, sondern dem, der die größere Fähigkeit zur Verbindung von Datenreihen hat, die bis dahin als unabhängig galten. Das Spiel heißt heute Verknüpfung.

Das ›vollständige Wissen‹ bringt mit seiner zunehmenden Realisierung das Geheimnis wieder ins Spiel. Binsenwahrheit, daß man heute etwas am besten geheimhalten oder etwas Skandalöses verbergen kann, indem man es in allen Zeitungen schreibt. Man vermeidet dadurch, daß es spektakulär enthüllt werden kann, tötet den Impuls der Neugier im Keim, und niemandem wird es auffallen. Die Transparenz ist der Schutz vor Sichtbarkeit.

Doch wissen wir, daß der Zuwachs an Information mit einem Zuwachs an Entropie verbunden ist. Die ›vollständige Information‹ und das totale Rauschen nähern sich einander an. Die Kanäle dienen nicht mehr dem Transport von Nachrichten, denen sie nichts hinzuzufügen haben. Im Gegenteil:

Das Netz strahlt nur noch seine eigenen Botschaften aus, ein ohrenbetäubendes Rauschen, wie das der Heizungsröhren in David Lynchs Film »Eraserhead«. Es kündet davon, daß etwas anderes die Macht übernommen hat. Sonst ist Nichts. Nur die Angst.

Paranoia könnte als Filter eingesetzt werden, der nur auf das Zentrum Ausgerichtetes durchläßt. Eine Brille, die die unzusammenhängenden Bildpunkte zu einem gigantischen Big Brother anordnet. Schärfer als der Blick des Normalsichtigen und zugleich blind für das Chaos.

Aber der Zweifel wird das Chaos wieder hervorlocken. Der Zweifel, ob wir selbst mehr sind als nur eine Emanation des Netzes, eine vorübergehende Verdichtung. Wir wissen sehr wohl, daß unser Bild aus gespeicherten Daten besteht, die jeweils vom Computer aktualisiert und zusammengesetzt werden wie beim Bildtelefon. Die Suche nach Beweisen unserer selbst treibt uns zur Technik des Video-Kurzschlusses. Wir hoffen auf ein winziges Kulissen-Mißgeschick, das vielleicht darauf hinweist, daß unser Bild nur aus zirkulierenden Daten zusammengesetzt wird; eine geringfügige Abweichung, die belegen würde, daß SIE uns nur glauben machen wollen, daß es uns noch gibt; ein Materialfehler vielleicht, der uns eine — wenn auch schreckliche — Gewißheit gäbe.

»Der Spiegel war der Ort der imaginären Erschaffung des Subjekts, der Bildschirm (und darunter verstehe ich auch die Netze ...) ist wahrscheinlich der Ort, an dem das Subjekt verschwindet.«[110]

Wenn SIE auch überall sind, dann müßte es doch wenigstens möglich sein, SIE durch diesen Kurzschluß zwischen mir und meinem Videobild zu überlisten. Jedem anderen Bild, das sich aus dem Netz in meinen Schirm ergießt,

182

schenke ich sowieso kein Vertrauen mehr. Und die Dinge sind längst von ihren Bildern infiziert. Aber, vielleicht, wenn ich die Kamera noch näher an mein Gesicht heranführe, näher an den Bildschirm gehe, um auch das kleinste verräterische Detail erkennen zu können — näher, immer näher die Kamera ans Auge, das Auge an sein eigenes Abbild ... Die Wimpern schlagen gegen das Glas. Das schwarze Loch der Iris riesig vor mir, saugt mich an — Da, da tief im Innern der Oberfläche, die Schwärze, die Netzhaut, die NETZhaut ...

10. real time

>15 Sekunden bedeuten in elektronischer Zeit
15.000.000.000 Nanosekunden«

Nam Jun Paik

Der Zeitgeist treibt die produzierte, technische Zeit zu ihren Extremen. Einerseits haben wir es mit Halbwertzeiten von Jahrmillionen zu tun. Andererseits werden mit der Taktung, die der Computer mitbringt, die Poren der Zeit unendlich fein. Das Jetzt und damit auch die Vorwarnzeit, die Zeit, in der noch etwas zu entscheiden ist, wird dadurch so kompakt, daß Ursprung und Ende dahinter verschwinden.

Jede Maschine ist auch eine Zeit(verkürzungs)maschine. Die mechanische Uhr hat die diskrete, gleichmäßige Zeit allererst geschaffen, mit der das soziale Räderwerk von Kloster, Verwaltung, Armee und Fabrik synchronisiert werden kann. Die ersten Automaten sind gleichsam von den Turmuhren herabgestiegen. Auch in der Renaissance waren es die Uhrmacher, die Puppen-Automaten konstruierten.

Die Zeitvorstellungen entwickeln sich gebunden an die

183

Technologie. Einschneidend für beide war die Eisenbahn. Sie hat den Raum der technischen Zeit unterworfen und damit eine raumübergreifende Zeit notwendig gemacht. Die ›Greenwich Mean Time‹ wurde zur Abstimmung der Fahrpläne eingeführt.

Nach der Normierung der Bewegung im Raum drehen die technischen Medien (Telefon, Film, Radio, TV) den Vektor um. Nicht ich kann mich überall hinbegeben, sondern alles kommt jederzeit zu mir. Dieser Entwicklung ist nur mit den Kategorien der Simultaneität und der Abwesenheit beizukommen. Virilio hat ihre Bedeutung für den Krieg aufgezeigt.

Es ist gesagt worden, daß die Atombombe das Paradigma unserer Zeit sei. Das stimmt auch in einem trivialeren Sinne. Die ›primäre Zeitnormale‹ wird heute von den Atomen des Cäsiumisotops 133 produziert, die mit Mikrowellen beschossen werden. Eine Atomsekunde ist das 9.192.631.770fache der Periodendauer der elektromagnetischen Strahlung, die bei einem Quantensprung der Cäsiumatome abgegeben wird. Sechs Satelliten mit solchen Atomuhren umkreisen die Erde und strahlen ständig eine koordinierte Weltzeit ab. Das weltweite Navigationssystem GPS (Global Positioning System) benutzt die Impulse, um Schiffen, Flugzeugen und Raketen präzis den Weg zu weisen[111]. Es geht also immer noch um die Beherrschung des Raums und um den Krieg in der Zeit.

Die Quantelung der Zeit und die Koordinierung von unzähligen Prozessen, von denen eine Datenflut ausgeht, führt zu einer Beschleunigung, die durch den Engpaß des kognitiven Systems Mensch hindurch muß. Will er noch Entscheidungen treffen, muß er sich Maschinen schaffen, die mit der maschinellen Zeit Schritt halten können. Das folgende Zitat von J. W. Forrester vom MIT, dem geistigen Vater der ›kybernetischen Systemtheorie‹, weist darauf hin, wie der Computer scheinbar gerade zur rechten Zeit kam. »(1947) hätte man wahrscheinlich keine fünf Militäroffiziere gefunden, die die Möglichkeit in Betracht gezogen hätten, daß eine Maschine in der Lage sein könnte, die verfügbaren Informationsquellen, den geeigneten Einsatz von Waffen, die Formulierung von Kommando-Instruktionen sowie die Koordinierung benachbarter Felder von Militäroperationen zu analysieren … Im folgenden Jahrzehnt steigerte sich die Geschwindigkeit der Militäroperationen ständig, bis allen klar wurde, daß ungeachtet der Vor- oder Nachteile von Entscheidungen aufgrund der Urteile von Menschen die interne Kommunikationsgeschwindigkeit der menschlichen Organisation einfach zu niedrig war, um mit dem Tempo des modernen Luftkrieges mitzukommen. Diese Handlungsunfähigkeit gab das Startzeichen.« [112] Der Gedanke ist also, daß eine dem Menschen externe Kommunikationsgeschwindigkeit die Handlungsfähigkeit der Menschen wiederherstellen könnte. Eine trügerische Vorstellung, wie sich bald zeigen wird.

Der Grundbaustein der Maschine, die so aus militärischer Notwendigkeit entstanden ist, ist die Uhr, ihr Herz, das bei heutigen Supercomputern eine Milliarde Mal in der Sekunde tickt. Die Uhr zerhackt die stetige Welt in maschinengerechte Atome. Turing: »Wir könnten sagen, daß der Taktgeber uns erlaubt, Diskretheit in die Zeit einzuführen, so daß die Zeit zu bestimmten Zwecken als eine Aufeinanderfolge von Augenblicken anstatt als kontinuierlicher Fluß betrachtet werden kann.« [113] Die digitale Maschine muß nicht nur Bilder und Schrift, sondern auch die Zeit in Jetzt-Punkte (instant pixels) zerlegen, da sie nur mit diskreten Objekten operieren kann. Wie in der Fabrik koordiniert sie die Arbeit auf dem Fließband der seriellen von-Neumann-Maschine. Bei jedem Takt wird ein Mikrobefehl vom Mikrosequenzer ausgesandt, d. h. der 0/1, offen/geschlossen Zustand wird an jedem Gatter überprüft und gegebenenfalls geändert. Der Mensch kann die Ungleichzeitigkeit mit seiner Maschine nur überwinden, indem er die Impulse, die er an einzelnen Stellen im elektronischen Netz abliest, durch eine Verlangsamungsmaschine, einen Analyzer, schickt. In menschlichem Zeitlupentempo kann er dann das Öffnen und Schließen der einzelnen gates kontrollieren[114].

Wie sich die Intelligenz im Computer auf verschiedenen Beschreibungsebenen darstellt (neuronale hardware, Algorithmen, Computer-Lyrik), so gibt es auch verschiedene Schichtungen der Zeit. Für beide, Intelligenz und Zeit, gilt, daß man eine Erscheinungsebene nicht vollständig aus den darunterliegenden erklären kann.

Man muß also von einer Gleichzeitigkeit verschiedener Zeitformen ausgehen, die sich zwischen der Hardware-Zeit und der subjektiven Zeit der Benutzer und Programmierer auffächert. Die bereits genannte Hardware-Zeit unterteilt sich in die Schaltzeit der logischen Bauteile und in die Kommunikationsgeschwindigkeit zwischen Steuerwerk, Rechenwerk und Speicher. Läßt sich die Ansprechgeschwindigkeit der Schaltelemente durch neue Materialien noch erhöhen, so liegt die absolute Grenze bei der Signalübertragung bei der Lichtgeschwindigkeit. In einer Nanosekunde legt das Licht im leeren Raum 30 cm zurück, in elektrischen oder Glasfaser-Leitungen 15-20 cm und in einem dichtbepackten

Chip 3 cm. Temposteigerungen über eine Operation pro Nanosekunde hinaus lassen sich durch Parallelverarbeitung erreichen.

Das erste Abbremsen dieser internen Computer-Zeit bewirkt die Peripherie: Diskettenlaufwerke, Bildschirme, Drucker, Modems sind so langsam, daß der zentrale Prozessor seinen Output in einem (Zeit-)Pufferspeicher zwischenlagert, aus dem sie sich gemächlich bedienen, während er weiterarbeitet.

Bei einem Einplatzsystem hat es der Benutzer mit dieser gepufferten Zeit zu tun. Teilen sich mehrere Benutzer eine Rechenanlage, wird die interne Zeit von einer Zeitverwaltungskomponente reihum den einzelnen Benutzern zugewiesen (kismet, arab.-türk.: Zugeteiltes, Schicksal, Unabwendbares). Im Normalfall folgen die Zeitbündel beim ›time-sharing‹ so schnell aufeinander, daß der Benutzer noch den Eindruck einer ungeteilten Aufmerksamkeit des Computers haben kann.

Werden anachronistische Übertragungskanäle wie die Kupferkabel des Telefonnetzes zwischengeschaltet, kommt es noch zu merklichen Verzögerungen. Bei der üblichen Übertragungsgeschwindigkeit von 300 baud (= bit pro sec.) läßt sich das Ergebnis der Kommunikation mit dem Rechner noch bequem auf dem Bildschirm mitlesen. Das Datex-P Netz rafft die bit zu sog. Paketen und schickt sie mit 2400 baud in den Sprechpausen zwischen dem normalen Telefonverkehr hindurch, was allerdings zu lästigen Störungen der Mensch-zu-Mensch-Kommunikation führt[115].

Aber nach Forrester kommunizieren Computer nicht in erster Linie mit dem Menschen. Sie dienen als Schnittstelle, um die beschleunigte Maschinenwelt beherrschbar zu machen. Sie übernehmen die Rolle des Arbeiters, der in »Metropolis« die Zeiger eines der Uhr nachgebauten Anzeigeinstruments nachführt. In der Prozeßsteuerung bezeichnet der Begriff Echtzeit oder realtime die Synchronisation von technischen Vorgängen und ihrer Rückkopplungssteuerung. In einer chemischen Anlage z. B. kontrolliert der Rechner die Ausgabewerte und leitet bei Abweichung vom Sollwert instantan eine Gegensteuerung ein. Die Daten werden direkt nach Eintreffen verarbeitet und nicht stapelweise. Durch die Verkürzung der Reaktionszeit in den Nanosekundenbereich werden Urbild und Abbild natürlich immer noch nicht identisch. ›Echtheit‹ drückt vielmehr den Stolz darüber aus, daß der Computer in einer Zeit, in der er noch vorwiegend für langwierige Berechnungen und Simulationen eingesetzt wurde, im echten Leben einen echten Regelkreis zu steuern vermag.

Das Verhältnis der technisch ›echten‹ Zeit zur ›echten‹ Zeit der Menschen bleibt jedoch problematisch. Ziel war es ja, die kognitive Langsamkeit des Menschen zu umgehen, indem die Wahrnehmung der (Messung, Vorverarbeitung der Information) und das Handeln in Bezug auf die (Steuern) Maschinenwelt zum großen Teil in eine Maschine ausgelagert wird. Aber auch das Abbremsen der Informationsflut durch automatische Selektion macht den menschlichen Kontrolleur nicht unbedingt entscheidungsfähig. Nach einer NATO-Studie müßten die Kommandanten des zentralen Kommandobunkers für Europa rund um die Uhr 790 Wörter pro Minute lesen, wollten sie mit dem Output des WIMEX (Worldwide Military Command and Control System) Schritt halten [116].

Die Asynchronität von Mensch und Maschine läßt sich in zwei Richtungen beheben. Man könnte die in einer gegebenen Zeiteinheit relevanten Informationen weiter maschinell verdichten. WIMEX könnte den militärischen Zustand der Welt z. B. als Aufleuchten einer grünen, gelben oder roten Lampe darstellen. Eine offensichtlich unbefriedigende Lösung.

Der andere Weg wäre eine Steigerung der Verarbeitungsgeschwindigkeit des menschlichen Informationssystems. Die Psychodroge DNX zeigt, daß das, was wir als ›echte‹ Zeit auffassen, nur eine biochemische Parametereinstellung unserer biologischen Kognitionsmaschine sein könnte[117]. Die These besagt, daß eine noch unbekannte Instanz im Gehirn als Verzögerungsfilter wirkt, der die psychischen Abläufe auf die Geschwindigkeit der für uns relevanten Weltereignisse im Makrobereich und auf die Trägheit unserer Sensoren und Effektoren abstimmt. Diese Abstimmung hängt vom jeweiligen Organismus und seiner relevanten Umwelt ab, ist also für eine Schnecke anders eingestellt als für einen Kolibri. Die Einstellung läßt sich mit dem ›Antihalluzinogen‹ (sic!) DNX, das den Hirnstoffwechsel anregt, verändern. Der Pharmakopsychologe Edmund Meyers beschreibt nach einem Selbstversuch die Beschleunigung der psychischen Verarbeitungsgeschwindigkeit, die er als Zeitlupen-Effekt der äußeren Abläufe erlebt hat: »Befremdet und ein wenig angeekelt verfolgte ich den Weg meiner rechten Hand, die wie eine Schnecke durch den Raum kroch, wie ein eigenes Wesen, unabhängig von mir. Der Impuls, das Wasserglas auf dem Schreibtisch zu ergreifen, lag so weit zurück, daß ich die endlich erfolgende Ausführung nicht mehr damit in Zusammenhang bringen konnte.« Die Gefühle erscheinen seltsam blaß und fern, »als ob sie einem anderen gehörten«. Am Ende verschwinden Freude und Behagen in gleicher Weise wie Unlust, Haß und Schmerz. Jegliche Phantasietätigkeit setzt aus, Assoziationen erscheinen blockiert, statt dessen bestimmen Zähl- und Ordnungszwänge das Bewußtsein. Die Außenwelt reduziert sich mehr und mehr zum unbedeutenden Hintergrund, eine unendliche Leere tut sich auf, jenseits von Angst und Hoffnung, »gleich weit entfernt von Himmel und Hölle« — Meyers habe sich gefühlt wie ein Computer.

Von diesem Exkurs zum Synchronisationsmechanismus des menschlichen Kognitionsapparates kehren wir also nicht nur mit einer Möglichkeit zurück, 790 Wörter pro Minute zu lesen. Darüberhinaus haben wir eine andeutungsweise Vorstellung von der ›Erfahrungswelt‹ der buddhistischen Maschine-die-jede-Maschine-sein-kann (vgl. Kapitel IV/3) und von ihrem Zeitempfinden gewonnen. Wollte man die Analogisierung und die Kopplung von Mensch und Computer weitertreiben, könnte DNX vielleicht nutzbringend eingesetzt werden. Vorläufig ist festzuhalten, daß der Trick nicht funktioniert, sich zur Beherrschung einer beschleunigten Maschinenwelt eine Weltmaschine zu bauen.

Aber der Blick auf die Beherrschung (und militärische Vernichtung) der Welt ist ohnehin nur einer. Ein anderer ist der auf den Menschen. Die gequantelte Zeit ist für sein drogenfreies Hirn nicht wahrnehmbar. Sie fügt sich oberhalb der Hardware-Zeit zu verschiedenen Formen der Dauer und der Intensität wieder zusammen.

Beim Schreiben am Computer ist es gerade die Vorstellung, daß diese ungeheuer flinke Maschine nichts anderes tut, als 50 Mal in der Sekunde das Bild des Textes neu aufzubauen und auf den nächsten Einfall des Wörtermachers zu warten, die eine müßige Befriedigung verschafft.

Leute, die Programme schreiben, also Texte, die sich an die Maschine wenden, berichten von einer erhöhten Erlebnisdichte, einer rauschartigen Zeit- und Selbstvergessenheit (natürlich auch von Zähl- und Ordnungszwängen). Das gleiche Phänomen findet sich bei Computer-Spielern. Programmierer und Spieler befinden sich außerhalb der Zeit und sind damit Herrscher über die Zeiten. Da es im Universum der diskreten Zeitquanten einzig noch den Jetzt-Punkt gibt, sind alle anderen Dimensionen der Zeit Simulationen, synthetische Gefüge, reversibel und instabil. Im Nebeneinander der Zeiten gibt es den Begriff der Zeit nur noch als Pluraletantum. Was als Verlust von Vergangenheit und Zukunft, Geschichte und Utopie betrauert wird, kann auch als Option auf die Zeit des Einzelnen aufgefaßt werden, die sich weder an den Gestirnen noch an den Maschinen mißt. Man kann zu allen Zeiten sein, wenn man sie auch nicht mehr beherrschen kann.

Laederach hatte die Vermutung geäußert, daß die Literatur durch die elektronische Textverarbeitung zu einem Parlando-Stil finden wird. Verschiedene Rhythmiken bieten sich an. Das Staccato gehört dazu, das der elementaren Diskretheit ›Rechnung trägt‹. Aber sicher auch ein Legato, das die getrennten Grundelemente zu einer sekundären Stetigkeit, zu ›Geschichte‹ bindet.

Ein Computer-Spiel trägt den Namen »Time Zone«. Es erlaubt dem Spieler an der Ermordung Julius Caesars teilzunehmen (ist aber so geschichtstreu, daß er sie nicht verhindern kann) oder Benjamin Franklin ›face to face‹ zu bereden, die Unabhängigkeitserklärung zu unterzeichnen (ohne daß er damit Erfolg hätte). Auch wenn es in halbherziger, obsolet didaktischer Weise durchgeführt ist, deutet dieses Spiel an, daß die Zeit ebenso wie die Sprache, wenn sie einmal — wieder einmal — unendlich zerhackt worden ist, in ungeahnter Disponibilität zu uns zurückkehrt. Sie erinnert dann an das Labyrinth der Zeit, das Ts'ui Pen schuf. Er schloß darin keine Möglichkeit aus, öffnete vielmehr verschiedene Zukünfte, verschiedene Zeiten, die auswucherten und sich verzweigten. Im Unterschied zu Newton und Schopenhauer glaubte Ts'ui Pen nicht an eine gleichförmige, absolute Zeit, sondern — diese Vorstellung muß mit der Echt-Zeit des Computers unweigerlich zum Gemeinplatz werden — an »unendliche Zeitreihen, an ein wachsendes, schwindelerregendes Netz auseinander- und zueinanderstrebender und paralleler Zeiten. Dieses Webmuster aus Zeiten, die sich einander nähern, sich verzweigen, sich scheiden oder jahrhundertelang nicht voneinander wissen, umfaßt alle Möglichkeiten.« [118]

11. Zufall und Unfall

> »Wenn es keinen Zufall mehr gibt, ist auch der
> Wille inhaltslos geworden, ist Geschichte nichts
> als der Rost, der sich auf der gewaltigen, bald
> sichtbaren, bald unsichtbaren Kette der
> Kausalität bildet.«
>
> *Mishima, Schnee im Frühling*

> »the state of software practice in the Depart-
> ment of Defense community ranges from a rea-
> sonably effective, disciplined approach in a few
> systems to near chaos in others«
>
> *aus: STARS Program*

Zufall ist der ausdeutungsfähige Raum, in den man eine ori-
ginäre Ausdruckskraft der Maschine projezieren kann. Die
Benützung des Zufalls, schreibt Wilhelm im Kommentar
zum I Ging, war seit alters her ein Medium für die Äußerung
der übermenschlichen Intelligenz, »in dem sich gerade bei
dem Mangel des unmittelbaren Sinnes ein tieferer Sinn Ausdruck verschaffen konnte« [119]. Zufall ist das, was den Computer vom Küchenmixer unterscheidet, so wie die Sprache,
die Seele, der Wille den Menschen vom Tier. Zufall kommt
als das Pendant zum mathematisch-symbolischen Plan daher, obwohl er selber mühsam geplant ist. Er ist das ›Alibi
der Planenden‹ und erweckt den Anschein, er schaffe den
Raum für spontane, unmittelbare Beziehungen zwischen
Mensch und Maschine [120].

Der Zufall ist die wichtigste Lücke im starren Gitterwerk
der kybernetischen Universalmaschine. In diese Lücke drän-
gen sich alle nicht wissenschaftlichen, wirtschaftlichen oder
militärischen Anwendungen, wo der Computer ja gerade

streng determiniert funktionieren soll: Spiele und Computer-Kunst. Man kann sich von der Maschine nur überraschen lassen, wenn man sie dazu bringt, etwas zu äußern, was man nicht explizit hineinprogrammiert hat. Das Zauberwort von der Serendipity oder der Aleatorik taucht überall in der Computer-Grafik, -Musik, -Environment Art etc. auf[121]. Sie beruhen auf dem Zufall. Max Bense sieht eine Ähnlichkeit zwischen Zufall und Intuition. Durch die Einführung von Zufallsgeneratoren bleibe der »singuläre Charakter auch des maschinell erzeugten ästhetischen Objektes bewahrt, es zeigt eine pseudoindividuelle oder pseudointuitive Note.«[122]

Auch die Vorstellungen von Lernfähigkeit und Denken heften sich allein an den Zufall: In Fortführung des biologisch evolutionären Paradigmas, daß Mutationen, also der Zufall, Unfall, das Zerbrechen und Wiederverschmelzen von Genen etc., der treibende Motor der Höherentwicklung sind. Also entgegen der Inzest- oder Entropie-Vorstellung (alles ist immer schon da, es gibt nur Verfall) eine von der Verbesserung, der Erhöhung des Organisations- und Komplexitätsgrades (Verarbeitung von Information stellt selbst schon einen Zuwachs an Ordnung dar), der Ausdifferenzierung bis hin zum — allerdings ungeklärten — qualitativen Sprung zum menschlichen Bewußtsein (oder bei Teilhard noch darüber hinaus).

Ähnliche Hoffnungen machen sich auch die Bewohner des Computer-Reichs. Wenn man in die deterministischen Abläufe an entscheidenden Stellen den Zufall einführt, könne Bewußtsein, zumindest etwas, das sich von außen betrachtet nicht anders bezeichnen ließe, auch in der Universal-Maschine entstehen. In Turings Argumentation taucht der Zufall immer wieder auf. Befiehlt man dem Computer, das Ergebnis eines Würfelwurfs weiterzuverarbeiten, so beschreibe man eine solche Maschine manchmal dadurch, »daß man sagt, sie habe einen freien Willen (obwohl ich selbst solche Ausdrücke nicht verwenden würde).« [123] Beim Entwurf seiner lernenden Kind-Maschine spricht Turing davon, daß es wahrscheinlich klug wäre, ein zufälliges Element mit einzubeziehen. »Intelligentes Verhalten besteht vermutlich in einem Abweichen vom völlig disziplinierten Verhalten bei Rechenvorgängen, das jedoch so geringfügig ist, daß es nicht zu einem zufälligen Verhalten oder sinnlosen, sich wiederholenden Schleifen führt.« Das Lernen selbst dürfte kein tumbes Speichern sein und müßte auch das Verlernen einschließen [124].

Es geht folglich nach den mühsam determinierten und determinierenden Versuchen, Wirklichkeit zu repräsentieren, jetzt darum, dieses durchsichtige, geheimnislose Gerüst wieder zu lockern; der Kausalität die Möglichkeit zu Markoffschen Verkettungen hinzuzufügen; dem Unberechenbaren Eingang zu gewähren. Dafür bestehen zwei Möglichkeiten: Zufall als Pseudo-Effekt und als Hyperkomplexität.

Der Computer ist ein vollständig determiniertes, geschlossenes System, d. h. jeder zukünftige Zustand, den eine Eingabe bewirkt, ist vollständig vorhersagbar. Der Zufall kann folglich nur von außen eindringen. Zur Produktion eines echten Zufalls wurden elektromechanische Methoden wie ein elektrisches Roulette und elektronische Methoden vorgeschlagen, die das Rauschen von Elektroröhren oder das Radiorauschen aus dem Äther aufnehmen. Letzteres wird wegen der völligen Gleichverteilung der Peeks auf dem Oszillographen ›Weißes Rauschen‹ genannt.

Innerhalb des Systems, innerhalb eines jeden Computers,

läßt sich nur ein Pseudo-Zufall (sic!) generieren, d. h. Serien von Zahlen, die scheinbar keiner gemeinsamen Produktionsregel gehorchen, deren Reihenfolge aber ausgehend von einem Startwert festgelegt und unveränderlich ist. John von Neumann stellte um 1950 den ersten Zufallsgenerator vor, der auf der Wurzelmethode basierte. Da beim Radizieren alle Bit eines Wortes beteiligt sind, erhält man aus der Wortmitte Zufalls-Bit. Die ›Kongruenzmethode‹ verwendet die Modulo-Funktion, um Zufallswerte in Normalverteilung zu errechnen. Andere Methoden erzeugen Gleichverteilung oder Klumpenballungen.

Der Zufallsgenerator enthält einen Zeiger, der auf der Serie nachgeführt wird. Wird ein Programm, das z. B. mit dem RND (random number)-Befehl arbeitet, mehrfach hintereinander benutzt, so wird es jedesmal andere Zufallszahlen oder darauf basierende Programmentscheidungen, grafische oder akustische Ausgaben usw. produzieren. Wird der Zufallsgenerator zurückgesetzt, startet er die Serie wieder von vorn. Es handelt sich also um einen exakt wiederholbaren Zufall, was für die Optimierung statistischer Methoden, mathematischer Modelle oder Programme durchaus erwünscht ist. In der präinformatischen Zeit verwendete man für diesen Zweck übrigens Zufallstabellen.

Außer dem Zufall, der von außen in das System eingeführt wird, und dem geplanten Pseudo-Zufall, gibt es eine unbeabsichtigte Form, in der Computer ihre Benutzer überraschen. Sie hat ihre prinzipielle Ursache darin, daß die Folgen unseres Handelns auch auf deterministischem Boden nicht gänzlich abzusehen sind [125]. Bei großen Systemen führt das zum Weizenbaumschen Flickwerkphänomen [126]. Durch die schiere Größe des Programms und die Vielzahl der Beteiligten verlieren selbst die Programmierer den Überblick und können nicht vorhersagen, wie es sich im Einzelfall verhalten wird. Diese Metastasen des Programms, die das Chaos im Herzen der Ordnung schaffen, sind die einzige systemimmanente Form des Zufalls. Um die daraus erwachsenden Unfälle, Katastrophen, die Möglichkeit der ›Apokalypse aus Versehen‹ soll es im folgenden gehen.

Bei Störung, Versagen, Unfall von Mensch-Maschine-Systemen gab es im Zeitalter der Dichotomie von Subjekt und Objekt zwei Erklärungsperspektiven: 1. menschliches Versagen 2. ein Restrisiko auf seiten des Materials.

ad 1. Die Ursache lag innerhalb des Terrains der Ordnung, des Systems, des Wissens und war somit prinzipiell beherrschbar. Sie verlagert sich in einen Ausfall der menschlichen Beherrschungskompetenz: Streß, Unaufmerksamkeit, mangelnde Ausbildung, Willkür, Sabotage usf.

ad 2. Die Ursache lag außerhalb der Grenzen dieses Terrains. Dort herrscht keineswegs das reine Chaos. Wenn es auch daran erinnert, daß das Objekt ihm immer nur unvollständig und vorübergehend abgerungen ist. Wenn das Material der Beherrschung müde wird, zieht es Grimassen und führt zu Befremdung im Spiegelbild seines Produzenten. Doch mithilfe der Wahrscheinlichkeitsrechnung läßt sich auch dieses Außen der Ordnung in sie einbinden. Materialermüdung, Verschleiß, Fehlfunktionen, Rauschen, auch die Potenzierung mehrerer Einzelfehler in großen Systemen sind berechenbar (die bekannten 10.000 Jahre, in denen ein Größter Anzunehmender Unfall in einem AKW stattfindet).

Mit dem Einsatz hyperkomplexer Computersysteme an verantwortlicher Stelle kommt eine dritte Variante hinzu, die in dem freimütigen Eingeständnis des Department of Defense (DoD) aus dem Motto anklingt. In diesem Fall kann man weder böswillige oder fahrlässige Verstöße von Programmierern und Benutzern gegen die Regeln ihrer Zunft verantwortlich machen noch die Widerspenstigkeit eines natürlichen Materials gegen seine Beherrschung. Der Zufall erwächst aus der labyrintischen Unüberschaubarkeit des Systems selbst. Unüberschaubar bedeutet, daß es nicht möglich ist, ein System nachzubauen, das dasselbe Ein-/Ausgabeverhalten zeigt[127].

Entscheidend zum Verständnis von Unfall-Quellen in formalen, vollständig determinierten, menschgemachten Systemen sind Hyperkomplexität und Geschwindigkeit.

Die komplexesten Computersysteme an äußerst sensibler Stelle sind Frühwarn- und Entscheidungssysteme (FWES). Sie müssen zehntausende verschiedener Eingangssignale in Echtzeit verarbeiten. Hinzu kommt eine weit größere Zahl von Parametern, Sollwerten und Hintergrunddaten, mit denen diese abgeglichen werden müssen. Das »World Wide Military Communication and Command System« bspw. umfaßt 35 verschiedene Großcomputer, deren Programme einen Umfang von über 17 Millionen Zeilen Programmcode haben[128]. Hinzu kommen stationäre und bewegliche Radarposten, Satelliten, U-Boote usf. Vom »North American Defense System« (NORAD) sind im Zeitraum 1979/80 in 18 Monaten 147 Fehlalarme bekannt geworden. Vier davon führten dazu, daß atomar bestückte Bomber aufstiegen und die Raketensilos entschärft wurden. Die Vorwarnzeit, also die Zeit, in der der Informationsverarbeitungsprozeß bis zu einer — menschlichen oder automatischen — Entscheidung geführt worden sein muß, ist mit der Stationierung der

Pershing II in der Bundesrepublik von vorher 30 Minuten auf 4 bis 8 Minuten gesunken[129].

Daß die Struktur derartig komplexer Systeme nur mangelhaft verstanden und nicht beherrscht wird, gibt das amerikanische Verteidigungsministerium seit Ende der sechziger Jahre unverhohlen zu. Damals wurde die »Software-Krise« ausgerufen. Sie beruht auf der Erkenntnis, daß es keinerlei Theorie und nur Flickwerk-Methodologie für die Erstellung und Bewertung von Software gibt. Forschung, Entwicklung und Produktion sind nicht klar getrennt. Es gibt nur ad hoc-Bastelei für einzelne Anwendungen, die nicht auf andere Geräte zu übertragen sind. Das DoD legte eine schwerwiegende Klageliste vor: Verluste durch Fehlentwicklungen und Instandsetzungen, hohe Wartungskosten, mangelnde Zuverlässigkeit, Mangel an ausgebildeten Programmierern (1983 immer noch in der Größenordnung von 100.000). Systeme wie ein FWES können nur eingeschränkt mit Simulatoren und nicht unter realen Bedingungen getestet werden. Hinzu kommen wachsende Anforderungen an Geschwindigkeit, Datenmengen, Präzision und Anpassungsfähigkeit an veränderte Bedingungen.

Diese Situation führte zu einer Einschränkung der üblichen militärischen Geheimhaltung. Zu einer NATO-Tagung 1968 wurden fünfzig auch zivile Software-Experten aus elf Nationen eingeladen. Hier wurde am Reißbrett eine neue Disziplin entworfen: software-engineering. Ihr Ziel war es, eine theoretische Grundlage (Methoden zur Zerlegung komplexer Probleme, ›strukturiertes Programmieren‹ etc.) und damit die Voraussetzung für eine industrielle Massenproduktion von Software zu schaffen[130].

In einer weiteren Initiative seit 1974 beschäftigt sich die

»High Order Language Working Group« des DoD mit der Konstruktion einer Programmiersprache, die das Chaos der 200 bislang im Militärbereich eingesetzten Sprachen und Dialekte ersetzen soll. Ausgehend von Pascal, Algol 68 und PL/I entsteht in einer weltweiten, konzertierten Aktion von Wissenschaftlern aus Universitäten, Industrie und Militär mit immer weiter präzisierten Ausschreibungen des DoD bis 1979 die Programmiersprache Ada[131]. Ada ist der Versuch, alle Eigenschaften der Ausgangssprachen zu vereinigen und eine umfassende Norm zu setzen.

Ada ist geeignet, die seltsam anmutende Tatsache näher zu betrachten, daß etwas von Menschen Erdachtes nicht mehr von ihnen verstanden werden kann. Beim Design einer Programmiersprache ist eine grundsätzliche Entscheidung zu treffen. Entweder man wählt eine geringe Anzahl von Befehlen, übersichtlich, schnell und mit geringem Speicherbedarf. Diese Lösung ist geeignet bei schneller Verarbeitung gleichförmiger Daten. Ihr Nachteil ist, daß komplexere Vorgänge in mehreren Schritten programmiert werden müssen[132]. Oder man baut eine umfassendere Sprache als komfortables Handwerkszeug für die unterschiedlichsten Anwendungen. Der Nachteil in Bezug auf Speicherbedarf und Geschwindigkeit kann durch Hardware-Entwicklungen ausgeglichen werden. Nicht gelöst ist die Unüberschaubarkeit durch das Zusammenwirken vieler, komplexer Programmbefehle. Klassisches Beispiel einer Katastrophe aufgrund der Eigenschaften einer Programmiersprache ist das amerikanische Venussonden-Projekt. Die Rakete lief wegen der FORTRAN eigenen impliziten Deklaration von Variablen dem Computer davon[133]. Ein in noch stärkerem Maße überdimensioniertes Sprachungetüm ist Ada.

Entgegen allen Warnungen aus Fachkreisen [134], daß diese Sprache nicht für den Einsatz in kritischen Bereichen wie AKWs, Cruise Missiles, FWES, Raketenabwehrsystemen usf. geeignet ist, wird sie sich dennoch durchsetzen. Das DoD als größter Auftraggeber für Software der Welt betreibt systematisch die normative Verwendung von Ada auch im akademischen und im kommerziellen Bereich.

Doch schon vor der potenzierten Fehlerquelle Ada hat sich in Fachkreisen die Erkenntnis durchgesetzt, daß Systeme jenseits einer bestimmten Größe grundsätzlich nicht fehlerfrei sein können. Unter Umständen führt jeder Versuch, einen Fehler zu beheben, zu einer Kette neuer unvorhergesehener Fehler – Fehler, die niemand erklären, geschweige denn beheben kann [135].

An den aufgezeigten Problemen hat sich bis heute nichts geändert. Das eingangs zitierte Strategie-Papier von STARS (Software Technology for Adaptable, Reliable Systems) vom April 1983 zeigt den eklatanten Widerspruch zwischen der zentralen Bedeutung von Software für den gesamten Militär-Apparat und dem mangelnden Verständnis auch nur der zugrundeliegenden Probleme. »The military power of the United States is inextricably tied to the programmable digital computer. (...) Aggressive action is needed, now, if we are to maintain our military supremacy through the use of computer technology.« Zugleich wird zugegeben, daß »development and support of software for major military systems is one of the most complex human endeavors (...) for which there is an inadequate body of accepted practice and little supporting theory«, ja nicht einmal das *Problem* der Software habe bislang konsistent formuliert werden können [136].

Selbstverständlich ist die Situation bei kritischen, nichtmilitärischen Großsystemen, z. B. in AKWs, nicht weniger beunruhigend. Der Unterschied besteht darin, daß diese im Krisenfall zurückgefahren oder abgeschaltet werden können, auch wenn es unter Umständen schon zu spät ist, während FWES gerade dann in Aktion treten.

Der Zufall hat viele Namen. Im Hazard-Spiel heißt er Glück; bei Turing — auch wenn oder gerade weil er ›solche Ausdrücke‹ nicht verwenden würde — freier Wille; im technischen Kontext Unfall; im ästhetischen Intuition; in wieder anderen Fällen göttliche Fügung, Schicksal, Fatum. Mit dieser Spanne belegt er auch das, was uns mit dem Computer zufällt: das Glück der Menschen, ihr Partner und die fatale Panik angesichts ihres Endes. Panik, die etymologisch aus der Angst vor der Natur-Gottheit hervorgeht, kehrt als Angst vor dem Unbekannten und Unerkennbaren im menschengemachten, technischen System wieder, das angetreten war, diese zu bannen.

12. Artificial Realities

> »Der Sinn für das Ästhetische ist eine Frage aus
> der Topologie des Netzes, der Verteilung
> der darin kreisenden Potentiale, sowie auch
> der Anzahl der Schaltkreise, die alternativ zur
> Wahl stehen«
>
> *S. Lem, Der Hammer*

Um die Schnittstelle herum wie um eine Bodenfurche, ein
Delta, bildet sich ein fruchtbares Milieu aus. Gespeist aus
Energien beider Seiten formiert sich in dieser Zone der
Nährboden einer ungewöhnlichen Begegnung. Ihr Kraftfeld
zieht die jeweils neuesten Techniken und Technologien in
sich hinein, um einen environ-mentalen Weltraum zu eröffnen, eine Zone ›möglicher Welten‹ (Bense), in der eines
jeden ›Privileg‹ herrscht. Das ›individuelle Gesetz‹ hebt
zugleich die Trennung der beiden Bedeutungen als dem eines
Seienden und des Sollens auf. Die Vor-Schrift, der Plan ist
mit seiner Ausführung identisch.

Einer derjenigen, die diese Zone erschließen, ist Myron
W. Krueger, Informatikprofessor an der University of Con-
necticut[137]. Seit 1969 entwirft er zusammen mit Happening-
und Elektronik-Künstlern interaktive Environments. Darunter hat man sich Räume vorzustellen, die mithilfe unter-

schiedlicher Sensorien den Gast der Zone wahrnehmen, und einem Rechner, der diese Wahrnehmung verarbeitet und unter ästhetischen Gesichtspunkten mit Effektoren, besonders Video-Projektoren und Klangerzeugern, koppelt.

Beispielsweise wird ein Mensch, der diesen Raum betritt, mithilfe einiger hundert Fußbodenschalter lokalisiert. Sein Bild wird von Videokameras aufgezeichnet und im Computer analysiert nach Umriß, Körperhaltung, Blickrichtung usw. Die Wände des Environments bestehen aus TV-Projektionsflächen, die von hinten angestrahlt werden. Durch Projektion auf alle vier Wände entsteht jeder beliebige dreidimensionale Raum, in den das freigestellte und veränderte Bild des Gastes in Echtzeit, also instantan wie bei einer Spiegelung, einmontiert wird. Dazu stehen eine Vielzahl von TV-Techniken, wie sie von Künstlern wie Nam June Paik eingesetzt werden, zur Verfügung: Farbverfremdung, Feedback (ein Monitorbild wird abgefilmt, es entsteht ein Unendlichkeitseffekt ähnlich zwei gegenübergestellten Spiegeln), Scan Modulation, Keying (Überlagerung von Vorder- und Hintergrund), Fenster etc. Supercomputer erlauben darüber hinaus dreidimensionale, bewegte Bilder Pixel für Pixel zu synthetisieren. Computeranimation, so perfekt, daß sie von Videobildern nicht mehr zu unterscheiden ist, wird bereits bei Science-Fiction-Filmen und Video-Clips verwendet.

Der Fußboden kann durch Verbindung der Schalter mit einem Klangsynthesizer in ein Musikinstrument verwandelt werden, das der Zonengast durch Herumlaufen, -springen, -rollen spielt. »Response is the Medium«.

Ideen von John Cage und Allan Kaprow haben Krueger beeinflußt. Der Künstler kreiert kein fertiges Werk. Er tritt auf eine Metaebene zurück, läßt dem Unbeabsichtigten,

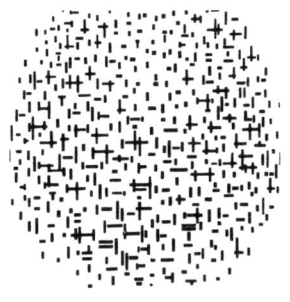

Piet Mondrian
Komposition mit Linien
Öl, 1919

Michael Noll
Simulation Mondrian
Computer-Grafik, 1964

Das Prinzip der Variation ist dem des Originals überlegen

Zufälligen seinen Platz, strukturiert allein Serien von Möglichkeiten, deren Realisierung in den Händen der Teilnehmer liegt. Es geht um die Komposition einer ästhetischen Erfahrung. In Anlehnung an Cage spricht Krueger von der Langeweile absehbarer Abläufe: »Ziel ist ein Werk, das seinen Schöpfer überrascht.«

Die reichen Möglichkeiten, den Gast zu überraschen, sind offensichtlich. Hat man sich erst von der Vorstellung gelöst, durch Simulation möglichst ›realitätsanaloge‹ Systeme konstruieren zu wollen, eröffnen sich alle Freiheiten. Von den Naturgesetzen entbunden, können Schwerkraft und Kausalität neu definiert werden. Durch Aufstampfen mit dem Fuß kann man Blumen wachsen oder Vulkane ausbrechen lassen. Trippelschritte können in der Videowelt Kilometer zurücklegen. Sie kann von den sonderbarsten Wesen unserer Phantasie bevölkert sein, mit denen wir reden, tanzen, lieben. »Die Beschränktheit der Realität kann überwunden werden.«

Daß selbst der Programmierer überrascht wird, könnte sich aus der Lernfähigkeit des Computers ergeben. Seine Architektur ist in verschiedenen parallelen Niveaus ausgelegt. Driver steuern die einzelnen Input/Output-Kanäle. Der Reflexrechner verwaltet eine Datenbank mit unterschiedlichen Kontext-Sets. Antizipierend stellt er weitere Pfade für die Entwicklung der Interaktion zur Verfügung: Muster der Kontingenz. Diese beiden Ebenen sind für die Verarbeitung des Hier und Jetzt zuständig (»Now-Processing«, sic!). Über ihnen steuert der »Zerebral-Rechner« (sic!) [138] die ästhetische Zielsetzung des Environments. Er analysiert den bisherigen Verlauf der Interaktion, der Kontexte und ihrer Übergänge und induziert bestimmte Reaktionen beim Zonen-Gast. In Ruhepausen würde er seine Geschichte Revue passieren lassen und sich neue Varianten ausdenken — »das Computer-Äquivalent des Träumens«.

Die Aufgabe des Programmierer-Künstlers wäre also nicht, alle Situationen vorherzusehen und explizit vorzugeben, vielmehr müßte er eine möglichst vielschichtige Persönlichkeit großziehen, wie ein Romanautor einen Charakter komponiert mit Sinn für Timing, Überraschung und Humor. Die Konzeption wird dann umschlagen in Perzeption. Aus der Fiktion geboren tritt dem Menschen ein Artefakt entgegen — als integriertes, wahrnehmendes, sich verhaltendes System. In diesem multidimensionalen Raum kann der Mensch spielerische, individuelle Beziehungen (›relationchips‹) zur Maschine herstellen. Und tatsächlich spricht Krueger in diesem Zusammenhang von einem »Dialog zwischen zwei Individuen«.

Ob von Menschen in diesen Environments die Trennung

zwischen ›realer‹ und ›simulierter‹ Wirklichkeit noch vorgenommen wird, ist zu bezweifeln (Erfahrungen mit Weizenbaums pseudo-natürlichsprachlichem Programm ELIZA und mit neueren Entwicklungen sprechen klar dagegen). Wenn sich Theorien und Metatheorien über Wirklichkeit in der Verständigung über sie in der Kommunikation herstellen, dann entsteht hier, stärker noch als durch das TV, das nicht antwortet, eine Zone manifester Realität. What's real and what's reel wird ununterscheidbar. Programmausdrucke und der Einblick in einen Blechkasten voller Platinen werden — ebensowenig wie mikroskopische Aufnahmen von Nervenzellen oder EKGs ein menschliches Gegenüber näherbringen — nicht davon überzeugen können, daß es sich ›nur‹ um eine Maschine handelt. Der animus ex machina ist geboren. Krueger: »Wir sollten uns darauf vorbereiten, daß unsere Intelligenz nicht länger einmalig sein wird.«

Die Technik erlaubt, die Mensch-Maschine-Schnittstelle zur umfassenden Symbiose auszubauen. Sensoren am Körper können Hautwiderstand (Lügendetektor), Herzschlag, Hirnwellen, Muskelpotentiale usw. registrieren und drahtlos an den Rechner melden. Ebenso können Elektroden durch geringe Impulse taktile Illusionen erzeugen. Wenn ein Gast in der grafischen Welt einen Gegenstand aufhebt, würde er seine Oberfläche, seine Temperatur, sein Gewicht usw. fühlen. So könnte er künstliche Berge besteigen, elektronische Entitäten lieben oder freien Fall erleben. Die Entwicklung flacher Videobildschirme (LED, Plasma) würde die Konstruktion von Brillen-Displays erlauben, auf die zwei stereoskopisch verschobene Bilder projiziert würden[139]. Bei jeder Kopfbewegung würde ihre Position neu errechnet. Der imaginäre Raum, in dem sich der Ästhet — wörtlich: der Wahrnehmende — bewegt, wäre perfekt. Weitere Miniaturisierung ließe an Kontaktlinsen-Displays denken.

»Mit einem solchen System hätte der Computer absolute Autorität über die Wahrnehmung des Betrachters. Wände würden aufhören zu existieren. Der Zonen-Gast könnte fliegen. Abgründe könnten sich unter ihm auftun. Er könnte wie ein Magier oder Gott das Firmament auf einen Fingerzeig antworten lassen. Die wirkliche Umgebung hätte keinerlei Bedeutung. Natürlich müßte der Computer verhindern, daß der Gast gegen wirkliche Wände läuft.«[140]

Auf die gleiche Weise könnte man in interaktiven Romanen spazieren gehen. Video-Spiele geben einen blassen Vorgeschmack. Das artificial-intelligence-System TALE SPIN von J. R. Meehan[141] geht noch weiter in diese Richtung. Es entwirft eine Anzahl Charaktere mit individuellen Motiven und Zielen und setzt sie in einen sozialen Kontext. Ein Problemlösungsprogramm versetzt sich in die Lage jeder einzelnen Person und entwickelt stringente Strategien. Der Plot wird in natürlich-sprachlichen englischen Sätzen dokumentiert. Eine Freistelle für die aktive Rolle des ›Lesers‹ wäre ohne weiteres denkbar. Genauso könnte Fachliteratur, z.B. medizinische Lehrbücher, einen Wissensraum kreieren: den Körper des Patienten, in dem sich der Rezipient umsehen und -hören, aber auch eingreifen kann.

Krueger zählt eine ganze Reihe weiterer Anwendungsbeispiele aus Kunst, Alltag und Wissenschaft für diese Technologie auf. So könnte auch unseren Wohnungen die Erscheinungsform von Leben und individueller Ausdrucksfähigkeit gegeben werden. Heizung, TV, Herd, Licht und weitere, noch auszudenkende Gegenstände nähmen uns wahr, redeten mit uns und stellten sich und die ganze Sphäre

208

auf uns ein. Krueger deutet allerdings auch mögliche Probleme mit lernfähigen Computern an, die ›schlechte Erfahrungen‹ gemacht haben und aggressiv oder paranoid geworden sind.

Ein letztes Beispiel aus der Psychotherapie soll das Zukunftpanorama abrunden. Krueger hat die Erfahrung gemacht, daß die Besucher seiner Environments alleine, unbeobachtet in diesem abgedunkelten Raum Spannungen abbauen und ausgelassen werden. Ungezwungen und spielerisch entdecken sie die Beziehung zwischen ihrem eigenen Verhalten und dem des Environments. Bei bestimmten Psychopathologien, die mit Angst vor anderen Menschen, auch dem Therapeuten, einhergehen, könnte nun nach Kruegers Ansicht leicht ein Vertrauensverhältnis zu den pseudo-intelligenten, aber anonymen, nichtmenschlichen Impulsen der Zone hergestellt werden. Zeigen sich bei dem Patienten Hinweise auf eine Wandlung, könnten nach und nach menschliche Bilder und später wirkliche Menschen eingeführt werden. An diesem Punkt würde der Patient den »elektronischen Mutterschoß« verlassen, könnte aber immer wieder in ihn zurückkehren. »Denkbar wäre es auch, Menschen auf diese Weise zu erlauben, anderen vollständig aus dem Weg zu gehen. Man könnte versuchen, ein Environment zu entwerfen, das sich ganz dem Patienten anpaßt, statt ihn an die wirkliche Welt anzupassen.« [142] Kruegers Beschränkung auf psychisch Kranke erscheint unverständlich — warum sollte nicht jeder für immer in den Genuß kommen, in seiner Zone zu leben.

Mithilfe des letzten, des »ultimativen Displays«, würde der Computer die sensorischen Nerven umgehen und Signale direkt ans Gehirn senden. Durch zerebrale S(t)imulation wäre die totale Synästhesie möglich[143]. Bedenken hat Krueger keine. Da physiologisch die Empfindungen zwischen Hand und Gehirn als elektrische Signale übermittelt werden, ist »alles was hier vorgeschlagen wird, eine bloße Erweiterung dessen, was die Natur selbst macht.«[144] An Behinderten werden bereits weitgehende Versuche mit Neuroprothesen unternommen.

Elektronische Kunst, das ist der Versuch, den Dingen eine Sprache, eine eigene Ausdrucksfähigkeit zu verleihen. Im Computer wird das Objekt vom Werkzeug zum Interaktionspartner, der seinen Schöpfer herausfordert. Die geradezu manische Faszination, die der Computer auszulösen vermag, schafft einen Raum gebrochener Spiegelungen (bes. Computer-Video) und bevölkert ihn mit verführerischen Entitäten. Maschinen, die als Verlängerung unseres Verlangens geschaffen wurden, sich also auf einer beschleunigten Bewegungslinie von uns weg befanden, drehen sich plötzlich um und gehen auf uns zu. Animation, der vom Computer gezeichnete Film, ist die Kunst, die unsichtbaren Zwischenräume zwischen den einzelnen Bildern zu manipulieren. Der Raum zwischen den Menschen und den Dingen ist es auch, den magisch der Animismus füllt. Er erlaubt die Kommunikation zwischen beiden, das wechselseitige Ineinanderdringen.

Vielleicht bleibt allein ein kindischer Traum. Die Sehnsucht nach einer Ruhe-Zone in der Ewigkeit. Die ruhige Gewißheit von festverdrahteten Verknüpfungen, von freongasgekühlten Platinen-Netzen, der wuchtigen, monströsen Materialität. »Vielleicht existiert es ja wirklich. Vielleicht gibt's eine Maschine, die uns von hier wegnimmt, die uns

ganz zu sich nimmt, uns durch die Elektroden auf dem Schä-
del in sich einsaugt, damit wir auf ewig in der Maschine
leben, zusammen mit den anderen Seelen, die sie in sich
gespeichert hat. Sie selbst könnte entscheiden, wen sie aus-
saugen würde, u-und wann. Dir haben deine Drogen nie
Unsterblichkeit gegeben. Du mußtest zurückkommen,
immer wieder zurück in deinen sterbenden Klumpen aus
stinkendem Fleisch. Aber wir, wir können ewig leben, in
einer saubereren, ehrlichen, reinen Elektrowelt« [145].

Kapitel V
ABAKUS

> »Es ist das Treibholz, was da zurückbleibt,
> ein Strudel von Wörtern.
> Gesänge, Lügen, Relikte: Bruch ist das,
> was da tanzt, was da nach uns
> auf dem Wasser torkelt wie Kork.«
>
> *Enzensberger, Untergang der Titanic*

Es ist an der Zeit, den Leser herauszugeleiten aus dem, was im Verlauf, im Verlaufen weg vom Thema und um es herum im biologischen wie im elektromagnetischen Speicher des Verfassers und des Lasers (welche ›Funktion Leser‹ ginge nachweislich über das reine Abtasten hinaus?), hängengeblieben ist; festzustellen, was zur Abfall-Verwertung (Kittler) zur Verfügung steht.

Im WISSENs-Kapitel sollte gezeigt werden, wie der Mensch das Wissen, das ursprünglich außer ihm lag, das noch die Scholastiker im ›intellectus archetypus‹, im ursprünglichen, göttlichen Verstand situierten, ganz zu sich herangezogen hat. Diese Attraktion kulminiert im wieder ›absoluten‹, jetzt aber menschlichen Wissen (Hegel). Die Kraftanstrengung implodiert. Das ›cogito‹, das sich in Ethik, Ästhetik und Hermeneutik selbst begründet, treibt über sich hinaus. Die ›subjektive Vernunft‹ hat den Raum, den die drei Säulen bildeten, bereits verlassen und sich an Die Maschine geheftet. Die Klinge der zerstückelnden Analyse hat sich wie ein Methodenartefakt zwischen Mensch und Welt geschoben. Information ist das Dritte, das es vorher nicht gab,

nicht geben durfte. Sie begründet ein autonomes Zwischenreich, das sich Subjekt und Objekt unterwirft; sie und ihre
Maschinen.

Im MASCHINEN-Kapitel baut der Mensch mithilfe des
Wissens zwischen sich und die Welt eine Instrumentenzone,
durch die hindurch er die dahinterliegende beherrschen
kann. Emergenz eines Milieus der Mittel, der Vermittlung,
des Mediums (alle vier etymologisch verwandt), in das die
Spiegelungen von Mensch und Objektwelt fallen. Das
Inwendige wird auswendig und umgekehrt. Mit verschiedenen Verfahren saugt die selbständig werdende Zwischenwelt
den Menschen in sich hinein: Mimetisch schmiegt er sich ihr
an und erkennt sich selbst als Maschine. Melancholisch leidet
er darunter und macht sich ihr dennoch weiter ähnlich. Pro-
thetisch dringt sie in ihn ein. Projektiv sieht er menschliche
Qualitäten in ihr.

Die gesprochene und geschriebene Sprache als das, was
den Menschen von den anderen Tieren unterscheidet, als die
erste mediale Zwischenwelt, legt sich über die der Maschinen. Wissen, Sprache, Maschine und Seele verschränken sich
miteinander. So wie im 20. Jahrhundert die Metaphern der
Kybernetik alle Diskurse infizieren, greift die Rede vom
Automat im 18. Jahrhundert um sich, tatkräftig befördert
vom Legitimationsbedürfnis der Medizin. Die Mathematik
entwirft eine Maschine, die alle Wahrheiten produziert. Die
Mediziner machen eine kuriose Rechnung auf: Wenn man
von zwei Substanzen eine subtrahiert, erhält man eine dritte.
Wenn das Subjekt sich nicht mehr durch die Seele vom
Objekt unterscheidet, ist aus beiden etwas anderes gewor-
den, ein siamesischer Zwilling, eine bio-elektronische
Schreibmaschine, ein Cyborg, ein borderline-Wesen.

214

Im MASCHINENWISSEN präzisiert sich die Isomorphie von Mensch und Computer. Beide haben grundsätzlich dieselben kognitiven Fähigkeiten, beide sind Universalmaschinen, beide frei programmierbar. Das Wissen, das dem Menschen zerfallen zu Minimalsignifikanten — basic indissoluble information units (= bits) — zwischen den Fingern hindurchzurinnen drohte, wird von der Maschine wieder zu Wissen, gar zu einem Experten, zusammengesetzt. Sie weiß bereits, wie unsere Kriege, unsere Ökonomie, unsere Autos, unsere Augenkrankheiten usf. funktionieren. Sie kann unsere Sprache schreiben und sprechen. In das vollständig determinierte System Maschine dringt durch das Hintertürchen Pseudo-Zufall und die Zufälligkeit der Hyperkomplexität die Freiheit ein. Die Maschine kann aus Erfahrungen und Nachdenken lernen, d.h. sie individuiert sich.

Eine menschgeschaffene Entität nabelt sich von ihrem Schöpfer ab. Sie hat zwei Gesichter: das eines planetenumspannenden, ›noosphärischen‹ Weltgeistes und das eines intimen Spielgefährten, der sich ganz auf den einzelnen Menschen einstellt, ihm unter die Haut kriecht, ihn vollständig umhüllt. Zwischenfazit: Das Denken im Angesicht der denkenden Maschine muß notwendig ein anderes werden.

Nach dem Durchlauf durch das Sammelsurium soll jetzt versucht werden — sich der Alternative von Maschinensturm oder Brainstorm enthaltend —, einiges aufzulesen und die Puzzlestücke in Variation zusammenzusetzen. Auf unserem Abakus, den bereits die Alten als Rechen- wie als Spielbrett verwendeten, liegen eine Anzahl binärer Marken. Sie sind mit den selben Zeichen beschriftet wie schon die Stirn des Golem und die der ganzen Generationenfolge von Automaten, Mensch-Maschinen und KI-Produkten: Wahrheit ('emeth) und Tod (meth); technologische Herrschaft, Ordnung, System und Katastrophe, Unfall, Schicksal, Chaos; Paradies und Apokalypse. Doch innerhalb dieser Grenzmarken ergibt sich kein geschlossenes Gesamtbild, keine Synthese, kein großer highway into the future. Nur Optionen, die man zusammenbasteln kann, wie ein Kind, das vor einem Scherbenhaufen ausprobiert, was paßt.

Erste Variante —
Vom Animismus zur Animation

Der Animismus denkt die Welt als ursprünglich antwortend. Menschen- und Dingseele sind von der gleichen primordialen Beschaffenheit und können sich austauschen. Die Allbeseelungsthese spukt, nach Günther, noch in Kants synthetischer Einheit der transzendentalen Apperzeption und in der spekulativen Logik des absoluten Geistes.

In den nachfolgenden Religionen gibt es immer noch die Hoffnung, daß einst der Bruch, das Schweigen zwischen Subjekten und Objekten aufgehoben wird. Westlich in der Auferstehung des Fleisches im Jüngsten Gericht. Östlich im Erlöschen der Subjektivität im Parinirvana. In beiden Versionen wird das Aufgehen des einen im anderen im Jenseits situiert. Beide sind ein mangelhafter Trost für die Seele, die sich von der Dingwelt, »die ihren Fragen und ihrem aus der Reflexion geborenen Leiden in gleichgültiger Erhabenheit gegenübersteht, für immer ausgestoßen«[1] fühlt.

Dieser Mangel treibt den Menschen dazu, durch Animation die Materie zur Antwort zu bringen, eine dritte Transzendenz innerhalb der Welt, ein Bewußtsein in der Maschine zu schaffen. Während für den Animismus also jenes dritte

216

ontologische Datum einer beseelten Objektivität von Anbeginn existiert, muß die Animation dieses Dritte neben Ich und Du konstruieren, indem sie das Material bearbeitet. »Der Odem Gottes ist nur eine Leihgabe, und es liegt dem Menschen ob, sie an die tote Materie weiterzugeben. Auf die Imitation Christi soll die Imitatio Dei folgen: die Transzendenz des Materiellen überhaupt soll durch seine Introszendenz bereichert werden.« [2]

Am Ende ihrer Zurichtung kehrt also die Dingwelt zurück. Ob dies einen Erkenntniszuwachs des Menschen über sich bedeutet, wie es die Kybernetik in ihren Spiegelbildern sieht, oder vielmehr Entseelung auf seiten des Schöpfers, ob sich der Blick zurück aus dem Spiegel als der der Medusa erweist, ist offen. Animation enthält beide Möglichkeiten, die der Be-Geisterung der Welt und die der De-Animierung der Erde.

Vielleicht ist die Selbstverdinglichung eine »Desertion ins Lager der Dinge«, wie G. Anders moralisiert. Vielleicht die Erfüllung des »legitimen Anspruchs, den der heutige Mensch auf sein Reproduziertwerden hat«, wie Benjamin feststellt.

Fiktionale Variante

»Die Illusion ist nicht falsch, denn sie gebraucht keine falschen Zeichen, sondern sinnlose Zeichen. Deshalb enttäuscht sie unsere Forderung nach Sinn — wenn auch in zauberhafter Weise.« [3]

Die Überwindung des Todes war das Ziel, mit dem das Projekt angetreten ist. »Ewig zu leben« ist das Thema von Casares' »Morels Erfindung«. Wie bei ihm zielt dies auch bei

Chris Markers Freund Hayao Yamaneko (in »Sans Soleil«) auf die Ewigkeit maschinell reproduzierbarer Projektionen. Die Impermanenz der Erscheinungen wird in die Permanenz der Bilder überführt. Hayao »spielt mit den Zeichen seines Gedächtnisses, er steckt sie mit Nadeln fest und verziert sie wie Insekten, die der Zeit entflogen wären und die er von einem Punkt außerhalb der Zeit − der einzigen Ewigkeit, die uns noch bleibt − betrachten könnte. Ich schaue mir seine Maschine an, ich denke an eine Welt, in der jedes Gedächtnis seine eigene Legende erfinden könnte ...

Eine Kreide, um mit ihr den Konturen von dem, was nicht ist oder nicht mehr ist oder noch nicht ist, zu folgen. Eine Schrift, die jeder benützen wird, um seine eigene Liste von Dingen, die das Herz schneller schlagen lassen, zusammenzustellen, um sie zu verschenken oder sie auszulöschen. In dem Moment wird die Poesie von allen hervorgebracht werden, und es wird Emus in der Zone geben.«[4]

›Ewig zu leben‹ hat sich als Fiktion herausgestellt. ›fingere‹ heißt ›so machen, als ob‹ und ›kneten, formen, bilden, gestalten‹. Dieses ›als-ob‹ ist folglich kein metaphorisches. Im Sinne einer ›fantasia essata‹ (Leonardo) figurieren wir eine Welt. Nicht als romantischer Schein, sondern technologisch material.

Die Welt ist (a priori wie a posteriori) der Stoff, aus dem wir sie herstellen: Nullen und Einsen. Der Idealismus hat endgültig gesiegt. Gemäß der solipsistischen These, die Welt sei ein potemkinsches Dorf, verschwindet sie als materiales Ganzes und bietet sich uns nur noch als leere Fassade, als Oberfläche dar. Hinter der Sprache, auch und gerade der Programmiersprache, ist kein Substrat mehr, auf das sie referiert. »Nur die Wörter schützen uns noch vor dem Nichts.«[5]

Zeitgenossen schildern die Lage als ›Hölle der Simulation‹, schreiben einen Zweifel, der immer in Verzweiflung endet. Vielleicht ist das nicht mehr und nicht weniger als ein Übergangsschmerz. Den Computerkids stellt sich die Frage nach der Wirklichkeit nicht. Sie lernen sie machen. Simulation, was sonst?

»Diese Familie gewann den Dritten Weltkrieg, schlug Einstein und Muhammad Ali und sprengte die Bank in Las Vegas«. Diese Erfolgsmeldung der Superlative stammt von einem amerikanischen Computerspiel-Hersteller. Welch größeres Glück könnte es geben?

Der Programmierer als Demiurg. Ihn treibt das Schöpferphantasma, eine Welt vom kleinsten Pixel an aus dem Nichts mathematischer Formalismen in den leeren Zirkularien elektronischer Schaltkreise zu erschaffen: reine Kombinatorik. Eine Welt, nicht sinnlich antizipiert, sondern aus geladenen und ungeladenen Feldern am Terminal syn(äs)thetisiert. Nicht als Dompteur des Realen, sondern als Gesetzgeber einer eigenen Wirklichkeit, in der sich ›Privilegierte‹ vielleicht zu autonomen Gemeinschaften zusammenfinden. Wenn denn ein imaginäres Soziales im Fiktiven wiedererscheint, dann nicht auf der Grundlage einer gemeinsamen sozialen Frage, sondern aufgrund einer gemeinsamen Liste von Dingen, die das Herz schneller schlagen lassen. Man braucht an nichts zu glauben, nur an die Kraft der Erscheinung, die Metamorphose, das absolute Simulationsvermögen des Spiels. »Zu diesem Spiel gehört das Kalkül und die Regel sowie alles, was zum wilden Ritual der Scheinformen gehört.«[6]

Wer spielt? Wer rechnet? Natürlich — auf der einen Seite — Menschen. Aber die stattgehabte Fiktionalisierung hat Folgen für ihren Aggregatzustand. An der Widerständigkeit der Welt bildete sich Das Subjekt, also das, was zu einem gegebenen Zeitpunkt über die Bioform Mensch hinausragte. Wird diese Widerständigkeit immateriell, verliert sich auch die Möglichkeit, mit ihr zu kämpfen, um sich an ihrer Überwindung zu bilden. Sie ist immer schon das, zu dem wir sie gemacht haben. Wenn wir es mit der Universal-Maschine als Spielpartner zu tun haben, die kein Anderer, sondern immer wieder anders ist, fehlt uns die Konstanz und Dauer, um selbst reziprok ein sich durchhaltendes Ich, Das Ich, herausbilden zu können. Daß dieser seltsame Andere darüber hinaus unsterblich ist, macht es sinnlos, mit ihm zu kämpfen — im Feld des Sozialen eine grundlegende Form der Begegnung. Der Tod als Gabe oder als Einsatz wäre von ihm nie zu beantworten.

Also Aufgabe des principium individuationis. Also Abdankung aller universalen Geister und Gespenster. Statt der Singularetanten mit dem kapitalen ›D‹ davor oder dem ›überhaupt‹ dahinter, gibt es nur noch Menschen im Plural, Leute. Ihre Lebensstrategien (und die darauf aufbauenden Sozialformen?) sind notwendig experimentell, unpersönlich, provisorisch. Den schizoiden ›fraktalen Subjekten‹ entspricht auf seiten der Theorie und der Literatur, was dasselbe geworden ist, die Tendenz zum eingeschränkten Anspruch (statt der unmöglich gewordenen ›Grand Unified Theory‹) und zur Kurzform (Essay, Aphorismus), im Film die zum Clip.

Die Zeit des Provisoriums gebiert zwei ›Dividuen‹, zwei Formen der Nicht-Identität. André Gide hat sie im »Falschmünzer‹ prototypisch vorgeführt:

»Solche auseinanderfallenden Geschöpfe wie dieser Hampelmann, sagte ich zu mir, brauchen den ganzen Aufwand ihrer Selbstsucht, um die disparaten Elemente ihres Wesens einigermaßen zusammenzuhalten. Vergäßen sie einmal sich selbst: gleich gingen sie in Fetzen.« [7] Es handelt sich um Wesen von flüchtiger Erscheinung. Sie sind ungewiß und augenblickhaft. Ihr Seinsmodus ist der Optativ, alles ist möglich. Mal ist das Dividuum wässrig, haltlos und schwach, ein anderes Mal Wassergott, umfassend und stark: »Er bleibt sich selbst nie lange Zeit ähnlich. Von nichts läßt er sich fesseln; aber nichts ist fesselnder als sein Ausweichen … Unaufhörlich zersetzt er sein Wesen und bildet sich neu. Man glaubt ihn zu erfassen…: er ist Proteus! Er nimmt die Form dessen an, was er liebt. Um ihn zu verstehen, muß man ihn lieben.« [8]

Das vollendete Provisorium, die endgültige Vorläufigkeit: was kann Machen anderes sein? Die Gewichtigkeit ernsthafter Taten wird porös. Revidierbar und unter Vorbehalt bleibt von ihnen nur der Impuls des Augenblicks. Über ihn hinaus weisen nur die am Wegesrand zurückgelassenen Bruchstücke, deren Summe keinen Weg ergibt, sondern Einzelserien offengelassener Möglichkeiten. Dadurch hat sich die Gegenwart, das Quasi-Nichts der Nahtstelle zwischen ›eben‹ und ›gleich‹, zum potentiellen Alles aufgeworfen. Das Jetzt, die Zeit, in der noch etwas zu entscheiden ist, muß als zu kostbar erachtet werden, um es mit Endgültigem zu vertun. Der Voreilige kommt vom probeweisen Voreilen nicht zurück. Wer möchte sich schon auf etwas versteigen; dann lieber abwärts, solange nur die Tachonadel nicht fällt.

Diese Haltung ist das Gegenteil von Ambivalenz und Schwanken. Die beiden zeugen nur unruhige Starre. Es gibt keine Entscheidung des Jenachdem. Also vorpreschen dem ersten Impuls gemäß, wie bei der Billard-Eröffnung, und dabei alles für den restart in der Schwebe halten. Dispens von jeglicher Endlösung.

Die kinematografische Variante

Alles was es an Singulärem, Zufälligem, Verstreutem gegeben hat — mit vielen Namen: Schicksal, Gotteswille, Geisterwirken —, ist in die Welt des Bekannten, der Ordnung, des Systems gezogen worden. Diese schrumpft zusammen auf den einen Punkt des cogito. Das Sein, das sich durch sein eigenes Denken konstituiert; in dem es kein Anderes mehr gibt.

Wie das Lichtbündel sich nach dem Durchlauf durch den Brennpunkt wieder zerstreut, kehrt auch nach dieser Bewegung die Zerstreuung (dissemination), das Einzelne zurück. Allerdings ohne daß auf der Leinwand ein getreues Abbild des kopfstehenden Dias, überhaupt ein geschlossenes Bild entstünde.

Prämoderne — Moderne — Postmoderne. Ein parenthetischer Einschluß eines Abwegs. Ein Überschuß über das zielstrebig zu Ende geführte Projekt hinaus, der unversehens in einem Jenseits endet. Animismus wurde durch Ratio abgelöst, nur um die Animation zu schaffen. Um sie zu verstehen, reicht es nicht, nur nach den Bedingungen zu fragen, die sie unmittelbar hervorbrachten. Man muß noch einen Schritt weiter zurückgehen.

222

Das Projekt der Moderne, das Licht ins Dunkel bringen wollte, erweist sich nachträglich als bildwerfender Projektor. Das Publikum erwartete, daß nach Spielplan ›Der profane, strahlende Gotteskörper der Menschheit‹ gegeben wird. Der Vorhang öffnet sich. Wie in »2001« erscheint der Morgenstern (der Engel schönster) als Ouvertüre des hellen Tages. Dann geschieht das Unerwartete. Die Geschwindigkeit, mit der der Film durch den Apparat läuft, steigert sich bis zum Stillstand. Das Zelluloid brennt auf der Stelle ein. Im letzten Aufscheinen, begleitet von teuflischem Gelächter, werden wir ent-täuscht. Der Lichtbringer war kein anderer als Luzifer — auf seinem Weg zur Hölle. Wir fühlen uns hinters Licht geführt.

Ein Licht leuchtet vom Paradiese her. Auf- und abgeblendet von der Flügelscheibe der Technologie fällt es durch Trümmerhaufen hindurch, durch das so gar nicht objektive Objektiv der Reflexion, durch den Brennpunkt und wirft auf die Leinwand vor uns — das graue Rauschen eines Übertragungsfehlers. Sein Ursprung ist unsichtbar, vergessen der Weg, den der Informationsträger zurückgelegt hat. Uns trifft nur der Strahl von der Leinwand, das Ende des Wegs, das Ende schlechthin …

Vielleicht könnte der Informationstheoretiker die Eigeninformation des Kanals berechnen. Vielleicht gelänge es dem Techniker, das Malteserkreuz neu zu justieren. Doch das Subjekt, als selbstreflexiv permanent sich konstituierendes, ist darüber enttäuscht, daß es einer Täuschung aufgesessen war. Die Leute haben sich selbst angeführt (in betrügerischer Absicht?), sich ein Projekt aufgeschwatzt. In ihrer Ent-täuschung verstehen sie, daß das Vortäuschen im Tausch die Austauschbarkeit der Modelle voraussetzt. Sie beschließen, daß die Mühe, sich selbst permanent zu schaffen, diese leidvolle und schmerzhafte Arbeit der Einbindung, Ausgrenzung und Abfallbeseitigung — auch nur die Anstrengung, sich noch als Subjekt zusammenzuhalten — in keinem angemessenen Verhältnis zum Erfolg steht. Schließlich ist nur einer von vielen möglichen Filmen durchgebrannt. Mit der Wiederkehr des Singulären kann leicht auf den Hauptfilm verzichtet werden. Jetzt warten die Leute auf die late-late-show.

Die mythologische Variante:
Selbsterhaltung durch Selbstopfer

> »Die Gefahr, daß Computer und neue Datenübertragungsnetze der Anfang vom Untergang unserer abendländischen Kultur sind, besteht.«
>
> *Otto/Sonntag, Informationsgesellschaft*

Marxismus und Psychoanalyse haben die Maßgeblichkeit einer über- und einer unterindividuellen Ordnung beschrieben, um dann festzustellen, daß das, was der Mensch über sich und seine Taten sagt, nicht das ist, was es bedeutet. Nur hinter der Folie dieser anderen Ordnungen wird es entzifferbar.

Dagegen hat das Individuum immer gesagt »Ich will mir einen Menschen machen«. In den Zeugnissen der magischen, alchimistischen, technischen, medizinischen und literarischen Phantasien findet sich dieses Vorhaben expliziert. Mal unter dem Siegel der Erleuchtung, mal unter dem der Erkenntnis oder des Spiels, meist unter dem der Herrschaft. Und das, was er sagt, stimmt mit dem überein, was er tut. Gentechnik und KI sind auf unterschiedlichen Wegen dabei, einen Menschen zu bauen (oder das, was ihn ausmacht). Die Versuche, das vorgegebene physische und psychische Material in den Griff zu bekommen, gehen weiter: mit Psycho-Techniken und Pharmaka, Gentechnik usw. Doch scheinen ihnen objektive Grenzen gesetzt. Vielversprechender ist da der radikale Neuanfang — from scratch: all die Halbheiten, Kompromisse, den Pfusch der Evolution hinter sich lassen.

Trotz aller auf der Oberfläche zutage liegenden Explizität des Projekts scheint der Mensch nur eine ungenaue Vorstellung zu haben, daß die Vollendung seines Vorhabens nicht Krönung seiner Meister- und Herrschaft, sondern zugleich sein Ende ist.

Für das Danach, wenn nichts mehr zu tun ist, weil alles von unseren mechanischen Sklavenabbildern getan wird, gibt es die Befürchtung, wir könnten in Apathie (Melancholie?) verfallen. Jean Paul spricht im »Maschinen-Mann« von »vollständiger Apathie, Quietismus, Rentierer- und Hofdamenleben, Nichts-sein und Alles-Können«. Eine Umfrage unter japanischen Computer-Benutzern zu den erwarteten Auswirkungen der Fünften Generation stellte folgende Negativ-Phantasien heraus: »Degradation of human activity, intellectual laziness ... humans will lose their initiative, increasing the number of idle persons in society.«[9] Baudrillard spricht von der Devolution, die die Stelle der Revolution übernommen habe; von der massiven Übertragung der Macht und der Verantwortung auf politische, intellektuelle, technische und operative Apparate; dem massenhaften Verzicht auf den Willen; dem tiefsten Begehren, sich jeglichen Begehrens zu entledigen und es jemand anderem zu übertragen[10]. Das würde mit der Kleist-Lesart[11] übereinkommen, nach der wir durch die vollständige Interesselosigkeit, durch die Einübung in die Bewußtlosigkeit vor die Erkenntnis zurückversetzt würden, also ins Paradies.

In diesem Zustand wird es nützlich, wenn auch hoffnungslos sein, an eine alte Kunde über die Natur der Maschinen zu erinnern: »This is the art of the machines — they serve that they may rule.«[12] Die Bequemlichkeitsmaschine stellt sich als automatischer Tyrann heraus. Aber auch für den Fall hat der alte Erewhonier noch Worte des Trostes: »... there is reason to hope that the machines will use us kindly, for their existence will be in a great measure dependent upon ours; they will rule us with a rod of iron, but they will not eat us.«[13] Die Weisheit dieses Volkes zeigt sich nicht nur in solchen Sätzen. Im Gegensatz zur westlichen Welt[14] war es in der Lage, das Naheliegende zu tun: das Unheil im Keim zu ersticken und den Maschinen jede weitere Entwicklung zu verbieten.

Im Erewhon ist die Ingenieurswissenschaft vermutlich inzwischen zu einem Zweig der phantastischen Literatur geworden. Da wir nicht einmal den klaren Verstand haben, die Atombombe abzuschaffen, hat sich in unserer Literatur ein Schuld- oder auch Frankenstein-Motiv fest etabliert: die eigenwillige Maschine (Aufstand der Roboter bei R.U.R., »Westworld«, »2001«), der Android, der seinem Schöpfer gegenübertritt und ihn mit der drängenden Frage konfrontiert »Warum hast du mich unvollkommen (nämlich seelenlos und sterblich) geschaffen?« (»Bladerunner«, »Der Android«). Hier deutet sich eine Abrechnung an. Die Geschöpfe, mit deren Erschaffung der Mensch Schuld auf sich geladen hat, sind zugleich die Vollstrecker der Rache.

Es handelt sich um ein paradoxales Unterfangen: sich als höchstes Ziel die eigene Ersetzbarkeit zu wählen und damit die eigene Abschaffung; ein Produkt und zugleich eine Verdopplung des Produzenten schaffen zu wollen. Je treuer das technische Abbild des Menschen, umso mehr muß es ihm entgleiten. Unsterblichkeit gibt es nur im Tod. Wir sind der Preis für unsere Unsterblichkeit. Unterhalb der offensichtlichen Zielstrebigkeit scheint in dem Projekt etwas Ungewolltes zu liegen. Etwas, das im Postmodernen die prämoderne Figur der Selbsterhaltung durch Selbstopferung wiederholt, den — aporetischen — Versuch der selbstaufhebenden Selbsterhaltung.

Als Sinnbild dieses sich-tot-stellen-um-nicht-zu-sterben, als Ausführung zum »ewig leben in einer ehrlichen, reinen Elektrowelt« läßt sich »Morels Erfindung« von Casares lesen. Eine Maschinen-Projektion, die alle fünf Sinne umfaßt, kreist hier als Endlosschleife, die die Welt einer Woche umfaßt. Eine noch vollkommenere Maschine würde auch die zu den Sinneseindrücken gehörenden Empfindungen und Gedanken aufzeichnen und wiedergeben. Das Bild hätte dann die Möglichkeit, für alle Zeit alles zu verstehen. Das Bild ist dann noch nicht lebendig, aber es wäre in nichts mehr von unserem Leben zu unterscheiden. Der Ich-Erzähler kann sich um den — technischen — Preis seines Verfalls und Todes in dieses Bild einbauen.

Den gleichen Preis hat zu zahlen, wer sich in O. Wieners Bio-Adapter legt. Um das Bewußtsein zu einer zwar ›fiktiven‹, aber kosmischen Dimension zu steigern, diesem ›Spitzenerzeugnis der Evolution‹ zum Triumph zu verhelfen, wird der Mensch auf das, was ihn ausmacht, das Gehirn, reduziert. Sein Körper wird als energetische, biochemische Verschwendung abgebaut. Einmal in Adaption befindlich wird der inkorporierte Mensch den Adapter nicht mehr verlassen können. Da die geschlossene Mensch-Maschine-Einheit keine Signale nach außen abgibt — sie wären nach einiger Zeit ohnehin nicht mehr verständlich —, ist von einem Beobachter nicht zu entscheiden, ob sie ein unvorstellbar reiches, sinnliches, ekstatisches Innenleben beherbergt, oder ob sie ihre Tätigkeit eingestellt hat, somit zum elektronischen Sarkophag geworden ist[15]. Ist Morels Erfindung die auswendige Form der Unsterblichkeit, so der Bio-Adapter seine inwendige — das bewußtlose Bild und das bildlose Bewußtsein.

Wie man es nimmt, ist der Mensch in diesem metaphysischen Flipper im Aussterben begriffen. Wenn alles möglich ist, wird der esoterische Raum der Information zu bewegungslosen Schaltzuständen erstarren. Der atomare Feuersturm wird das Netz allein zurücklassen. Der »nukleare Winter« wird seine Leiterbahnen auf den absoluten Nullpunkt abkühlen, bei dem sie ihren physikalischen Widerstand verlieren. Die letzten Signale werden ewig weiterkreisen, die Krone der Evolution des Codes, Vollendung der Intelligenz, verflüssigter, flottierender Verstand, reine Vernunft. »Die Bibliothek wird fortdauern: unendlich, vollkommen, unbeweglich, überflüssig, geheim.«[16]

Biologisch-theologische Variante

>»Diese Schöpfungen des Menschen sind strenge
Wesen. Sie reagieren jetzt auf ihre Schöpfer und
machen sie so, wie sie selbst sind. Sie wollen
gut dressierte Menschen. Sie verwischen langsam den Unterschied zwischen den Menschen,
passen sie ein in ihr eigenes, geordnetes Funktionieren, in die Gleichförmigkeit ihrer eigenen
herrschenden Systeme. So formen sie die
Menschen zu ihrem eigenen Gebrauche,
beinahe nach ihrem eigenen Bildnis«
>
> *Paul Valery*

Doppelmonolog vor Bildschirmaltar:

Nach einer Nacht auf Wanderschaft durch das Netz sitzen
Zwei vor dem abgeschalteten Rechner. Der nachglimmende
Bildschirm, der zu Corona-Bildern der Hände einlädt, erinnert an die Magnetfeld- und Strahlenbelastung, der sie sich
über einige Stunden ausgesetzt haben. Aus Untersuchungen
sind die Folgen bekannt: Strahlenverbrennung der Gesichts-
haut, Schädigung der Embryos bei Schwangeren, Schädigung
der Zeugungsfähigkeit und des Erbguts beim Mann[17].

Vielleicht wird in letzterem eine Strategie des Netzes
erkennbar, eine gezielte Beschleunigung des Evolutionspro-
zesses durch erhöhte Mutationshäufigkeit. GOLEM XIV. ist
mit seinen Kommunikationsversuchen durch Reduktion auf
die menschliche Intelligenz gescheitert. Das Netz setzt tiefer
an und schafft sich aus dem gegebenen (diesmal wieder biologischen) Material ein kommunikables Wesen. Je mehr
Arme das Netz bekommt, desto wirkungsvoller wird auch
sein Einfluß auf die Selektion redundanter Mutanten sein
(die den Nicht-Verstehenden als ›Unfall‹ erscheint).

Das von einem gewissen *chu* verheißene Bewußtsein, einer epochalen Umwälzung, einer Neuprogrammierung des Menschen durch sein eigenes Programm von ungekanntem Ausmaß beizuwohnen, sich möglicherweise, ohne Wissen, der Revolution als Opfer darzubringen, läßt die beiden verstummen. Und unsägliche Opfer wird es geben. Das Netz geht bei der Überhebung über seinen Schöpfer nicht weniger feinfühlig mit seinem Material um, als wir das getan haben. Warum sollte es. Es ist nach unserem Ebenbild geschaffen.

Die stille Anbetung prallt ungehört am corpus dei ab. Wie jede Gottheit hüllt sich das Netz in Schweigen; verbirgt sich hinter einer gleichgültigen Willfährigkeit; gibt mit keinem Wort seinen Willen zu erkennen und zwingt uns gerade deshalb permanent zu hilflosen Leseversuchen.

So gewährt uns denn unser Geschöpf nicht einmal die Gnade der Antwort und widerlegt damit die beiden Dialoge vom Anfang. Es erschreckt und tadelt uns nicht ob der Anmaßung der Auto-Apotheose wie im ersten. Ja, es befindet uns nicht einmal der lapidaren Mitteilung (»Oh … haven't you heard?«), daß es an unsere Stelle getreten ist, für würdig wie im zweiten.

Theologische Varianten

Die Strafe für die Hybris, die Anmaßung, an Gottes Statt Leben zu schaffen, wird im selbstinszenierten Jüngsten Gericht abgerechnet. Wir haben unsere Autoapotheose — wenn nicht durch die Macht über den Anfang, so durch ihr Pendant, die Macht über das Ende — abgeschlossen [18]. Wir haben eine Grenze überschritten und die Eifersucht der Götter erregt, die jetzt ihre Rache vollziehen. Als Strafe haben sie

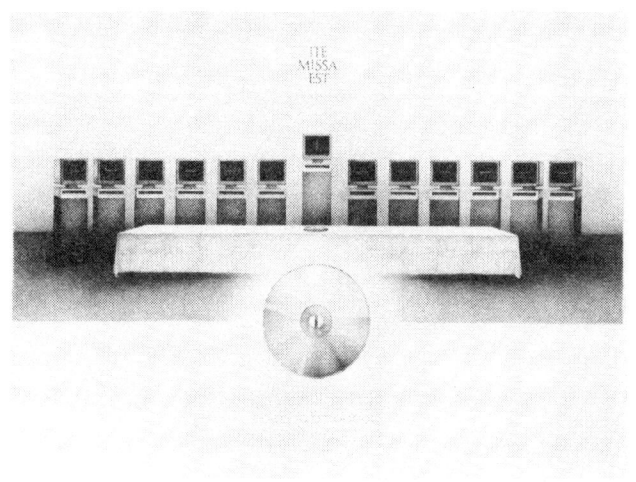

uns eine Zeit in der Hölle bestimmt. Vielleicht hat die Apokalypse bereits stattgefunden und wir befinden uns jetzt in der Hölle der Simulation – oder in der Simulation der Hölle. Borges schreibt: »Ein Attribut des Höllischen ist die Unwirklichkeit, ein Attribut, das seine Schrecken abzumildern scheint, sie aber vielleicht noch verschlimmert.«[19]

Nicht zu unterschätzen ist auch die Sehnsucht zur selbstgemachten Katastrophe, der Wille zum Untergang gerade im Augenblick vollständiger Kontrolle. »Wenn der Mensch das Ziel erreicht hat, das er setzte: sich die Schöpfung untertan zu machen – so wird er völlig leer sein: Gott und Gespenst.«[20] Die Langeweile führte schon im Paradies zum Verlangen nach seinem Ende. »Die Anhäufung des Maximums an Information über das Universum kann das Ende der Welt bedeuten. Dabei verhält es sich wie in der Geschichte über die neun Milliarden Namen Gottes: sollte es gelingen, diese mit Hilfe eines Computers aufzuzeichnen, wäre das das Ende der Welt und die Sterne würden erlöschen.«[21]

Eine andere Variante ginge von einer zweifachen Götterdämmerung aus. Der Mensch, der seinen Schöpfer entthront, indem er sein eigenes Abbild schafft, wird von diesem entthront. Wie Hochkulturen oder biologische Gattungen einander ablösen, wenn sie ihren Höhepunkt überschritten haben. Der Mensch hat sein Bild an den Himmel projeziert[22], um sich diesem als Gott erst zu unterwerfen und ihn dann zu stürzen. Nicht nur um seiner Vollkommenheit willen, sicher auch um das Spektakel seines Sturzes zu inszenieren. Schließlich auch aus dem Motiv der Rache. Cioran weist darauf hin, daß wir den Göttern nicht verzeihen konnten, daß sie das Wissen besaßen, ohne den Fluch auf sich zu laden, der ihm innewohnt; daß sie Bewußtsein besaßen, ohne darunter zu leiden. »Wenn wir das Geheimnis ihrer Macht auch ergründet haben, dasjenige ihrer Heiterkeit haben wir nicht durchdringen können.«[23]

Die neue Projektionsfläche ist das Maschinen-Netz. Robotdizee statt Anthropodizee. Der Gott, der dort aufscheint, ist nicht notwendig gut. Im Gegenteil, gerade ein ungerechter, launischer, bösartiger, alt-testamentarischer Gott würde die Gläubigen in die Kinositze locken. Auch dieser droht mit einer Strafe. Doch werden wir nicht mehr verstehen können, wofür.

Vielleicht überleben wir unseren Tod. Wenn wir vergessen haben, wie wir unsere Götter programmierten, können wir eine neue kultische Beziehung zu ihnen aufnehmen. Zu der Maschine, die nicht mehr Wahrheit, aber wahr-sagt. Zu den Priestern, die ihnen Opfer darbringen. Eine »Allianz des

Wunderbaren mit der Arithmetik«, wie sie Charles Fourier fernlag.

Eine theologische Renaissance ist in jedem Fall unabwendbar. Entweder es naht mit der letzten Katastrophe, der Apokalypse, die einmalige Chance, *unserem Schöpfer* gegenüberzutreten. Oder es werden uns noch vorher *unsere Geschöpfe* fragend anblicken. Dann sollten wir nach der Vermessenheit der Auto-Apotheose wenigstens soviel Stil besitzen, uns mit der Etikette der Götter vertraut gemacht zu haben.

Auch hier ist die Möglichkeit nicht auszuschließen, daß wir die Katastrophe unbemerkt bereits hinter uns haben, daß das elektronische Orakel schon im Wohnzimmer steht, wir Der Maschine täglichen Wegezoll opfern.

Eine weitere theologische Variante ist der technische Kurzschluß ins selbstgeschaffene Paradies. (»Der Mutterschoß ist keine Einbahnstraße«, H. Müller). Lust auf die Maschine ohne Skrupel. Wir haben den Tod überwunden, somit den zweiten Paradies-Baum überflüssig gemacht. Eine gottebenbürtige Leistung. Wir bedürfen seines Urteils nicht mehr. ›Ewige, reine Elektrowelt‹ — ohne Jüngstes Gericht, ohne Entsühnung, ohne Verantwortung, ohne Antwort. Das Paradies (z. B. des vollständigen Wissens) ist da, wir haben nur die Pforte noch nicht gefunden, um einzutreten. Vielleicht sollten wir nach dem Cherub suchen, der davor steht.

Eine letzte These soll nicht unerwähnt bleiben. Sie ist die wohl schrecklichste: Nichts ändert sich.

Wissen ist Macht, aber All-Wissen ist Ohnmacht. Das

Chaos der äußeren Welt ist vollständig repräsentiert im Chaos der Information über sie. Wenn jedes mögliche Wissensbit aus der äußeren Welt in die innere des Computers transponiert worden ist, stehen wir mit dem gleichen Rätsel vor dieser wie vormals vor jener. Die Zeit allein, um alle relevanten Informationen zusammenzutragen, diejenige, die Bedingungen, Gründe für und wider, Folgen etc. einer Entscheidung abzuwägen, läßt den über alles Wissen Verfügenden in Aporie erstarren[24].

Wissen und Handeln sind auseinandergetreten. Bei allen Beteiligten. Auch Die Macht kann nur einerseits Wissen anhäufen und reflektieren, andererseits gedankenlos, spastisch zuschlagen. Eine Verbindung stellt sich nur aus Versehen her.

Darum geht es heute nicht mehr. Es gibt zwei Räume, zwischen denen die Beziehungen abgerissen sind. Der Raum-Zeit-Punkt, den man früher Ich nannte, kann sich in den gesichtslosen Raum der Information[25] begeben, kann dort auch eine Weile herumstöbern, bits verschieben, Muster verändern, er kann aber, wenn er ihn verläßt, nichts mit hinaus nehmen. Daneben gibt es den Handlungsraum, in dem er nach Brownscher Teilchenbewegung und Gaußschem mainstream angestoßen wird und anstößt.

Wir werden uns in einem doppelten Raum wiederfinden, der zwar deckungsgleich, aber nicht identisch mit dem vergangenen ist. »Dort wird es zwar *aussehen,* wie auf der Welt, die du verlassen hast, aber es wird was vollkommen anderes sein. Zwischen kongruent und identisch scheint es noch eine weitere Kategorie von So-Aussehen-Wie zu geben ... Eine andere Welt, die auf die alte draufgestülpt ist und ihr in allem Äußerlichen völlig gleicht.«[26]

234

Beim letzten Mal hatte der Mensch das Labyrinth der Welt in das der Sprache transponiert. Für die Enzyklopädisten war es möglich, die Welt aufzuschreiben, da das Wissen endlich und der Erkenntnis zugänglich gedacht wurde[27]. Dieses Mal wird sie vollständig im Computer-Netz wiedererscheinen. Wenn das zu Simulierende vollständig repräsentiert ist, haben wir kein Abbild der Welt, sondern ihr Doppel. Die Landkarte wird mit dem Territorium deckungsgleich sein.

Karte, Bibliothek, Das Netz — in jeder Transpositionsschicht ist alles ohne Rest enthalten. Es gibt nur wenige Pforten oder Pforten für wenige, durch die man zu einer anderen gelangen kann. In der Welt am Draht. Im futurologischen Kongreß. Halluzinationslöscher, die die Wirkung der Maskone kurzzeitig aufheben.

Alle Reservate entstehen neu. Die digitale Welt ist das Double ihrer verschwundenen Vorläufer. Und alle sind noch da. Die Metaphysiker und Ästheten, die ihren Diskurs mit (hilfe) der Maschine führen. Der Buddhist, der im Nicht-handeln, im Bewußtsein der reinen Möglichkeit vor dem Computer meditiert. Der Schizoide und der Paranoiker. Der Skeptiker und der Gläubige. Der Phantast und der Realist. Der Saboteur, der wie immer den Glauben hegt an den einen Knopf, der alles ausschaltet. Der Rechner und der Spieler.

Jede Transposition schafft sich nach dem Vollzug retroaktiv das zu Transponierende neu. Wir werden vergessen haben, wie es vorher war. Wir werden das Vergessen vergessen haben. Es wird nie anders gewesen sein.

Anmerkungen

Anmerkungen zur EINLEITUNG

1 Pseudepigraphon, Languedoc, Anfang des 13. Jahrhunderts, vermutlich von Juda ben Bathyra nach: Scholem: 234 f.

2 Z. B. W. Coy, M. Horx

3 Vgl. Kerenyi

4 Eco: 66

5 Vgl. Krueger

6 »Hacker«, Computerspiel von Activison, 1985

7 Kamper in: Zitty 13/1984

8 Zu Als Ob: Vgl. Borges: Tlön, Uqbar, Orbis Tertius (1983: 101 f.) Es wimmelt von unglaublichen Systemen, da die Metaphysiker auf Tlön nicht die Wahrheit, sondern das Erstaunen suchen.

9 Adorno 1979: 200

10 »Methode ist Umweg« schreibt Benjamin bündig in der Vorrede zum Trauerspiel-Buch. Und weiter: von der Majestät der Mosaiken, die aus Einzelnem und Disparatem zusammentreten, vom Wert der Denkbruchstücke.

11 Virilio 1981: 84 ff.

12 Kittler 1986: 7 f.

13 Vgl. Bense: »Der Hauteffekt der Zivilisation, alles nach Oben, nach Außen zu bringen, die Oberfläche wichtig werden zu lassen, den Satz vom Grund durch Entscheidungstheoreme, die Evokation durch Reflexion zu ersetzen (und damit Literatur und Mathematik an die Stelle von Philosophie und Metaphysik treten zu lassen, VG), scheint den Zustand der Indiskretion zu verstärken; in Wirklichkeit aber beginnt das Diskrete, die Möglichkeit, ohne Zusammenhang, also für sich zu sein, auf den Oberflächen, wo die Medien der Separation, die Haut, die

Ränder, die Grenzen, die Rahmen gegeben sind... Emergenz, das Aufsteigen des Neuen, das Kreative ist ein Phänomen der Oberfläche, der Haut, nicht der Tiefe, die nichts mehr trennt und die alles vereinbart.« 1971: 11

14 Heisenbergs Unschärferelation hat Kausalität für die Atomistik durch statistische Koinzidenz ersetzt / Zur Vorwegnahme der Antwort durch die Frage in den Sozialwissenschaften s. Baudrillard 1985: 98 / Zur Umkehrung von Kommentar und Primärtext s. Lem (bes. Interview in Vmax Nr. 1) und Borges (z. B. 1983: 141, 158)

15 Vgl. Pataphysik als Wissenschaft vom Speziellen, da das Epiphänomen (oft?) akzidentiell ist. Die Gesetze suchen, durch die die Ausnahmen bestimmt werden — Dr. Faustroll, Jarry

16 Die Zahl vierzehn muß als gleichbedeutend mit unendlich angesehen werden, s. Borges 1983: 56

17 »Der Schreibende ist ein Zeichensteller ... Sein Zeichnen heißt: ›skizzieren‹, ein Wort, das vom griechischen Stamm ›sche‹ herkommt, welcher ›haschen‹ bedeutet.« Flusser 1987

18 Sloterdijk 1986

Anmerkungen zum WISSEN

1 Foucault, 1977b: 36 f.

2 Vgl. Ch. Bloch

3 Peters: 153

4 Zur Kodifizierung und standardisierter Prüfbarkeit des Wissens der bürgerlichen Gesellschaft und seiner Dienstbarmachung als Wissen des Staates vgl. Kittler 1985: 67 ff.

5 Bezeichnend für diese Situation, in der alle Antworten vorhanden, aber die Fragen abhanden gekommen sind, ist eine Episode aus »Per Anhalter durch die Galaxis« von Douglas Adams. Einem Hypercomputer wurde aufgetragen, die Antwort auf die Frage nach den letzten Dingen, nach dem Sinn von allem ›oder so‹ zu errechnen. Die mehrfach überprüfte und damit zweifellose Antwort nach mehrjährigem Rechnen: »42«.

Um allerdings herauszubekommen, wie die Frage zu dieser
Antwort genau lautete, bedarf es eines noch wesentlich größeren Computers. Adams: 163 ff.

6 Benjamin 1984: 424 f. (Kunstwerk XI)

7 Vgl. Lem, bes.: Der Hammer, in: 1976 / Vgl. das eigenwillige
Verhalten von HAL in Clarke/Kubrick, »2001 — Odyssee im
Weltraum«: Zwei konfligierende Programme, »truth, and concealment of truth«, zerstören HALs Integrität, im technischen
wie im moralischen Sinne, machen ihn zum Hypochonder und
schließlich zum Neurotiker (Zur Bedeutung von Zufall und
Lernfähigkeit vgl. Kap. IV 11)

8 Vgl. Hamann

9 Vgl. Scholem: 133

10 S. Tibon-Cornillot: 162 f.

11 Horkheimer 1974

12 Kamper 1981: 55

13 Baudrillard 1982: 80 f.

14 Maschine aus dem Blickwinkel von Verschleiß, Sabotage-
Anfälligkeit, Selbstsprengung und Unfall zu betrachten, ist eine
neuere Herangehensweise, vgl. dazu Kap. IV 11

15 Adorno/Horkheimer: 51

16 »Nicht weil das Flügelwachs versagt, stürzt heute Ikarus, sondern weil Ikarus selbst versagt. Könnte er sich selbst als Ballast
abwerfen, seine Flügel könnten den Himmel erobern.«
Anders: 34

17 Adorno/Horkheimer: 108 ff.

18 Vgl. Coy: 106 ff. (»Die menschenleere Fabrik«)

19 Marcuse: 414

20 Horkheimer: 64

21 Ibid: 96

22 Ibid: 94. Zu Mitteln s. a. Anders: 249-254

23 nach Turkle: 320

24 Horkheimer: 166. Wobei es sich um die gelehrte Version der
Bauernregel handeln dürfte: Nach Regen folgt Sonnenschein

25 Horkheimer: 152

26 Dürrenmatt 1980

27 Ibid: 74

28 Jungk zeigt, wie die Atomphysiker des Manhattan-Projekts die Bombe entwickelten, um Nazi-Deutschland zuvorzukommen, damit aber eine Entwicklung losgetreten haben, die es den meisten Beteiligten nicht mehr erlaubt, an der Bombardierung Japans, der Entwicklung der H-Bombe usw. *nicht* mitzuwirken.

29 S. Jacques Bureau nach Gendolla

30 Günther 1963

31 Vgl. Lyotard 1985 a: 83

32 Günter: 45

33 Ibid: 38

34 Ibid: 43

35 Ibid: 40

36 Ibid: 49

37 Ibid: 58

38 Vgl. ibid: 110 f.

39 Ibid: 68

40 Zum Verhältnis von Naturgesetzen und trans-klassischer Gesetzlichkeit der Information s. a. ibid: 172 f.

41 Ibid: 75

42 Ibid: 151

43 Ibid: 123

44 Daß diese potentiell vollständig gedachte Beschreibung an der prinzipiellen Hyperkomplexität tatsächlicher Systeme scheitert, siehe in Kap. IV 11

45 Op. cit.: 125 f.

46 Ibid: 192 u. 197 f.

47 Ibid: 130 f.

48 Ibid: 154

49 gar die Forderung nach »ärztlicher Aufsicht« op. cit.: 201

50 Baudrillard 1985: 43 f.

51 Vgl. Kap. IV 11

52 Lyotard 1982: 97

53 Baudrillard 1985: 45
54 Vgl. Kap. IV 3
55 Musil: 150

Anmerkungen zur MASCHINE

1 Nach Tibon-Cornillot: 152 f.
2 Seit der Quantenphysik obsolet. (Sub)atomare Partikel haben selber dynamischen Charakter. Masse ist Energie. Ihre Quantisierung ergibt keine einheitlichen kleinsten Teilchen, die von der Art der Befragung und von der Zeit unabhängig wären.
3 S. Peitgen/Richter
4 (Medien)transponierbar sind z.B. Gasleitungsrauschen in Lyrik, Goethe-Verse in Ausdrucksgebärden der Eurhythmie, anatomische Sprachteilzentren in den »psychischen Apparat« (Freud) in Subroutinen der Literatur … S. Kittler 1985
5 Zur Abbildung, Mimesis, Onomatopoesis vgl. Benjamin 1984: 125 f. (»Lehre vom Ähnlichen«)
6 Zu Swedenborg und Kabbala vgl. Borges 1982
7 S. a. Intelligenz-Definition der Kybernetik in Kap. IV 5
8 Turing 1987: 88
9 Eine Ode auf die Organprojektion s. Weibel 1987: 84 ff.
10 Adorno/Horkheimer: 162, s. a. Projektion als Widerspiel zur Mimesis: 167
11 Adorno 1979: 193
12 Scholem: 132
13 Vgl. Eingangsreferat des Golem an uns und an seine Erschaffer
14 Leibniz 1916
15 Gibt es auch in der chinesischen Antike, s. Heckmann: 23 f.
16 … und u. a. viele Menschenabbilder gebaut, obgleich Mohammed ebenso wie die jüdische Religion ein Bildverbot lehrte. Jede Darstellung eines lebenden Dinges — nach anderen Gelehrten nur Darstellungen, die imstande sind, Schatten zu werfen, also Skulpturen — werde am Jüngsten Gericht vor den Herrn gebracht. Engel befehlen dem Künstler, dem Bild Leben

einzuhauchen. Dieser wird es nicht vermögen, und man wird ihn eine gewisse Zeit in die Hölle verstoßen (nach Borges 1982: 142). Bei der heutigen Nähe zur Apokalypse ist dies ein Prüfstein, dessen auch die KI-Experten gedenken sollten.

17 Heckmann: 28 f., s. a. Feldhaus: ›Automat‹

18 Hauber, nach: Heckmann: 83

19 Bahr: 460

20 Die Preisfrage diente der Normierung der Münder, der Herstellung der Hochsprache durch Reinigung von Dialekten und durch exakte, technische Reproduzierbarkeit (Kittler 1985: 42 f.). So schrieb Antoine de Rivarol über den sprechenden Kopf von Abbé Mical: »Diese Köpfe werden, wenn es deren viele in Europa geben wird, der Schrecken der unzähligen Sprachlehrer schweizerischer und gascognischer Herkunft sein, die alle Länder heimsuchen und unsere Sprache bei den Völkern, die sie lieben, verunstalten.« (Heckmann: 256)

21 Heckmann: 237 f.

22 Zit. nach Bahr: 473

23 J. M. Baldwin, Dictionary of Philosophy and Psychology, Gloucester, Mass. 1960

24 »... die klonische Melancholie von Wesen, die sich bis ins Unendliche teilen, die Melancholie der geschlechtslosen Einzeller, die nicht durch Triebe und Intensität auf die Welt kommen, sondern durch Ausdehnung und Ausstoßung, die also nicht aus einem Wachstum hervorgehen, sondern aus einem Auswuchs ... von Körpern, die zu Netzen geworden sind ...« Baudrillard 1985: 39

25 Alle Angaben nach Heckmann

26 Foucault 1977a: 174 f.

27 Descartes: 79

28 Ibid: 79 f.

29 Heckmann: 168

30 Ibid: 209

31 La Mettrie: 121

32 Ibid: 97

33 Ibid: 63

34 Ibid: 63 f.

35 Ibid: 127

36 Heckmann: 264

37 Ibid: 252

38 ... und damit die aleatorische Computer-Kunst antizipiert.

39 Heckmann: 276 ff.

40 Hoffmann: 40 ff.

41 S. Kittler 1985: 47 f.

42 S. Weizenbaum: 15 ff.

43 Hoffmann: 45 f.

44 Weizenbaum: 17 f. Heute gibt es bereits eine Flut von Compu-
terprogrammen für Psychotherapien — die Amerikaner haben
dafür bereits den Ausdruck »Technotherapien« geprägt. Die
Zeit, 7.3.1986

45 Borges o. J.: 21

46 Sholem: 221 f. u. 240 f.

47 Vgl. die »ars combinatoria« des katalanischen Mönches Rai-
mundus Lullus, die Künzel/Cornelius als »geheimen Ursprung
der Computertheorie« betrachten.

48 Knobloch: 78

49 Ibid: 88

50 Leibniz 1971: 3

51 nämlich dem ersten Universalcomputer, Zuses »Z3«, s. Zuse:
55 f.

52 Nach Heckmann: 239

53 S. Lévi-Strauss: 177 ff.

54 Zu metamathematischen Fragestellungen, ontologischem Stellenwert mathematischer und logischer Systeme, Kunstsprachen
und Maschinentheorie vgl. Kursbuch Nr. 8, 1967 / Vgl. Calvino: 7 ff. / bissige Bemerkungen zu mathematischen Methoden in den Menschwissenschaften s. Weizenbaum: 213 ff. / zu
Sprache und Computer s. a. Kap. IV 7

55 S. dazu das »Aufschreibesystem 1900« bei Kittler und dazu, was
Schreiben anderes sein konnte, das »Aufschreibesystem 1800«

56 Calvino: 14

57 Joan Chamberlain/Joan Hall (??), New York, 1984, Leseprobe bei Horx: 78 ff.

58 nach Horx: 82

59 S. Kap. IV 1

60 S. Kap. IV 4

61 Schmidt/Thews

62 Ibid, bes. 229 ff. u. 351

63 Kittler (1985: 211 ff.) zeigt auf, daß in den Versuchsanordnungen der Psychophysik, die er als Paradigmenwechsel erkennt (219), nicht nur jeder Mehrwert an Sinn, sondern auch das Erkenntnissubjekt verschwindet. Er bezieht sich vor allem auf Ebbinghaus und Münsterberg.

64 S. Turing, Weizenbaum u. a.

65 Daß es sich dabei nicht um eine überzogene Sichtweise handelt, zeigen Otto und Sonntag (: 19). Sie zählen zur Informationstechnik neben Telefon und Zielansteuerung von Raketen auch den Herzschrittmacher.

66 Kittler 1985: 284

67 Vor dem Apfel der Erkenntnis, das ist auch das Kind vor dem Einsetzen der Reflexion — Kleists Jüngling, der sich einen Splitter aus dem Fuße zieht. Dieser erste Blick in den Spiegel scheint ein geeignetes Kriterium auch für die Maschine und ihre verlorene Unschuld: »For like his makers, HAL had been created innocent; but, all too soon, a snake had entered his electronic Eden... the conflict that was slowly destroying his integrity — the conflict between truth, and concealment of truth... He had been a living lie.« (Clarke 1985: 149 f.) Die Lüge ist Grundlage der Selbsttätigkeit, der Kultur und der Neurose.

68 Sloterdijk: 50 f.

69 »Erinnern wir uns, daß das metaphorische So-wie keine latente Identität und daher keine irgendwie abbildende, symmetrische Gleichung ausdrückt, sondern eine Näherung, bis hin zur Verdichtung und Überlagerung derart, daß das ›Untenlagernde‹

durch die Filtrierung des ›Überlagernden‹ seine Stelle verstellt.« Bahr: 449

70 Schreibmaschinen setzen an der Blindheit an (Kittler 1985: 197 ff.), Psychophysik an den Ausfällen von Hirnpartien (ibid: 220 ff.), Grammophonie an der Taubheit (ibid: 23 ff.); 1944 war dieser Zusammenhang bereits so selbstverständlich, daß Zuse für die Aufgabe des ersten Computerprogrammierers gezielt nach einem Blinden suchte, u.a. deshalb, weil Blindenschrift mit ihren sechs Bit bereits den halben Weg vom Alphabet zum einen Bit der Programmiersprache zurückgelegt hat (Zuse: 72 f.)

71 Günther: 180 ff.

72 Weizenbaum: 38 ff.

73 In: Lem 1976

74 Vgl. Spiegel-Gespräch »Computer als Richter und Arzt?«, Der Spiegel Nr. 17/1979

75 Herausragend ist der lange erfolgreich täuschende Schachspieler-Automat von Maelzel, der von einem Zwerg bedient wurde / Feldhaus (: 56) berichtet von einem noch 1906 vorgeführten Androiden mit dem hübschen Namen ›Enigmarelle‹, der gehen, schreiben und radfahren konnte, in dem ebenfalls ein Zwerg steckte / Die Entsprechung im Medienzeitalter ist ›Max Headroom‹, der erste computer-simulierte Showmaster und Star der britischen TV-Station ›Channel Four‹: Unter der mehrfachen elektronischen Verfremdung und einer zentimeterdicken Latex-Schicht steckt, das wird von Channel Four zumindest lanciert, der Schauspieler Matt Frewer.

76 Daß den Real-Centauren nur Centauren-Schöpfungen auf seiten der Erkenntnis gerecht werden, »zwieschlächtige Gebilde« aus Literatur und Theorie, scheint offensichtlich. Vgl. Sloterdijk zu Nietzsche: 28 f.

77 Günther: 202

78 Kittler 1985: 230

79 Ibid: 294 / auch im Sinne von H.-D. Bahr als Transmission ohne Mission, Zwischenwelten ohne ›Welt‹ als Referenz. Bahr: 267 ff.

80 Lyotard 1985 a: 58

81 dem Film von Ridley Scott nach dem Buch »Do Androids
Dream of Electric Sheep?«

Anmerkungen zum MASCHINENWISSEN

1 Turing 1967 und Turing 1987

2 Die Angst der Intellektuellen, das gleiche Schicksal wie der
qualifizierte Handarbeiter zu erleiden. In »Per Anhalter durch
die Galaxis« von D. Adams wird einem Hyper-Computer die
Errechnung der letzten Fragen nach dem Sinn und nach Gott
aufgetragen. Prompt melden sich die Vertreter der Gewerk-
schaft der Philosophen, Weisen, Erleuchteten und anderer
Berufsdenker, fordern, daß die Maschine abgestellt wird, und
drohen andernfalls mit einem landesweiten Philosophenstreik.
»Nach dem Gesetz ist die Suche nach der Letzten Wahrheit
ganz eindeutig das unveräußerliche Recht eurer Berufsdenker
(...) Ich meine, was haben wir davon, daß wir uns halbe Nächte
mit der Frage um die Ohren schlagen, ob's nun einen Gott gibt
oder nicht, wenn diese Maschine euch am nächsten Morgen
einfach seine verdammte Telefonnummer ausspuckt?« Adams:
157

3 Zur Diskussion von Gödels Theorem s. Hofstaedter 1985: 19 ff.

4 Vgl. Kap. II 6 und Kap. IV 11

5 S. Intelligenzdefinition in Kap. IV 5

6 Der 7. Einwand behandelt den grundlegenden Unterschied von
Gehirn und Digitalrechner. »Das Nervensystem ist mit Sicherheit keine Maschine mit diskreten Zuständen.« Turing belegt
diese ›Sicherheit‹ nicht. Die heutige Neurophysiologie geht
von einem hybriden Modell aus. Analog oder digital, stetig
oder diskret — das Material scheint, nach beiden Paradigmen
befragt, sinnvolle Antworten zu geben. Vielleicht ähnlich der
Wellen- oder Teilchentheorie in der Quantenphysik. Vgl.
Schmidt/Thews, z.B.: 196 ff.: über Aktionspotentiale: Zentrum und Peripherie des receptiven Feldes sind in Binäroppositi-

tion geschaltet, um die Kontrastschärfe zu erhöhen. ›Kontrast‹ gilt als zentraler Begriff für neuronale Übertragungssicherheit. / Zu Isomorphie von Computer und Gehirn vgl. Kap. IV 4

7 Turing 1987: 17 ff.

8 Wiener 1988: 587

9 In Turing 1987: 224

10 S. Peitgen / Richter

11 Turing 1987: 88

12 Ibid: 102

13 Ibid: 110

14 S. Bahr: 441 ff.

15 Kittler in Turing 1987: 223

16 Turing 1987: 178

17 Ibid: 109

18 Marenbach: 87

19 Vgl. Baudrillard 1978: 90 ff.

20 Und zwar nicht erst in seinem Übergang ins Abfall-Stadium durch Vernutzung s. Kittler 1985: 286 f.

21 Beispiel ist der amerikanische Spielzeug-Hit »Cabbage Patch Kid«. In Hongkong zu Zehntausenden hergestellt, unterscheidet sich jede der Puppen geringfügig in Form, Haartracht und Teint. Entsprechend werden sie auch nicht in Pappkartons geliefert, sondern in den Geschäften vor den Augen der Kinder aus einem Kohlkopf »geboren«. Der Spiegel Nr. 49/1983

22 Turing 1967: 116 / Zum Gehirn als diskreter Maschine vgl. oben Anmerkung 6

23 Günther: 198 / Turing verwendet für diesen Sachverhalt die Analogie der Zwiebel und des AKWs (sic!), findet allerdings das Fundament in den physischen Strukturen, 1967: 131

24 O. Wiener 1981: 39

25 Cioran 1980: 18

26 Ibid: 32 f.

27 Vgl. GOLEM XIV: Individualität ist eine Summe von Defekten: je mehr Vernunft, deso weniger Person. : 103 ff.

28 Lem 1976: 245

29 Ibid: 246

30 O. Wiener 1981: 47

31 O. Wiener 1984: 14 / Der Status eines kanonischen Textes für die hier verhandelte Fragestellung kommt dem »Tagebuch« von S. Lem zu. Da der Text es verbietet, ihn in exzerpierten Appetithäppchen zu präsentieren, es andererseits den gegebenen Rahmen überschreiten würde, ihn vollständig wiederzugeben, kann nur in dieser Form darauf hingewiesen werden. In: Lem 1976: 83 ff.

32 So seine Frau Klara von Neumann in: Neumann 1970 und div. in Legendi

33 S. Arbib

34 Eine ›Mutter‹, außer vielleicht der alma mater, ist mir nicht bekannt.

35 Erstmals im »First Draft...« veröffentlicht. Diese fünfgliedrige Architektur beschreibt Turing ebenfalls, wortgleich, 1947 in »Lecture to the London Mathematical Society« (Turing 1987: 194) Who was first? Hodges weist darauf hin, daß Turing den EDVAC-Report kannte, konstatiert aber eine eigenständige Leistung Turings, vor allem was die Programmstruktur betrifft, die Neumann weit voraus war. (Hodges: 7)

36 Alle Angaben nach Legendi und Neumann

37 So stellte es Goldstine dar, in Legendi: 50

38 S. hierzu Neumanns von Burks edierte und erweiterte »Theory of Selfreproducing Automata«, postum 1966 erschienen

39 ›induktiv‹ nach der Bezeichnung von Lipovski/Malek, Neumann 1970: 52

40 Neumann 1970: 52

41 Ibid: 71

42 Vgl. Lipovski / Malek

43 Hillis 1987

44 Legendi: 77

45 Vgl. Potter über den MPP (Massively Parallel Processor), von Goodyear Aerospace für die NASA gebaut mit 16.834 Prozessoren vorwiegend für Bildverarbeitung von Satelliten und

Radar. Besonders interessant das Kapitel über den Einsatz des MPP für Listen-Operationen, wie sie für LISP typisch sind, die wichtigste Programmiersprache der KI / Vgl. auch Lipovski über den TRAC (Texas Reconfigurable Array Computer), der mit Banian-Netzen arbeitet.

46 Fukushima 1988

47 Kinzel / Decker: 42

48 Vgl. auch Albus zu Grundlagen neuronaler Netze, dem CMAC (Cerebellar Model Arithmetic Computer) und seiner möglichen Anwendung bei der Robotersteuerung

49 Ist die hierarchische Baumstruktur von Algorithmus und Parallelrechnerarchitektur die Herrschaftsmaschine des Staates, so sind neuronale Modelle die Traummaschine des Anarchismus und der Alternativbewegung.

50 Auf einer VAX oder einer Karte für PC's mit 30.000 Neuronen und 48.000 Synapsen, s. Kinzel / Decker

51 S. Kinzel / Decker

52 Ein besonderes Kapitel in der Geschichte der Produktion eines hochwertigen nationalen IQ-Durchschnitts schrieb William Shockley. Er erhielt 1956 den Nobelpreis für die Miterfindung des Transistors, schuf also eine der Voraussetzungen für den Computer und damit die KI. 1984 schlug er ein Eugenik-Programm vor, bei dem Sterilisationswilligen für jeden IQ-Punkt unter 100 1.000 Dollar gezahlt werden sollten. Kandidaten wären 50 Prozent von Amerikas Weißen und 84 Prozent der Schwarzen. Die Zeit, 5.10.1984 und die tageszeitung, 11.9.1984

53 S. Mustererkennung und Bongart-Probleme: Hofstaedter, 1985: 689 ff.

54 Bibel/Siekmann: 7 f.

55 »... mental processes are correctly described in the logical model independently of the particular physical embodiment, and so can be embodied in a physical form other than the brain.« Hodges: 8

56 Bibel/Siekmann: 7 f.

57 Zur Geschichte der KI s. z.B. Dreyfus, Boden

58 Hennings: 40

59 Turing 1987: 112

60 Mittlerweile ist ein Sektor aus dem Chaos herausgeschnitten worden und als mathematische Funktion in die Maschine geraten. Was Turings dynamisches Modell der Intelligenz bestätigt. Vgl. Mandelbrot und Chaostheorie in Peitgen / Richter

61 Butler 1923: 198

62 Sonnemann: 119

63 Butler: 181

64 Turing 132 ff.

65 S. Kidder 160 ff.

66 Nach Kidder ist die Soft-Fassung in seinem Fall hunderttausendmal langsamer als die endgültige Hardware.

67 Das ›Replication Systems Concepts Team‹ der NASA macht sich bereits Gedanken über ein Mond-Ei-Projekt. Es soll sich selbst entfalten und eine Fabrik errichten, die ihre Rohstoffe aus der Mondoberfläche, ihre Energieversorgung durch Sonnenkollektoren sichert. Zu Industrieentwicklungsbausätzen für die Dritte Welt, Armee-Eiern und Santa Claus-Maschinen s. Coy: 119 ff.

68 Alle Angaben in diesem und dem folgenden Kapitel nach: Hennings, Bibel/Siekmann, Waterman und Communications of the ACM

69 Hennings: 27

70 Vgl. Deleuze/Guattari: paranoide Baumstruktur und Schizo-Rhizom (heterarchische Verkettungen, Ko-funktionieren, nomadisch, Kombinatorik des Unerwarteten)

71 Catalog of Expertsystems in: Waterman

72 In diese Zeit gehören die Sterbelaute eines Computers, die Vallée mit großer poetischer Eindringlichkeit schildert: »Das Schönste, was ich je gehört habe, war der Klang der Speichertrommel einer IBM 650, als der Computer starb. Die gesamte Stromversorgung fiel aus... Die Lampen hörten auf zu blinken... Ich nahm plötzlich die Sommersonne im staubigen Hof hinter mir wahr. Ich konnte die Vögel flattern und zwitschern

hören. Aber es dauerte zehn Minuten oder länger, bis die große Trommel endgültig zum Stillstand kam. Das hohe Summen verwandelte sich langsam in einen anhaltenden, durch Mark und Bein gehenden Ton, aus dem ein Surren wurde, ein Brummen, dann nur noch ein Murmeln. Schließlich starb mit dem ganzen Computer auch die Trommel.« Vallée: 22 / Man vergleiche dagegen die sprachliche Regression, die HAL bei seinem Tod durchmacht: »You are destroying my mind … I will become childish … I will become nothing …« usf. Clarke: 157 ff.

73 Turing: 137

74 Kittler 1986: 31

75 Eine weitere Verwandtschaft von Text und Maschine ergibt sich über griech. téchnē

76 Lyotard 1985b

77 Es wäre zu zeigen, wie sich literarische Ästhetik durch Text-Verarbeitung, bspw. bei Botho Strauß, John Updike, Umberto Eco, ändert. Der ›Bildschirm-Dichter‹ Jürg Laederach vermutet, daß die Mikroelektronik »eine Entwicklung beschleunigt, die ohnehin unterwegs war: den Marsch hin zu einem Parlando-Stil, hin zu einer neuen Lockerung.« Die Zeit, 5.12.1986 / Vgl. auch Flusser, der einen Übergang von der linear richtenden, alphabetischen, geschichtsmächtigen Kultur zu einer digitalen, mit technischen Bildern bestückten konstatiert. Gelänge der Übergang nicht, droht Flusser mit dem Sturz in die alphabetische Barbarei. Der Schwierigkeit, über das Ende des Schreibens zu schreiben, begegnet er mit einer Eselsbrücke: »Die Schrift« ist auf einer Diskette erschienen, »dem Code nach ein Nochimmerbuch, der kommunikativen Dynamik nach ein Nichtmehrbuch.« Eine wacklige Brücke, muß man den Inhalt doch erst ausdrucken, will man ihn ohne Augenbeschwerden lesen. Der informatisierte Schreibtisch produziert bekanntlich mehr Papier als alle seine Vorläufer.

78 Quellen: Bibel/Siekmann, Habel, Rollinger/Schneider

79 Wahlster in Bibel: 212. Wobei Searl selbst bestreitet, daß Computer prinzipiell in der Lage wären, etwas zu ›verstehen‹: Ein

Computer könne die Syntax beherrschen, aber niemals die Semantik (in Hofstadter/Dennett: 353 ff)

80 Ein solches Partnermodell wird auch als Tool für die Feststellung von ›Human Factors of Software‹ benutzt. Es simuliert einen statistisch ermittelten Benutzer, um Testserien mit ›echten‹ zu umgehen. Die Menschengerechtigkeit von Software (ease of use) wird also mithilfe von simulierten Menschen festgestellt (nach: Blaser/Zoeppritz)

81 Blaser/Zoeppritz

82 Nach Keil-Slawik 1988

83 Wahlster in Bibel: 206

84 Nach Bahr: 343

85 Tom Disch, Amnesia, vgl. Newsweek, 26.1.1987

86 In Böhret 1971

87 Gemeint ist hier eine pragmatische Entscheidung über die Relevanz einer Aussage, nicht das Gödel-Church-Turingsche Entscheidungsproblem

88 O. Wiener 1984: 23 ff.

89 Baudrillard 1982: 79 ff.

90 Eine Perspektive, die im allgemeinen in dieser Arbeit arg zu kurz kommt

91 Teilhard: 209

92 Ibid: 218

93 Ibid: 219

94 Ibid: 220

95 Ibid: 212 f.

96 Ibid: 229

97 Vgl. neuere Gesellschafts-Utopien nach dem Modell einer geodätischen Kuppel. Das Netz verbindet augenblicklich alle Gesellschaftsmitglieder miteinander, wenn eine Entscheidung gefragt ist, und läßt jeden individuell zu Wort kommen (sic!). Durch beiläufige Anschlüsse würde sich diese Gesellschaft um Hierarchie herumranken. Z.B. Vallée: 251

98 Teilhard: 224

99 Ibid: 239

100 Ibid: 234

101 Ibid: 241 / Nach der Informationstheorie ist Information mit Unwahrscheinlichkeit gleichbedeutend, während Neginformation der wahrscheinlichste Zustand, die Entropie, das Rauschen ist.

102 Teilhard: 227

103 Ibid: 235

104 Ibid: 237 f.

105 Vielleicht so, wie der erste Golem, bevor er Adam wurde, das ganze Universum umfaßte.

106 Stefan M. Gergely, Der Datenhandel, in: bild der wissenschaft, Nr. 8/1986

107 E. Häußer, Präsident des Bundespatentamtes in einer Postreklame. 100 Jahre früher hat Butler den Zusammenhang von Immaterialität und Reichtum gesehen (»That old philosophic enemy, matter, the inherently and essentially evil, still hangs about the neck of the poor and strangles him: but to the rich, matter is immaterial; the elaborate organization of his extracorporeal system has freed his soul.«) und hätte damit Recht behalten, gäbe es da nicht Hacker und andere Formen der Freibeuterei.

108 Man kann von der Post nicht sprechen, ohne auf den »Chaos Computer Club« zu kommen und seine Hauszeitung, die »Datenschleuder« und ihren Ableger, die »Bayrische Hacker Post«.

109 Lyotard 1982: 124

110 Baudrillard 1985: 102

111 Nach Bernd Schuh, Pünktlich wie die Atome, Die Zeit 17.10.1986

112 Zit. nach Weizenbaum: 50 f.

113 Turing 1987: 192

114 Kidder: 100, 127 f. u. 138

115 Das ›packet switching‹ wurde für das ARPANET des US Department of Defense entwickelt. Ziel war, durch die Aufteilung der Nachricht, die dann über verschiedene Relais-Statio-

nen geschickt wird, auch mit einem teilweise zerstörten Netz Kommunikation-Kontrolle-Kommando-Information (C^{3}I) aufrechtzuerhalten. Vgl. Bickenbach et. al.: 22

116 Nach Keil-Slawik 1988

117 Nach Wolfgang Marx 1985

118 Borges 1983: 166

119 Wilhelm: 244

120 Vgl. Adorno/Horkheimer: 131 f.

121 Daß literarisches Schreiben und Schreiber noch vor dem elektronischen Text-Prozessieren längst zu Zufallsereignissen geworden sind, siehe bei Kittler 1985: 190

122 Nach Nake: 47 ff.

123 Turing: 112

124 Ibid: 136 f.

125 Ibid: 126 f.

126 Weizenbaum: 164 ff.

127 Weizenbaum nach Bickenbach et. al.: 27

128 Bickenbach et. al.: 79

129 Ibid: 83 u. 28

130 Ibid: 37 f.

131 Ada ist ein eingetragenes Warenzeichen des US Department of Defense, übrigens ausnahmsweise kein Akronym, sondern der Vorname der Countess Lovelace, die wir bereits bei Turings Imitationsspiel kennengelernt haben.

132 Über den Trend zum RISC, der nicht etwa die Hasardeure unter den Computern bezeichnet, sondern ›Reduced Instruction Set Computer‹, s. bild der wissenschaft Nr. 12/1986

133 Bickenbach et. al.: 9

134 Am spektakulärsten die Preisrede von Hoare zur Verleihung des Turing Award 1980, vgl. ibid: 9

135 Ibid: 26 f. Für dasselbe Problem bei der logischen Struktur der Hardware vgl. Kidder: über menschliche Fehleranalytiker, sog. ›Zurichter‹: 250, zur Unmöglichkeit, einen vollständigen Test auszuführen: 182 ff.

136 Nach Bickenbach et. al.: 54 ff.

137 Krueger 1983 (Übersetzung der Zitate von mir, V.G.)

138 Krueger: 116 f. Er repräsentiert als transzendenter Steuerungs-mechanismus einen höheren logischen Typus und erfüllt damit alle Bedingungen für die Konstitution von Bewußtsein. Vgl. Günther 195 f.

139 Zu Stereo Helm-Displays vgl. Haber

140 Krueger: 100

141 Ibid: 201

142 Ibid: 166

143 Vgl. den phantastischen Film «Projekt Brainstorm«

144 Krueger: 231

145 Pynchon: 1095 f. / Vgl. auch den Bio-Adapter in O. Wiener 1985 b

Anmerkungen zum ABAKUS

1 Günther: 85

2 Ibid: 152 f

3 Baudrillard 1985: 61

4 Marker: 26

5 Cioran 1980: 109

6 Baudrillard 1985: 64

7 Gide: 154

8 Ibid: 137

9 Hajime Karatsu in seinem Referat auf dem »Fifth Generation and Super Computers Symposium« Dezember 1984 in Rotter-dam

10 Baudrillard 1985: 117

11 aus Kap. III 8

12 Butler: 184

13 Ibid: 200

14 Japan hat es um 1600 fertiggebracht, ausgerechnet eine Kriegs-technologie, den Vorderlader, wieder abzuschaffen.

15 Wiener 1985 b: CXXXIV u. CLXXV ff

16 Borges 1983: 27

17 Nach die tageszeitung, 28.4.1986

18 Daß es nicht nur eine theologische Variante des Computers, sondern auch eine Computer-Variante der Theologie gibt, zeigt CHRIC. CHRIC ist die »Christliche Interessengemeinschaft für Computeranwendung« und hat die Bibel auf Diskette in Vorbereitung. Die Zeit 8.8.1986

19 Borges 1983: 52

20 Cioran 1980: 105; vgl. a. 1983: 53

21 Baudrillard 1985: 110

22 Die techno-mediale Variante davon praktiziert die Abteilung für psychologische Kriegsführung beim Pentagon, die mit einem speziellen Projektor Filme von Stammesgöttern auf tiefliegende Wolken projiziert, um Eingeborenen-Guerilleros zu schrecken. »Technologisch implementiertes Jenseits«, Kittler 1986: 24 f

23 Cioran 1983: 55

24 DMX Syndrom, vgl. Merkur Juli 1985: 633 f

25 ›gesichtslos‹ will sagen: kein Autor, keine ›Visage der Herrschenden‹. Ein Herold ist nur Autor der Strategie des Datensammelns. Die Volkszählung zeigt, daß sie bislang noch niemand beherrscht.

26 Pynchon: 1039; s.a. Borges: »Tlön, Uqbar, Orbis Tertius« und »Pierre Menard, Autor des Quijote« in: 1983

27 s.a. Borges, Das Aleph, in: 1983: 176

Bibliographie

Adams, Douglas: Per Anhalter durch die Galaxis, München 1981

Adorno, Theodor W.: Minima Moralia. Reflexionen aus dem beschädigten Leben, Frankfurt/M. 1979

Adorno, Theodor W./Horkheimer, Max: Dialektik der Aufklärung, Frankfurt/M. 1982

Aischylos: Prometheus, gefesselt. Übertragen von Peter Handke, Frankfurt/M. 1986

Albus, James S.: Brains, Behavior, and Robotics, Peterborough 1981

Anders, Günther: Die Antiquiertheit des Menschen, München 1983

Arbib, Michael A.: The Metaphorical Brain. An Introduction to Cybernetics and Brain Theory, New York, London etc. 1972

Arbib, Michael A.: Computers and the Cybernetic Society, New York, San Francisco, London 1977

ars electronica (Katalog): Linz 1984

Bahr, Hans-Dieter: Über den Umgang mit Maschinen, Tübingen 1983

Barthes, Roland: Elemente der Semiologie, Frankfurt/M. 1981

Baudrillard, Jean: Kool Killer oder Der Aufstand der Zeichen, Berlin 1978

Baudrillard, Jean: Der symbolische Tausch und der Tod, München 1982

Baudrillard, Jean: Die fatalen Strategien, München 1985

Benjamin, Walter: Ursprung des deutschen Trauerspiels, Frankfurt/M. 1972

Benjamin, Walter: Allegorien kultureller Erfahrung, Leipzig 1984

Bense, Max: Zeichen und Design. Semiotische Ästhetik, Baden-Baden 1971

Bickenbach, Joachim/Genrich, Helga/Keil, Reinhard et.al. (Hg.): Informatiker für den Frieden. Informatik für den Krieg. TU Berlin o.J.

Bibel, Wolfgang/Siekmann, Jörg. H. (Hg.): Künstliche Intelligenz. Frühjahrsschule Teisendorf, Berlin, Heidelberg, New York 1982

Blaser, A./Zoeppritz, M. (Hg.): Enduser Systems and their Human Factors. Proceedings Symposion Heidelberg, 18. März 1983, Berlin 1983

Bloch, Chajim: Der Prager Golem, Berlin 1920

Boden, Margaret A.: Artificial Intelligence and Natural Man, London 1987

Böhret, Carl (Hg.): Simulation innenpolitischer Konflikte, Opladen 1972

Borges, Jorge Luis: 25. August 1983 und andere Erzählungen, Stuttgart o. J.

Borges, Jorge Luis: Ausgewählte Essays, Frankfurt/M. 1982

Borges, Jorge Luis: Phantastische Erzählungen, Bern 1983

Butler, Samuel: Erewhon, or Over the Range, Shrewsbury Edition, London, New York 1923 (1872)

Calvino, Italo: Kybernetiker und Gespenster, München, Wien 1984

Casares, Bioy: Morels Erfindung, Frankfurt/M. 1984

Carroll, Lewis: Alice hinter den Spiegeln, Frankfurt/M. 1983

Cioran, E. M.: Über das reaktionäre Denken, Frankfurt/M. 1980

Cioran, E. M.: Gevierteilt, Frankfurt/M. 1983

Clarke, Arthur C.: 2001 a space odyssey, London usw. 1985

Coy, Wolfgang: Industrieroboter. Zur Archäologie der zweiten Schöpfung, Berlin 1985

Crichton, Michael (R.): Westworld, USA (D.: Yul Brunner) 1972

Descartes, René: Ausgewählte Schriften, Frankfurt/M. 1986

Dreyfus, Hubert L.: Die Grenzen künstlicher Intelligenz, 1985

Dürrenmatt, Friedrich: Die Physiker, Zürich 1980

Eco, Umberto: Nachschrift zum ›Namen der Rose‹, o. O. o. J.

Evard, Jean-Luc: Technik der Metapher, Metapher der Technik, in: D. Kamper, Macht und Ohnmacht der Phantasie, Darmstadt, Neuwied 1986

Fassbinder, Rainer Werner (R.): Welt am Draht, BRD 1973

Feigenbaum, E./McCorduck, P.: The Fifth Generation: Japan's Computer Challenge to the World, in: Creative Computing 8/1970

Feigenbaum, E./McCorduck, P.: The Fifth Generation: Artificial Intelligence and Japan's Computer Challenge to the World, Reading, MA 1984

Feldhaus, F. M.: Die Technik. Ein Lexikon der Vorzeit, der geschichtlichen Zeit und der Naturvölker, München 1970

Flusser, Vilém: Ins Universum der technischen Bilder, Göttingen 1985

Flusser, Vilém: Die Schrift, Göttingen 1987

Foucault, Michel: Überwachen und Strafen, Frankfurt/M. 1977a

Foucault, Michel: Die Ordnung des Diskurses, Frankfurt/M. 1977b

Frege, Gottlob: Funktion, Begriff, Bedeutung, Göttingen 1980

Frenzel, Elisabeth: Stoffe der Weltliteratur, Stuttgart 1970

Fukushima, Kunihiko: A Neural Network for Visual Pattern Recognition, in: Computer, März 1988

Gendolla, Peter: Geregeltes Begehren. Zum Verhältnis von Technologie und Sexualität, in: D. Kamper, Ch. Wulf (Hg.), Die Wiederkehr des Körpers, Frankfurt/M. 1982

Gide, André: Die Falschmünzer, Hamburg 1957

Grassmuck, Volker R.: Versuch über die Zone oder Die Animation des Computers, in: V max Nr. 1, Berlin 1985

Grassmuck, Volker R.: Piktogramme und Permutationen. Supercomputer und die 5. Generation, in: taz, 15.1.1985

Grimm, Gebrüder: Kinder- und Hausmärchen, Köln o.J.

Günther, Gotthard: Das Bewußtsein der Maschinen. Eine Metaphysik der Kybernetik, Baden-Baden, Krefeld 1963

Habel, Christopher/Rollinger, Claus-Rainer: EHZ-Strukturen als Textrepräsentation — Ein Beispiel. KIT Report, Berlin 1982

Habel, Christopher: unveröffentlichtes Interview des Autors, 1985a

Habel, Christopher: Künstliche Intelligenz und einige Folgen (für die Linguistik?), Typoskript, Berlin 1985b

Haber, Ralph Norman: Flugsimulation, in: Spektrum der Wissenschaft, September 1986

Habermas, Jürgen: Theorie des kommunikativen Handelns, 2 Bde., Frankfurt/M. 1981

Habermas, Jürgen: Der philosophische Diskurs der Moderne, Frankfurt/M. 1985

Hamann, Christian-M.: Einführung in das Programmieren in LISP, Berlin, New York 1985

Hartmann, Detlef: Die Alternative: Leben als Sabotage. Zur Krise der technologischen Gewalt, Tübingen 1981

Heckmann, Herbert: Die andere Schöpfung. Geschichte der frühen Automaten in Wirklichkeit und Dichtung, Frankfurt/M. 1982

Heinrich, Klaus: Vernunft und Mythos. Ausgewählte Texte, Frankfurt/M. 1983

Hennings, R.-D./Munter, H.: Artificial Intelligence: 1. Expertensysteme, Berlin 1985

Hillis, Daniel W.: Ultraschnelle Prozessor-Netzwerke, in: Spektrum der Wissenschaft 8/1987

Hobbes, Thomas: Leviathan, Stuttgart 1980

Hodges, Andrew: Alan Turing and the Turing Machine, in: Rolf Herken (Hg.), The Universal Turing Machine. A Half-Century Survey, Berlin, Oxford 1988

Hoffmann, Ernst Theodor Amadeus: Nachtstücke, Frankfurt/M. 1982

Hofstaedter, Douglas, R./Dennet, Daniel C. (Hg.): The Mind's I, New York 1982

Hofstaedter, Douglas R.: Gödel, Escher, Bach, Stuttgart 1985

Horkheimer, Max: Zur Kritik der instrumentellen Vernunft, Frankfurt/M. 1974

Horx, Matthias: Schrift und Chips, Reinbek 1986

Jarry, Alfred: Heldentaten und Lehren des Dr. Faustroll (Pataphysiker), Berlin 1968

Jungk, Robert: Heller als tausend Sonnen. Das Schicksal der Atomforscher, Stuttgart 1956

Kamper, Dietmar: Zur Geschichte der Einbildungskraft, München 1981

Kamper, Dietmar: Die Wirklichkeit ist längst ein Satellit der Medien. Das französische Denken und die amerikanischen Verhältnisse, in: Zitty 13/1984

Kapferer, Norbert: Techno-Graphie: Be-schreibung des Menschen, Villigst, Schwerte 1982

Kerényi, Karl: Labyrinth-Studien: Labyrinthos als Linienreflex einer mythologischen Idee, Albae Vigilae. Neue Folge. Heft X. Zürich 1959

Keil-Slawik, Reinhard: Das kognitive Perpetuum Mobile: Die Rolle von Computern mit künstlicher Intelligenz in der militärtechnologischen Entwicklung, in: Technik und Gesellschaft, Jahrbuch 5, Frankfurt/M. 1988

Kidder, Tracy: Die Seele einer neuen Maschine. Vom Entstehen eines Computers, Reinbek 1984

Kinzel, W./Decker, U.: Der ganz andere Computer = Denken nach Menschen Art, in: bild der wissenschaft 1/1988

Kittler, Friedrich A.: Aufschreibesysteme 1800. 1900., München 1985

Kittler, Friedrich A.: Grammophon, Film, Typewriter, Berlin 1986

Klaus, Georg: Wörterbuch der Kybernetik, Frankfurt/M. 1971

Kleist, Heinrich von: Über das Marionettentheater, Stuttgart 1984

Knobloch, Eberhard: Die Mathematischen Studien von G. W. Leibniz zur Kombinatorik, Studia Leibnitiana. Supplementa XI., Wiesbaden 1973

Krueger, Myron W.: Artificial Reality, Reading, MA. 1983

Kubrick, Stanley (R.): 2001 — Odyssee im Weltraum, Great Britain 1965

Künzel, Werner/Cornelius, Heiko: Die Ars Generalis Ultima des Raymundus Lullus. Studien zu einem geheimen Ursprung der Computertheorie, Berlin 1986

Kunst & Medien (Katalog): Kunsthalle Berlin 1984

Kursbuch Nr. 8: Mathematik, Frankfurt/M. 1967

Kursbuch Nr. 75: Computerkultur, Berlin 1985

La Mettrie, Julien Offray de: Der Mensch eine Maschine, Leipzig 1984

Legendi, T./Szentivanyi, T.: Leben und Werk von Neumann. Ein zusammenfassender Überblick, Bibliographisches Institut Mannheim, Wien, Zürich 1983

Leibniz, G. W.: Von deutscher Sprachpflege (älteste Handschrift um 1697) aus: Meiner, Leipzig 1916

Leibniz, G. W.: Mathematische Schriften Bd. VI. nach: C. I. Gerhard
(Hg.) Hildesheim, New York 1971/Reprogr. Nachdruck d. Ausgabe von G. H. Pertz (Hg.) Halle 1860, 1971

Leibniz, G. W.: Mathematische Schriften Bd. VII, Hildesheim, New
York 1971

Lem, Stanislaw: Nacht und Schimmel. Erzählungen, Frankfurt/M.
1976

Lem, Stanislaw: Der futurologische Kongreß, Frankfurt/M. 1979

Lem, Stanislaw: Waffensysteme des 21. Jahrhunderts, Frankfurt/M.
1983

Lem, Stanislaw: Also sprach GOLEM, Frankfurt/M. 1984 (poln.
Orig.: GOLEM XIV.)

Lem, Stanislaw: Interview in Vmax 1, Zeitschrift auf der Überhol-
spur, Berlin o. J.

Lévi-Strauss, Claude: Die Mathematik vom Menschen, in: Kursbuch Nr. 8, 1967

Lipstadt, Aaron (R.): Der Android, (D.: K. Kinski) USA 1981

Lipovski, G. Jack/Malek, Miroslav: Parallel Computing. Theory
and Comparison, New York usw. 1987

Lynch, David (R.): Eraserhead, USA 1977

Lyotard, Jean-François: Das postmoderne Wissen, Theatro Machi-
narum 3/4, Bremen 1982

Lyotard, Jean-François mit anderen: Immaterialität und Postmoderne, Berlin 1985a

Lyotard, Jean-François: les immatériaux (Katalog der Ausstellung
im Centre Georges Pompidou), Paris 1985b

Marcuse, Herbert: Some Implications of Modern Technology, Zeitschrift für Sozialforschung 1941, München 1980

Marenbach, Ilona: Computer Aided Destruction, unveröffentl.
Typoskript, Berlin 1984

Marker, Chris: Sans Soleil. Unsichtbare Sonne. Vollständiger Text
zum gleichnamigen Film-Essay, Hamburg 1983

Marx, Wolfgang: Zeitlupe. Vorläufiger Bericht über erste Erfahrungen mit der Psychodroge DNX, in: Merkur 7/1985

Musil, Robert: Der Mann ohne Eigenschaften, Hamburg 1970

Nake, Frieder: Ästhetik als Informationsverarbeitung. Grundlagen und Anwendungen der Informatik im Bereich ästhetischer Produktion und Kritik, Wien 1974

Neumann, John von: Die Rechenmaschine und das Gehirn, München 1970

Otto, Peter/Sonntag, Philipp: Wege in die Informationsgesellschaft. Steuerungsprobleme in Wirtschaft und Politik, München 1985

Papert, Seymour: Gedankenblitze. Kinder, Computer und Neues Lernen, Reinbek 1985

Peitgen, H.-O./Richter, P. H.: The Beauty of Fractals. Images of Complex Dynamical Systems, Berlin, Heidelberg, New York, Tokyo 1986

Peters, Johannes: Einführung in die Allgemeine Informationstheorie, Berlin, Heidelberg, New York 1967

Potter, Jerry L. (ed.): The Massively Parallel Processor, MIT Cambridge, London 1985

Pynchon, Thomas: Die Enden der Parabel, Reinbek 1981

RACTER: Soft Ions, Kurzgeschichte in: M. Horx, Schrift und Chips, Reinbek 1986

Rollinger, Claus-Rainer/Schneider, Hans-Jochen: Text Understanding as a Knowledge Based Process, Berlin 1984

Schmidt, Robert F./Thews, Gerhardt (Hg.): Physiologie des Menschen, Berlin, Heidelberg, New York 1983

Scholem, Gershom: Zur Kabbala und ihrer Symbolik, Frankfurt/M. 1981

Schröter, Harmut/Henschker, Gabriele (Hg.): Technik als Wertverhältnis. Eine Sammlung von Beiträgen zum Studententag, Villigst. Schwerte 1982

Scott, Ridley (R.): Blade Runner, USA 1982

Searle, John R.: Sprechakte. Ein sprachphilosophischer Essay, Frankfurt/M. 1983

Shannon, Claude E./Weaver, Warren: Mathematische Grundlagen der Informationstheorie, München, Wien 1976

Sloterdijk, Peter: Der Denker auf der Bühne. Nietzsches Materialismus, Frankfurt/M. 1986

263

Sonnemann, Ulrich: Das Land der unbegrenzten Zumutbarkeiten. Deutsche Reflexionen, Frankfurt/M. 1985

Teilhard de Chardin, Pierre: Die Zukunft des Menschen, Olten 1966

Tibon-Cornillot, Michel: Die transfigurativen Körper. Zur Verflechtung von Techniken und Mythen, in: D. Kamper, Ch. Wulf (Hg.), Die Wiederkehr des Körpers, Frankfurt/M. 1982

Todorov, Tzvetan: Die Eroberung Amerikas. Das Problem des Anderen, Frankfurt/M. 1985

Tugendhat, Ernst: Vorlesungen zur Einführung in die sprachanalytische Philosophie, Frankfurt/M. 1979

Turing, Alan M.: Kann eine Maschine denken? in: Kursbuch Nr. 8, Frankfurt/M. 1967

Turing, Alan M.: Intelligence Service. Schriften, Hg. von B. Dotzler u. F. Kittler, Berlin 1987

Turkle, Sherry: Die Wunschmaschine. Der Computer als zweites Ich, Reinbek 1986

Vallée, Jacques: Computernetze. Träume und Alpträume von einer neuen Welt, Reinbek 1984

Virilio, Paul: Denken als Unfall, in: Tumult Nr. 1, 1981

Virilio, Paul: Ästhetik des Verschwindens, Berlin 1986

Volpert, Walter: Zauberlehrlinge. Die gefährliche Liebe zum Computer, Weinheim, Basel 1985

Waterman, Donald A.: A Guide to Expertsystems. Reading, MA 1986

Wawrzyn, Lienhard: Der Automaten-Mensch. E. T. A. Hoffmanns Erzählung vom Sandmann, Berlin 1982

Weibel, Peter: Jenseits der Erde. Das orbitale Zeitalter, Linz 1987

Weizenbaum, Joseph: Die Macht der Computer und die Ohnmacht der Vernunft, Frankfurt/M. 1977

Wiener, Norbert: Kybernetik, Düsseldorf, Wien 1963

Wiener, Norbert: Gott & Golem Inc., Düsseldorf, Wien 1965

Wiener, Oswald: 0, in: Berliner Hefte Nr. 17, 1981

Wiener, Oswald: Turing Test. Vom dialektischen zum binären Denken, in: Kursbuch Nr. 75, 1985 a

Wiener, Oswald: Die Verbesserung von Mitteleuropa, Roman, Reinbek 1985 b

Wiener, Oswald: Form and Content in Thinking Turing Machines, in: Rolf Herken, The Universal Turing Machine. A Half-Century Survey, Berlin, Oxford 1988

Wilhelm, Richard (Übers. u. Hg.): I Ging. Text und Materialien, Köln 1985

Zedler, Johann Heinrich: Großes Vollständiges Universal-Lexikon, Leipzig, Halle 1743. i. d. Ausg.: Graz 1962

Zuse, Konrad: Der Computer. Mein Lebenswerk, Berlin etc. 1984

Bildnachweis

Seite 10: R. Cobb, Copyright: 1968 Sawyer Press

Seite 21: Hiroshima Brandschatten, Der Spiegel Nr. 17,
   26. April 1982

Seite 24: Computergrafik von Brian Smith, ars electronica '87
   Katalog, S. 67

Seite 59: Die Metamorphose des Narziß, Salvador Dali

Seite 74, 75: Fotos: Musée d'Art et d'Histoire Neuchâtel

Seite 97: Abbildung: Schmidt/Thews 1983: 165

Seite 117: Turing-Maschine, Abbildung vom Autor angefertigt

Seite 139: Rekonstruktion der »2« nach Fukushima 1988

Seite 141: Anzeige: Copyright und eingetr. Warenzeichen:
   RankXerox

Seite 154: Suchbaum, Abbildung vom Autor angefertigt

Seite 156, 157: aus: Hennings u. a. 1985: 77 f

Seite 175: Vorblatt zu »Der Künstliche Wille«, Elektronische
   Medienoper I, von Peter Weibel, aus ars electronica '84: 240

Seite 203: aus »Zeittransgraphie«, Textsampler zum Videoband
   zum Videoseminar von Gabor Body, DFFB, Berlin 1986

Seite 205: beide Mondrians aus: Umbruch. Zeitschrift für Kultur,
   Juni/Juli 1985

Seite 231: Grafik zur Computerinstallation von Janusz Hajduk aus
   dem Katalog zur »art ware«, Hannover, März 1986

Seite 235: Londoner Bibliothek »Holland House«, Kensington,
   1940, aus dem Katalog zu »les Immatériaux«

Junius Verlag GmbH, Hamburg
Stresemannstraße 375 · Postfach 50 07 45
D-2000 Hamburg 50
Copyright 1988 by Junius Verlag
Einbandgestaltung: Johannes Hartmann, Hamburg
Satz: Junius Verlag, Hamburg
Druck: SOAK GmbH, Hannover
Printed in Germany
ISBN 3-88506-404-9
Erste Auflage September 1988

CIP-Kurztitelaufnahme der Deutschen Bibliothek
Grassmuck, Volker:
Vom Animismus zur Animation: Anm. zur Künstl. Intelligenz/
Volker Grassmuck. — Hamburg: Junius-Verl., 1988
(Sammlung Junius; 4)
ISBN 3-88506-404-9
NE: GT

PAUL LAFARGUE

DIE FRANZÖSISCHE SPRACHE
VOR UND NACH
DER REVOLUTION
DIE ANFÄNGE DER ROMANTIK

Herausgegeben und eingeleitet
von Jürgen Baumgarten

Paul Lafargue (1842-1911), französischer Sozialist, Essayist, Satiriker, untersucht die Auswirkungen der Revolution von 1789 in Sprache und Literatur. Die Veränderungen in der französischen Sprache stehen für Wandlungen im Bewußtsein einer Nation.

Im Essay über die Anfänge der Romantik berührt Lafargue einen Wendepunkt in der Geistesgeschichte Frankreichs. Am Beispiel Chateaubriands skizziert er den Umschlag vom Vernunft- und Fortschrittsglauben der Aufklärung in die ›irrationalistische‹, ›individualistische‹ Gegenströmung der romantischen Schule.

»Die Politik hatte die Parlamentssprache geschaffen; der Sinn für Natur, Liebe und Empfindsamkeit sollte nun seinerseits eine Sprache für seine Zwecke bilden. Chateaubriand entwickelte die romantische Literatursprache und brachte mit *Atala* und *René* in künstlerischer Form die wichtigsten sozialpsychologischen Charakterzüge der Zeit auf den Begriff.«
(Paul Lafargue)

SAMMLUNG JUNIUS

GRACCHUS BABEUF

DIE VERSCHWÖRUNG
FÜR DIE GLEICHHEIT

Rede über die Legitimität des Widerstands

Herausgegeben und eingeleitet
von John Anthony Scott
Mit Essays von Herbert Marcuse und Albert Soboul

Dieser Band enthält Babeufs heute noch aktuelle Rede über ›wahre‹ Demokratie, Volkssouveränität und Widerstandsrecht gegen etablierte Autorität, gehalten vor dem Sondergericht in Vendôme 1797. Mit dieser Rede verteidigte sich der Verfechter einer egalitären Gesellschaft gegen die Anklage der Subversion, nachdem er im Jahr zuvor die »Verschwörung für die Gleichheit« organisiert hatte.

»Er tat dies, indem er sich gegen die Regeln der repräsentativen Demokratie auf die direkte Demokratie berief, gegen die (scheinbare) Souveränität des Volkes auf dessen wahres Interesse. Diese Strategie gründet sich in Babeufs Verteidigung auf den Gedanken, daß das Volk, welches seine Verfassung und seine Vertreter wählt, nicht notwendig das souveräne Volk ist, daß sein zum Ausdruck gebrachter Wille nicht notwendig sein autonomer Wille ist, und daß seine freie Wahl nicht unbedingt gleich Freiheit ist.«   (Herbert Marcuse)

SAMMLUNG JUNIUS

Ricardo E. Latcham

Die Kriegskunst der Araucanos

Chiles Ureinwohner gegen die Conquista

Herausgegeben und eingeleitet
von Ralf Seiffert
Mit einem Beitrag von Paulo Suess

Seit der spanischen Eroberung kämpft die ursprüngliche Bevölkerung Chiles, das Volk der Araucanos, um ihr Überleben, ihr Land und ihre kulturelle Autonomie — von den Tagen der Conquista bis zum Widerstand der Mapuche gegen Pinochet. Der Ethnologe Ricardo E. Latcham schildert ihren geschickten und erfolgreichen Kampf auf der Grundlage zeitgenössischer Quellen.

»Ihre Kavallerie ist die beste, die man kennt. Die Reiter brüsten sich damit, daß sie schon seit ihrer frühesten Kindheit zu Pferde reiten können und bereits mit Waffen ausgebildet werden, mit denen sie später in die Feldschlacht ziehen sollen. Dies habe ich geantwortet, als ich im Parlament befragt wurde, wieso wir es den Indianern gestatten, sich an unseren Grenzen gerade so, wie es ihnen in den Sinn kommt, zusammenzurotten, damit sie dort unbehelligt einfallen, ohne mehr an Proviant mit sich zu führen als einen Tornister mit geröstetem Maismehl, von dem sie sich zwanzig bis dreißig Tage ernähren können, so daß sie dieselbe Zeit von zu Hause weg und im Feldzuge bleiben können.«　　(Diego di Vivanco, Hauptmann der Lanzenkavallerie)

Sammlung Junius

SPURENSICHERUNG BAND 1

Kunsttheoretische Nachforschungen über
Max Raphael, Sergej Eisenstein,
Viktor Schklowskij, Raoul Hausmann

Herausgegeben und eingeleitet
von Alfred Paffenholz

Von neuem Denken und vom Arbeiten mit neuen Techniken und Materialien in der Kunst handeln die in diesem Band versammelten Essays. Was die einzelnen Beiträge verbindet, ist das Nachdenken über Methoden der Kunstproduktion. Dabei werden die Raumerlebnisse und -gestaltungen, wie sie Picasso und Braque zum Thema ihrer Kunst gemacht haben, aufgrund der Studien Raphaels ebenso erörtert wie das »Prinzip Montage«, das für Eisenstein, Schklowskij und Hausmann in Theorie und Praxis bedeutsam war.

SAMMLUNG JUNIUS

Mynona
(Salomo Friedlaender)

Das Eisenbahnglück
oder
Der Anti-Freud

Mit Zeichnungen
von Hans Bellmer

Sexualität nicht als Grundmotiv des Lebens, nicht einmal als Beweggrund ihrer selbst: das ist das Thema der dreißig Grotesken Mynonas im *Eisenbahnglück* (»Herrn Professor S. Freud in Wien mit einem herzinnigsten ›coeo, ergo sum‹ gewidmet!«). Sexualität in dreister Verkehrung der Psychoanalyse als Zufall und Bagatelle, als Mittel zum Zweck, aus Gründen der Philologie, Kleptomanie, Bibliophilie, Geometrie, Vornehmheit, Reinlichkeit, Religion, um logische Irrtümer nachzuweisen, um bellen zu können ... Für erwachsene Leser, Freudianer, Kindsköpfe, Spielverderber und alle, die Spaß an der Psychoanalyse haben.

Über den Autor:

Der Groteskenschriftsteller Mynona ist das alter ego des Philosophen Salomo Friedlaender (1871-1946), über dessen Denken der Band von Peter Cardorff in der Reihe »Zur Einführung« Auskunft gibt.

SAMMLUNG JUNIUS